Judith Macheiner
Englische Grüße

Zu diesem Buch

»Natürlich kann ich Englisch ...« Ein bißchen mehr Problembewußtsein, meint Judith Macheiner, könnte nicht schaden. Denn der Unterricht an den meisten Schulen trägt selten dazu bei. Da werden Intelligenz und Sprachgefühl der Lernenden kleingeschrieben, von den Erleuchtungen der Linguistik wird kaum Gebrauch gemacht, und die segensreichen Tricks der kontrastiven Grammatik werden meist verschmäht. Judith Macheiner dagegen appelliert an Fähigkeiten, über die wir bereits verfügen: die Kenntnis unserer eigenen Sprache. Ganz nebenbei bringt sie uns auf den neuesten Stand ihrer Wissenschaft und erklärt, was eine Sprache (auch die eigene) im Innersten zusammenhält. Ein ausführliches Glossar ergänzt dieses unterhaltsame und kluge Vademecum.

Judith Macheiner, geboren 1939 in München, lehrt Übersetzungswissenschaft am Institut für Anglistik/Amerikanistik der Humboldt-Universität zu Berlin. Neben wissenschaftlichen Publikationen veröffentlichte sie »Das grammatische Varieté oder Die Kunst und das Vergnügen, deutsche Sätze zu bilden«, »Übersetzen. Ein Vademecum« und »Englische Grüße«.

Judith Macheiner
Englische Grüße
oder Über die Leichtigkeit,
mit der man eine fremde Sprache erlernen kann

Piper München Zürich

Von Judith Macheiner liegen in der Serie Piper vor:
Das grammatische Varieté (3845)
Übersetzen (3846)
Englische Grüße (3847)

Ungekürzte Taschenbuchausgabe
Piper Verlag GmbH, München
September 2004
© 2001 Eichborn AG, Frankfurt am Main
Umschlag/Bildredaktion: Büro Hamburg
Isabel Bünermann, Friederike Franz,
Charlotte Wippermann, Katharina Oesten
Umschlagabbildung: Michael Sowa
Satz: Greno, Nördlingen
Druck und Bindung: Clausen & Bosse, Leck
Printed in Germany   ISBN 3-492-23847-5

www.piper.de

Inhalt

Leichtigkeit *7*

I Anknüpfungspunkte *11*
▶ Zum Sprachenlernen geboren *13* ▶ Das Startkapital *15*
▶ Die besonderen Sätze *17* ▶ Das Ordnungsprinzip *19*
▶ Wissen über Sprache *21* ▶ Bewegte Welten *23* ▶ Sprachkultur exklusiv *27*

II Englische Wörter *29*
Die Schall-Mauer *31* ▶ Bernstein-Einschlüsse *35* ▶ Romanische Verbindungen *38* ▶ Die Anatomie der Wörter *40*
▶ Zusammenschlüsse *44* ▶ Die wunderbare Vermehrung *48*
▶ Trugbilder *49* ▶ Paßformen *52*

III Im Zusammenhang *55*
▶ Konstellationen *57* ▶ Der Truffaldino-Effekt *59*
▶ Stellungsunterschiede *61* ▶ Im Überblick *64*

IV Der Verbale Baukasten *67*
▶ Arbeitsteilung *69* ▶ Hilfsverben *70* ▶ Im Verlauf *73*
▶ Morphologie der Vergangenheit *77* ▶ Perfekt, oder? *78*
▶ Zeitfenster *81* ▶ Zukünftiges *82* ▶ Bericht und Möglichkeit *85*

V Die unbeugsamen Verben *89*
▶ Prinzipiell endungslos *92* ▶ Zwischen Verb und Nomen *94*
▶ Freie oder feste Ergänzung *95* ▶ Wahlvorgaben *98* ▶ *Von,*

auf, an, zu... 100 ▶ Sparprogramm mit Redundanzen *102*
▶ Das Passiv *104* ▶ Probleme mit dem Spiegelbild *108*

VI Die Welt der Nomen *111*

▶ Ähnlichkeiten und Erbschaften *113* ▶ Bestimmt oder unbestimmt *115* ▶ Das strukturelle Umfeld *118* ▶ Randbereiche *121* ▶ Mengenmäßig *124* ▶ In Teilen *127* ▶ Fragen der Einstellung *130* ▶ Alle oder jeder *131*

VII Vertretungsweise *135*

▶ Strukturstöpsel *140* ▶ Inseln *142* ▶ Im Vertreter-Spiegel *143*
▶ Notwendig oder zusätzlich *146* ▶ Das verdeckte Objekt *150*
▶ Die gestrandeten Präpositionen *153* ▶ Doppelanschluß *155*

VIII Trabanten *159*

▶ Kennzeichnungspflicht *161* ▶ Mit und ohne *164*
▶ Steigerungen *165* ▶ Die Hierarchie der Umstände *167*
▶ Positionen *169* ▶ Besondere Anfänge *172* ▶ Ikebana mit Sätzen *175*

IX Die andere Leichtigkeit *181*

▶ Sprachverarbeitung *185* ▶ Schwerpunkte *187* ▶ Voranstellung *190* ▶ Explizitheit *193* ▶ Mehr Sätze *195* ▶ Spaltsätze *197* ▶ Pseudo-Spaltsätze und ähnliches *201*

X Da capo *205*

▶ Texte *209* ▶ Die Welt der Ereignisse *212* ▶ Zustände *215*
▶ Dinge als Koordinaten *217* ▶ Abstrakta *220* ▶ Diskurswelten *223*

Apropos *227*

Anhang *273*

▶ Die besonderen Sätze *275* ▶ Das Who's Who der besonderen Sätze *285* ▶ Spezialisten und Ratgeber für die Englischen Grüße *290* ▶ Thematische Schwerpunkte *293*

Leichtigkeit

Ein leichtes Kleid, ein leichter Schritt, ein leichter Schlaf, eine leichte Berührung, ein leichter Wein, ein leichtes Lächeln, ein leichter Anfang ... von allem wissen wir, wie sich Leichtigkeit anfühlt, aber was, bitte, ist die Leichtigkeit einer Sprache? Und warum soll gerade das Englische Leichtigkeit besitzen?

Abgesehen davon, daß alles Sprechen nicht viel schwerer wiegt als unser Atem, ist Leichtigkeit nichts, was wir mit Sprache verbinden würden – und schon gar nicht, wenn eine Sprache, wie das Englische, nicht unsere eigene Sprache ist. Bestenfalls könnten wir uns Leichtigkeit für das Englische denken im Vergleich zum Russischen, Arabischen oder Chinesischen, allesamt Sprachen, von denen wir schlechterdings gar nichts wissen, weshalb ihnen in unserer Vorstellung eher das Gewicht von Schwarzen Löchern zukommt.

Daß die Leichtigkeit einer Sprache dennoch nicht vom Grad unserer Vertrautheit bestimmt wird, ahnen wir, wenn wir unsere eigene Sprache auf die Waage legen. Deutsch bietet uns, da sind wir ganz sicher, kein Beispiel für Leichtigkeit. Wenn eine *leichte Aufgabe, eine leicht zu lösende Aufgabe* im nachhinein zu einer Aufgabe wird, die *leicht zu lösen gewesen wäre* oder *leicht gelöst hätte werden können*, sind wir von dem, was wir da im wesentlichen ohne unser Zutun beherrschen, direkt beeindruckt und froh, daß wir dies nicht mehr lernen müssen. Aber vergleichbare Schwierigkeiten gibt es ja in jeder Sprache, und in Sprachen, die wir nicht beherrschen, beginnen die Schwierigkeiten schon bei den ganz »einfachen« Dingen. Englisch macht da keine Ausnahme. Oder?

Wenn wir Fragen der Aussprache und Rechtschreibung einmal beiseite lassen, können wir immerhin einräumen, daß der Wortschatz des Englischen für jemanden, der Deutsch spricht, viele irgendwie bekannte Elemente enthält. Daß es zwischen **light**/*Licht* und **light**/*leicht* Ähnlichkeiten gibt, daß **wine** *Wein* ist und in **meal** das *Mahl* steckt, ist augenscheinlich, und bei Sprachen, die so eng miteinander verwandt sind wie das Englische und das Deutsche, sind derlei Ähnlichkeiten das, womit wir rechnen können. Auch wenn sich die feinen Unterschiede nicht ohne weiteres vorhersagen lassen, zum Wiedererkennen reicht es in vielen Fällen allemal. Damit ist Leichtigkeit zunächst eben doch ein Eindruck, der aus unserer Vertrautheit mit den Elementen einer Sprache entsteht. Für Deutsche ist Englisch leicht, weil Deutsch und Englisch ähnliche Sprachen sind.

Aber Englisch ist noch in einem anderen, allgemeineren Sinne leicht, in eben dem Sinn nämlich, in dem wir vom Deutschen vermuten, daß es nicht leicht ist. Möglicherweise hat gerade diese Leichtigkeit keinen geringen Anteil an der Vorrangstellung des Englischen unter den Sprachen dieser Welt. Auf jeden Fall kann sie uns bei einigem Geschick in der Folge zu einem raschen Geländegewinn auf englischem Terrain verhelfen. Nicht daß wir mit Georg Philipp Harsdörffers Poetiktrichter, dem berühmten »Nürnberger Trichter«, konkurrieren wollen – die von ihm veranschlagten sechs Stunden wären auch bei größter Leichtigkeit einer Sprache nicht mehr als der Anfang –, aber soweit die Eigenschaften des Englischen uns ein Segeln vor dem Wind erlauben, werden wir uns dies zunutze machen.

I
Anknüpfungspunkte

- *Zum Sprachenlernen geboren*
- *Das Startkapital*
- *Die besonderen Sätze*
- *Das Ordnungsprinzip*
- *Wissen über Sprache*
- *Bewegte Welten*
- *Sprachkultur exklusiv*

Zum Sprachenlernen geboren

Eine Sprache können wir schon: Deutsch. Aber unsere Muttersprache haben wir auf eine Weise erworben, die sich nicht wiederholen läßt. Damals im Alter zwischen zwei und vier Jahren hätten wir nämlich auch Englisch, Ungarisch oder Chinesisch, ja sogar mehrere Sprachen gleichzeitig, mühelos lernen können. Die Wissenschaft, die sich mit den Fragen des Spracherlernens, des Spracherwerbs beschäftigt, ist die Psycholinguistik, und, mit den wachsenden technischen Möglichkeiten der Neurophysiologen, zunehmend die Neurolinguistik. Es sind die Computerbilder der Neurophysiologen, die uns die aufregende Einsicht in die große Anfangschance beim Sprachenlernen gewährt haben. Zweisprachig aufwachsende Kinder sind deutlich im Vorteil gegenüber allen anderen, für die das Überwechseln in die andere Sprache immer einen zusätzlichen Aufwand bedeutet: Sprachen, die von Anfang an zusammen gelernt werden, lokalisiert das Gehirn an derselben Stelle; Sprachen, die wir nacheinander lernen, an getrennten Orten.

Nach Meinung der Neurophysiologen vermehren sich die Schaltstellen im Gehirn bis zum zweiten Lebensjahr explosionsartig; das Kleinkind verfügt schließlich über doppelt so viele Schaltstellen wie der Erwachsene. Natürlich wird von den Billionen Schaltungen der Nerven im Gehirn nur ein Teil für Sprache gebraucht, und rein räumlich gesehen haben wir auch jetzt immer noch reichlich Kapazität für zahlreiche andere Sprachen, aber die Fähigkeit, das Richtige zum richtigen Zeitpunkt aus dem sprachlichen Angebot unserer Umgebung herauszuhören, haben wir beim Erlernen unserer eigenen Sprache verloren. Und dabei ist es die einzige Fähigkeit aus unserer Kindheit, die wir im Leben wiederholt brauchen könnten. Anders als Gehen, Schwimmen, Radfahren und logisches Schließen, die wir alle nur einmal zu lernen brauchen, zu welchen Meisterschaften wir es darin immer bringen wollen, wäre unsere Fähigkeit, Sprache zu erlernen, mit jeder weiteren Sprache von neuem gefordert.

Übrigens geht die frühe Fähigkeit, Sprache zu lernen, selbst dann gänzlich verloren, wenn sie ungenutzt bleibt. Es hat immer wieder die unglücklichen Kaspar Hausers gegeben, die, ohne Sprachkontakt aufgewachsen, das Versäumte später im Leben nie mehr nachholen können, nie mehr zu einem richtigen und freien Gebrauch von Sprache in der Lage sind.

In den Märchen werden die Helden, denen es gelingt, keinem Tier, auch keiner Ameise etwas zuleide zu tun, damit belohnt, daß sie die Sprache der Tiere verstehen können und damit den Schlüssel zu einem glücklichen Ende ihrer unglaublichen Prüfungen in Händen halten. Aber selbst im Märchen ist nichts Vergleichbares für das Erlernen von fremden Sprachen vorgesehen, obwohl es der Welt doch nicht schlecht anstehen würde, wenn man das Pfingstwunder durch Sanftmut bewirken könnte. Immerhin gibt es Leute, die glauben oder andere glauben machen wollen, man könnte fremde Sprachen im Schlafe erlernen, durch Hypnose oder Osmose direkt übers Kopfkissen aus dem Lehrbuch. Aber selbst die Sprachbegabtesten unter uns sind auf etwas konkretere Formen des sprachlichen Inputs angewiesen. Und wir, Sie und ich, die wir nicht zu den Glücklichen gehören, die sechs oder zwölf oder gar achtundvierzig Sprachen fließend sprechen, können auf klärende Hinweise keinesfalls verzichten.

An unserer späteren Erfahrung gemessen, ist die Fähigkeit eines Kleinkinds, sich das ganze komplexe sprachliche Angebot ohne Hinweise anzueignen, geradezu unfaßbar. Wenn wir nur einen Teil davon zurückgewinnen könnten, könnten wir uns mehr auf den Inhalt, auf das eigentliche Verstehen der anderen Welt konzentrieren und müßten uns nicht mit Kasusendungen und der Aussprache von offenen und geschlossenen Vokalen herumschlagen. Vielleicht fehlt uns nur die Muße, die ein zweijähriges Kind hat, um seine Vorstellungen von den Objekten, die es umgeben, zu entwickeln, sie über ihre Namen zu begreifen. Später sind wir offensichtlich nicht mehr in der Lage, uns mit soviel Hingabe den Namen der Dinge zu widmen; die ursprüngliche Begeisterung des Begreifens durch Benennen können wir für eine zweite oder dritte Sprache so nicht mehr aufbringen. Unsere Vorstellungswelt ist aufgebaut und begrifflich mit jedem Detail angedockt an die Muttersprache. Da sind keine freien Valenzen übrig für eine nochmalige Sprachbindung. Was es mit *Haus, Baum, Wolke, Rose* und *Mond* und allen übrigen 59 995 oder so Wörtern auf sich hat, wissen wir schon aus dem Sprachabenteuer unserer Kindheit, und wenn wir das alles noch einmal in einer anderen Sprache lernen sollen, bleibt fürs Begreifen nur noch die sprachliche Form mit ihren lautlichen und grammatischen Besonderheiten, und die ist wirklich nicht euphorisierend. Auch die Entdeckung, daß wir mit dem Wort in der anderen Sprache, trotz des gemeinsamen begrifflichen Kerns mit einem Wort aus unserer eigenen Sprache, nie wirklich dasselbe meinen, läßt keine natürliche Begeisterung aufkommen, bestenfalls ist ein solcher Unterschied interessant, öfter schon verwirrend und lieber zu vernachlässigen. So spannend unser erstes Begreifen der Welt durch Sprache ist, so unmotiviert scheint ein zweites und drittes Mal zu sein.

Das Startkapital

Wenn aber die ursprüngliche Neugier auf das Begreifen der Welt nicht mehr als Triebkraft zur Verfügung steht, mit welchen Stimulatoren können wir unsere Synapsen überlisten, sich die Daten einer zweiten oder dritten Sprache einzuprägen.

Wenn die Idee von den gebundenen Valenzen zutrifft, sind wir gegen fremdsprachliche Direktangriffe ziemlich immun. Die Ausdrucksformen der anderen Sprache werden, wenn sie nicht motivationell gut verpackt sind, abgestoßen wie Wasser vom Gefieder einer Ente. Aber was heißt, motivationell gut verpackt? Was mich interessiert und in Bewegung setzt, mag einem anderen langweilig erscheinen. Auch wenn wir nach vergleichbaren Klassen von Motiven handeln sollten: Geschäftsinteressen, Liebesgefühle, Fernweh, Abenteuerlust, Forschungsdrang – im einzelnen hat jeder seine eigene Motivationslage, deren Bedürfnisse nach Versprachlichung nie mit der eines anderen zusammenfallen dürften. Und selbst wenn wir alle dieselbe Stelle in einem Roman gleich spannend finden, läßt sich damit unser Gehirn noch lange nicht dazu überlisten, ihre sprachliche Form zu behalten. Sobald wir verstanden haben, wovon die Rede ist, lassen wir nämlich die sprachliche Hülle, in der uns die Botschaft erreicht hat, fallen. Wenig Aussicht also, mit dem Inhalt Wissen über die sprachliche Form zu transportieren?

Dennoch besteht kein Zweifel, daß wir uns manche Dinge leichter merken können als andere. Gelegentlich stehen wir ja auch in der eigenen Sprache noch vor einem neuen Wort, das wir uns einprägen wollen. Da sind zum Beispiel die Urlaubswörter, Eigennamen, die wir uns durch entsprechende Lokaltermine erobern: Millstatt, Seeboden, Goldeck, Ankogel – hingehen, darin herumgehen, hinaufklettern, heruntersteigen und zwischendurch immer mal einen Strudel oder Kaiserschmarrn mit einem großen Schwarzen hilft beim Memorieren der neuen Wörter außerordentlich. Aber dann bietet ein Buch eine ganz andere Art der Fortbewegung, und Namen wie *Ankogel* sind ohnehin nur deutsch-deutsche Akquisitionen. Im Deutschen sind wir eben zu Hause, die einzelnen Teile dieser Wörter kennen wir schon, so oder ähnlich – es ist nur noch die kleine Abweichung, die eigenwillige Zusammensetzung, die wir uns merken müssen, und schon können wir mit den neuen Ausdrücken herumjonglieren und uns mit einem Federweißer durch die Landschaft konjugieren: beim Ankogeln mit dem Ankogel in eine Ankogelei geraten... An- und Ausbau eben immer möglich.

Eigentlich sollte sich das Prinzip des An- und Ausbaus auch für den Erwerb einer fremden Sprache eignen, immer da nämlich, wo wir schon einen Ansatzpunkt zum Anbauen haben, und bei so nah verwandten Sprachen wie Deutsch und Englisch dürfte es eine ganze Menge solcher Anhaltspunkte geben. Der Ausbau müßte dann von dieser Grundlage aus erfolgen. Deutsch als Startkapital fürs Englische, ohne am Deutschen kleben zu bleiben – da brauchen wir noch einen kräftigen Magnetismus auf der englischen Seite.

Die besonderen Sätze

Auf den ersten Blick bestehen Sprachen aus Wörtern, fast möchte man meinen, unendlich vielen Wörtern. Im Englischen sollen es so fünfhunderttausend sein. Da möchte man am liebsten aufgeben, ehe man angefangen hat. Ganz besonders, wenn man dem Gerücht Glauben schenkt, daß man ein Element 129mal wiederholen muß, ehe es sich einprägt. Aber erstens brauchen selbst die großen Rhetoriker dieser Sprache nicht viel mehr als zehn Prozent des gesamten Wortschatzes – für den Alltag kommen wir sogar mit nur einem Prozent aus –, und zweitens verwenden wir eine Sprache nicht in Form von einzelnen Wörtern, sondern von Äußerungen, in denen die Wörter zu einem komplexen Ganzen verbunden sind. Vieles von dem, was wir über die Verwendung der einzelnen Wörter wissen müssen, steckt in diesen komplexen Ausdrücken. Äußerungen bieten uns aber nicht nur ein konkretes Beispiel für die Eigenschaften der in ihnen verwendeten Wörter – wenn wir richtig wählen, erhalten wir damit nicht nur die mehr oder weniger bekannten einzelnen Begriffe, sondern zugleich neue Gedanken, bemerkenswerte, gescheite oder witzige Äußerungen, besondere Formulierungen also, die eben nicht nur einfach bereits Bekanntes wiederholen. Es sollen diese besonderen Sätze sein, an denen wir uns die unterschiedlichen Ausdrucksmöglichkeiten des Englischen gegenüber dem Deutschen ansehen wollen, Sätze, die uns die Langeweile des Vokabellernens vertreiben helfen, gelungene Formulierungen, die wir behalten, weil sie uns gefallen. Es werden Dichter und Philosophen, Essayisten und Wissenschaftler, Romanschriftsteller und Kinderbuchautoren sein, deren besondere Sätze wir uns ausleihen, um das Englische zu erobern.

Von den vielen hundert Varianten des Englischen, die auf dieser Welt gesprochen werden, wählen wir uns die aus, die uns historisch am nächsten steht und damit, so hoffen wir, den kürzesten Zugang bietet. Daß wir von geschriebenen Sätzen ausgehen, wird das gesprochene Englisch benachteiligen, aber auch wenn es in jeder Variante des Englischen besondere Sätze gibt, entfalten sie ihre Wirkung immer nur auf dem Hintergrund ihrer »Sprache«. Und da wir uns nicht gleichzeitig mit verschiedenen englischen Sprachen beschäftigen können, begnügen wir uns mit der Variante, die uns die wenigsten »Extras« abverlangt.

Da wir die spontane Fähigkeit des Kleinkinds zum Sprachenlernen verloren haben, werden wir ohne Hinweise auf die Besonderheiten der Fremdsprache nicht auskommen, doch wird uns das Vergnügen an einer gelungenen Formulierung den Demonstrationsgegenstand näher bringen, als dies die weit verbreiteten Themenangebote zu Urlaubsreisen, Einkaufen, Arztbesuch und ähnlichem erlauben. Auch wenn die Nützlichkeit solcher Themen auf der Hand liegt – Aussagen über das Wetter, Schuhgrößen und Zugverbindungen haben an sich keinen Appeal, selbst wenn wir sie irgendwann einmal wirklich brauchen können.. Ihre Brauchbarkeit als Modelle für die fremde Sprache steht natürlich der von besonderen Sätzen nicht nach, da sich ihr Inhalt aber auf Bekanntes reduziert, können wir ihren lautlichen und grammatischen Formen

keinen zusätzlichen Reiz abgewinnen. Demgegenüber besteht der Witz der besonderen Sätze nicht in ihrer Nützlichkeit für die Belange des Alltags, sondern in der Prägnanz ihrer Sprachverwendung, und es ist diese sprachliche Treffsicherheit, an der wir unser Ohr für die fremde Sprache schulen wollen. Es sind die besonderen Sätze, deren Anziehungskraft die Schwerkraft unserer eigenen Sprache überwinden helfen soll.
Aber natürlich können wir die besonderen Sätze nicht aus dem Stand erobern. Dafür enthalten sie zuviel Unbekanntes. Und selbst wenn wir uns mit Wörterbüchern und Grammatiken durch die englischen Ausdrucksformen durchkämpfen könnten, ob wir die Sätze schließlich wirklich verstehen würden, bliebe offen und das Vergnügen in weiter Ferne. Was wir deshalb noch vorab klären müssen, ist, wie wir die besonderen Sätze nutzen können, um schrittweise mit den Eigenschaften des Englischen vertraut zu werden. Wie müssen die Sätze beschaffen sein, wie müssen sie angeordnet werden, um uns in der fremden Sprache Ein- und Durchblick zu gewähren?

Das Ordnungsprinzip

Da uns der spontane Spracherwerb verwehrt ist, ist jede erfolgreiche Präsentation sprachlicher Daten – wer wollte es bezweifeln – eine Frage der Organisation. Es gibt viele gelungene, bemerkenswert witzige und prägnante Sätze englischer Autoren, an denen wir die verschiedenen Eigenschaften der englischen Sprache studieren können, und natürlich wollen wir nicht mit den schwierigen, sondern mit den einfachen Dingen beginnen. Aber was ist einfach? Was für mich noch einfach ist, kann für Sie schon schwierig sein, und umgekehrt; was heute noch schwierig scheint, kann morgen schon einfach sein – Einfachheit ist eine relative Größe, und soweit es um den Erwerb von Kenntnissen geht, mißt sie sich an dem, was jeder einzelne von uns schon weiß. Je größer die Differenz ist zwischen dem, was wir schon wissen, und dem, was hinzukommt, um so größer sind unsere Anstrengungen, das Neue zu verstehen und zu behalten. Da wir ganz allgemein und auch bezogen auf die englische Sprache einen unterschiedlichen Kenntnisstand haben, ist die Entscheidung über den Anfang nicht ganz leicht.

Aber auch für die folgenden Schritte ergibt zunehmende Komplexität noch keinen richtigen Leitfaden. Auch wenn jeder nächste Schritt auf dem vorangehenden aufbaut, gibt es in einem Netz von Elementen viele Richtungen für den nächsten Schritt. Nun führen zwar bekanntlich viele Wege nach Rom, und die gerade Linie ist nicht immer der kürzeste Weg, aber unergiebige Umwege würden wir uns doch gerne ersparen. Da Deutsch unser gemeinsames Startkapital ist, ist die jeweils größtmögliche Ähnlichkeit zum Deutschen unser Ausgangspunkt, den wir schrittweise um das ergänzen, was jeweils anders ist. Aber dies ist von jedem Punkt des Netzes aus möglich und hilft uns in der Frage nach der Anordnung der thematischen Punkte im Englischen nicht weiter.

Daß die Elemente einer Sprache in einem Netz miteinander verbunden sind, ist eine bildliche Vorstellung, die wir sicher alle teilen – daß nicht alle Punkte dieses Netzes gleich wichtig sind, ist ebenso offensichtlich. »Wichtig« ist für uns zunächst einmal auf den Erwerb der Fremdsprache bezogen, auf die gewünschte Beherrschung des Englischen, und innerhalb dieser pauschalen Zielstellung wiederum auf die Bedeutung, die einem Element gegenüber anderen zukommt.

Um über die Wichtigkeit eines Elements im Verhältnis zu anderen zu urteilen, auch schon um zu entscheiden, welche Elemente für den Anfang wichtig genug sind, brauchen wir zunächst einmal eine Vorstellung von der Natur der Elemente, die uns durch die besonderen Sätze vorgeführt werden sollen. Dies setzt voraus, daß wir eine Vorstellung von der Natur sprachlichen Wissens haben. Was ist sprachliches Wissen im allgemeinen und was davon brauchen wir fürs Englische? Das sind natürlich ziemlich abstrakte Fragen, durch die wir unseren Gegenstand nur aus der Ferne betrachten. Aber schließlich können wir die Bedeutung der einzelnen Figuren aus einem Englischen Gruß auch nur in der Totale erkennen.

Wissen über Sprache

Zweifellos ist etwas über eine Sprache wissen nicht dasselbe wie eine Sprache können. Dennoch beruht das Können, auch wenn uns dies nicht bewußt ist, auf bestimmten Formen des Wissens, die uns spontan zur Verfügung stehen, wenn wir sie brauchen. Welcher Art dieses Wissen ist und aus wie vielen Teilbereichen es sich zusammensetzt, wie die Teilbereiche miteinander und mit anderem nicht-sprachlichen Wissen zusammenwirken, zeigt sich am deutlichsten immer dann, wenn wir irgendwelche Störungen beim Sprachgebrauch beobachten können. Daß das sprachliche Wissen aus verschieden großen Komponenten und Teilkomponenten aufgebaut ist, wird am drastischsten beim partiellen Ausfall sprachlicher Fähigkeiten sichtbar. Angeborene oder erworbene Störungen der Sprachfähigkeit können nämlich auf einzelne Bereiche des sprachlichen Wissens, wie zum Beispiel den Wortschatz oder die Grammatik einer Sprache, beschränkt sein. Da dies nur möglich ist, wenn beide Wissensbereiche voneinander separierbar sind, können wir annehmen, daß die Wörter einer Sprache und die grammatischen Regeln über ihre Verknüpfung zu Wortgruppen und Sätzen unterschiedliche Bereiche unseres sprachlichen Wissens darstellen.

Daß sich grammatische und lexikalische Kenntnisse irgendwie auseinanderdividieren lassen, wird sicher niemanden überraschen, der noch eine weitere Sprache lernen will. Wo immer wir eine fremde Sprache nicht spontan, sondern kontrolliert, mit Hilfe von Hinweisen erwerben, geht es um Wortschatz und die grammatischen Möglichkeiten, die für die Verwendung der verschiedenen Wörter oder Klassen von Wörtern bestehen.

Aber die Vorstellung, daß es dafür auch in unserem Gehirn verschiedene Schubfächer geben soll, von denen sich unter ungünstigen Umständen das eine oder andere nicht mehr öffnen läßt, die Idee von einem modularen sprachlichen Wissen scheint unserer Erfahrung einfach zu widersprechen. Wann immer wir versuchen, die mühsam erworbenen lexikalischen und grammatischen Kenntnisse in der fremden Sprache anzuwenden, geben die aus den einzelnen Schubladen abgerufenen Inhalte kein natürliches Ganzes. Wir stottern uns durch Vokabellisten und Grammatiktabellen und sehen unser Gegenüber höflich ermutigend lächeln. Und das ist noch die günstigste Version, in der die Hoffnung, daß wir dennoch verstanden worden sein könnten, noch nicht aufgegeben zu werden braucht. Aber wehe unser Gegenüber nimmt den Ball auf, so wie er eben bei ihm angekommen ist, da bekommen wir dann in jedem Fall ein unauflösbares Ganzes zurückgeworfen. Der Zugriff auf das lexikalische und grammatische Wissen, das hinter dem fremden Lautstrom steckt, ist uns nur punktuell möglich, Mißverständnisse à la Kannitverstahn inklusive.

Was jedes Kleinkind spielend bewältigt, die eintreffenden Lautströme schließlich in die richtigen Teile zu zerlegen und ihre Gebrauchsbedingungen herauszufiltern, um damit dann auch selbst jede beliebige Äußerung bilden zu können, ist uns in späteren Jahren verwehrt, weswegen wir uns die grammatischen und lexikalischen Eigenschaften einer anderen Sprache ausdrücklich bewußt machen müssen. Da es uns aber um anwendbares Wissen geht, würden wir uns von den Hinweisen auf die Eigenschaften der fremden Sprache wünschen, daß sie einprägsam und gut abrufbar sind. Zwei Aspekte, die das befördern sollen, haben wir schon im Programm: die besonderen Sätze als Demonstrationsgegenstand und unsere Muttersprache als Startkapital – der dritte Aspekt ist der am schwierigsten einzulösende. Er betrifft die innere Logik, die den Aufbau des sprachlichen Wissens beschleunigen kann. Es ist klar, daß nicht alle Kenntnisse für den schrittweisen Aufbau sprachlichen Wissens gleichzeitig gebraucht werden, und daß die innere Logik bei der Abfolge der einzelnen Schritte bestimmte Folgen vor anderen auszeichnet. Auch wenn es, was zu vermuten ist, eine optimale Abfolge für den kontrollierten Erwerb sprachlichen Wissens gibt, so stellt sie für den Bereich der angewandten Sprachwissenschaft so etwas dar wie den Stein der Weisen. Jedem, der ihn besäße, wäre der Welterfolg sicher.

Schon die Frage nach der optimalen Verzahnung von lexikalischem und grammatischem Wissen setzt ausgefeilte Theorien über die Natur der beiden Wissenskomponenten und ihr Zusammenwirken beim Gebrauch von Sprache voraus. So gesehen ist es erstaunlich, daß die Forschung sich in erster Linie mit dem Erwerb von Muttersprachen beschäftigt, und in zweiter Instanz mit dem spontanen Erwerb von Fremdsprachen – der kontrollierte Spracherwerb, in dem die Fremdsprache gezielt vermittelt wird, spielt in der Erforschung der kognitiven Prozesse, die den Aufbau und den Gebrauch sprachlichen Wissens betreffen, eher eine untergeordnete Rolle. Dennoch, wenn wir uns an das halten, was die linguistische und psycholinguistische Forschung über den Aufbau und den Gebrauch sprachlichen Wissens bis heute zutage gefördert hat, universelle Gesichtspunkte, die alle Sprachen betreffen, ebenso wie spezielle über die Unterschiede zwischen einzelnen Sprachen wie Deutsch und Englisch, dann können wir der inneren Logik des gezielten Aufbaus von sprachlichem Wissen vielleicht doch etwas näher kommen. Sehen wir uns also das Angebot noch ein bißchen genauer an.

Bewegte Welten

Die Vorstellung von einem Netz, in dem die Elemente der Sprache aufeinander bezogen sind, mag im neuronalen Bereich ihre wirkliche Entsprechung finden, die Spezifik des sprachlichen Wissens kann das Bild vom Netz aber nicht veranschaulichen. Hier sind so viele ganz unterschiedliche Grundformen, Verbindungsstücke, Angelpunkte, Gangarten und Schauplätze beteiligt, daß die bewegten Kartonwelten von Bernard Lagneaux mit ihrer kaum überschaubaren Vielfalt von miteinander interagierenden Schnüren, Hebeln, Walzen, Bändern, Schaukeln, Zahnrädern, Drehscheiben, Zugbrücken der verwirrenden Komplexität unseres lexikalischen und grammatischen Wissens eher entsprechen dürften. Letztendlich greift aber jedes Bild für den Zauberkasten Sprache zu kurz, schon weil die Veränderungen in der Zeit hinzugenommen werden müssen, die den Sprachen zu jedem Zeitpunkt in ihrer Geschichte ein neues Gesicht geben.

Vor allem in der Welt der Wörter ist die Bewegung nicht zu übersehen, mit der sich das lexikalisierte Wissen ständig neu organisiert. Da wird aus anderen Sprachen übernommen, »entlehnt«, mehr oder weniger direkt oder mit Hilfe von Übersetzungen, da wird abgeleitet oder zusammengesetzt, übertragen und aussortiert, assimiliert, dissimiliert, ausdifferenziert und eingeebnet.

Ein Teil dieser Veränderungen betrifft die grammatischen Eigenschaften von Wörtern, von Wortarten, die die funktionalen Möglichkeiten lexikalischer Elemente im Satz bestimmen. Während Bewegung in der Lexik durch Veränderung in der Zeit entsteht, ist Bewegung in der Grammatik ein konstitutives Element der Grammatik selbst. Jeder Satz ist das Ergebnis einer kurzfristigen Verbindung zwischen Wörtern unter grammatischer Kontrolle. Das Ergebnis kann jedoch aufgeschrieben und damit gewissermaßen photographisch festgehalten werden.

Die Grammatik bestimmt den Spielraum für den Aufbau von Wortgruppen und die Möglichkeiten ihrer Verwendung im Zusammenhang eines – einfachen oder komplexen – Satzes. Trotz der unüberschaubaren Vielfalt von Kombinationsmöglichkeiten ist das Prinzip, nach dem Wortgruppen aufgebaut werden, relativ einfach. Jede Wortgruppe enthält so etwas wie ein Kopfelement, nach dem sich alle anderen Elemente richten, das die syntaktischen Werte bestimmt, an die sich alle Elemente einer Wortgruppe anpassen. Alle Wortgruppen lassen sich beliebig erweitern, da in den Erweiterungen Köpfe für weitere Ergänzungen stehen können.

Das Verb ist zum Beispiel ein solcher Kopf, der die syntaktischen Rollen seiner Ergänzungen festlegt, also festlegt, ob es neben dem Subjekt noch andere Ergänzungen gibt, ein Objekt oder zwei, und welches dann davon das direkte (das Akkusativ-)Objekt, welches das indirekte (Dativ-) oder gar Genitiv-Objekt ist, und wenn eine Präposition im Spiel ist, welche... Ein Teil der Erweiterung sind notwendige, in der Bedeutung der Köpfe vorgezeichnete, feste Ergänzungen. Ohne sie sind die Wortgruppen unvollständig. Neben den lexikalisch vorgesehenen, festen Ergänzungen gibt es noch »freie« Ergänzungen, durch die die festen Ergänzungen näher bestimmt werden.

Zu einem verbalen Kopf wie *zeigen* zum Beispiel gehören drei feste Ergänzungen. Ein zweistelliger Ausdruck wie *Nina zeigt Konrad* ist deshalb im Unterschied etwa zu *Nina zeigt Konrad den Brief* unvollständig. Das Verb *zeigen* braucht neben dem Subjekt ein Dativ- und ein Akkusativobjekt: *Nina zeigt dem Bruder den Brief.*

Die Bedeutung des Kopfes legt fest, welche Elemente überhaupt als Ergänzung in Frage kommen. Daß ich nicht sagen kann: *Nina zeigt dem Brief den Bruder,* wohl aber: *Nina zeigt den Brief dem Bruder,* folgt aus meinem Wissen über die Sprache und die Welt. Das Dativobjekt muß auf etwas Bezug nehmen, das wahrnehmen kann. Es spielt in dem mit *zeigen* bezeichneten Sachverhalt die Rolle des Wahrnehmenden, und die ist nun einmal nach unserem Wissen über die Welt für einen Brief ausgeschlossen. Demgegenüber ist das Wissen darüber, daß beide Objekte ihre Plätze tauschen können, rein sprachliches Wissen, das nicht nur Zahl und Art der festen Ergänzungen, sondern auch ihre Grundreihenfolge und die dazu möglichen Stellungsvarianten festlegt. Also auch festlegt, daß ich sagen kann: *Dem Bruder zeigt Nina den Brief,* oder: *Den Brief zeigt Nina dem Bruder* etc.

Zum sprachlichen Wissen gehört natürlich vor allem die Fähigkeit, den Inhalt einer Wortgruppe oder eines Satzes aus der syntaktischen Konstellation seiner einzelnen Elemente zu bestimmen. Welche Rolle dabei Bewegungen relativ zur lexikalisch bestimmten Grundreihenfolge spielen, ist bis heute noch weitgehend ungeklärt. Die Frage führt aus dem Kernbereich der Grammatik hinaus in den Bereich der Sprachverwendung im Interesse bestimmter Zielsetzungen, wie zum Beispiel einer angemessenen Verteilung von Information im diskursiven Zusammenhang. Wir werden darauf noch einmal ausführlich zurückkommen. Denn natürlich haben wir die Welt der Wörter und der Sätze nur als allgemeinen Bezugsrahmen für die grammatischen Besonderheiten des Englischen skizziert. Auch wenn das sprachliche Wissen im Deutschen und Englischen nach denselben universellen Prinzipien organisiert ist und die Art der Strukturierung von Wörtern und Sätzen, der Spielraum für Variationen im Auf- und Ausbau, im wesentlichen gleich ist – die Nutzung dieser Möglichkeiten kann im einzelnen weit voneinander abweichen. Und darüber wollen wir ja möglichst viel in Erfahrung bringen.

Die Bedeutung des Verbs für den Aufbau von Sätzen legt nahe, daß wir unsere Kollektion besonderer Sätze zunächst nach den Eigenarten des Englischen im verbalen Bereich befragen, ehe wir auf den nominalen Bereich eingehen, und erst wenn der mit den verbalen und nominalen Köpfen vorgegebene Kernbereich von Sätzen durchgemustert ist, freie Ergänzungen zu den beiden Köpfen näher besichtigen. Da unser Demonstrationsgegenstand aber immer Sätze sein werden, die alle Phänomene zugleich enthalten, kann es dabei nur um ein möglichst wirkungsvolles Scheinwerferprogramm gehen.

Sprachkultur exklusiv

Die Eigenschaften von Sätzen sind weitgehend in den Eigenschaften der Wörter vorgezeichnet. Deshalb ist die Beschäftigung mit der Welt der Grammatik immer zugleich auch eine Beschäftigung mit der Welt der Wörter, jenen Eigenschaften der Wörter eben, die über ihre Verbindbarkeit zu Wortgruppen und Sätzen entscheiden. Wie das Beispiel *zeigen* demonstriert, gehört hierzu auch ein Teil der Wortbedeutung. Aber natürlich umfaßt das Wortwissen weit mehr als die grammatisch relevanten Eigenschaften, wobei uns der fast nahtlose Übergang ins Weltwissen beim Erwerb einer Fremdsprache besonders im Bereich der kulturbedingten Unterschiede zu schaffen macht. Wollte man diese Unterschiede erfassen, müßte der Fokus der Betrachtung von der Sprache zur Kultur wechseln und von den Gegenständen und Institutionen über Gewohnheiten und Traditionen bis hin zur geschichtlichen Erfahrung und den jeweils vorherrschenden Meinungen alles, was unterschiedliche Begriffe bedingen kann, in die Betrachtung einbeziehen. Dies wäre jedoch so wenig spezifisch für Sprache, wie das die Gegenstände von Physik, Biochemie und Informatik sind, ungeachtet der Tatsache, daß alles Sach- und Fachwissen – ob es nun kulturspezifisch ist oder nicht – sprachlich kodiert wird. Das Prinzip der Kodierung als Verb, Nomen, Adjektiv oder ähnliches, einfach oder zusammengesetzt, durch Entlehnung, Übersetzung oder Bedeutungsübertragung gehört zu den Spezifika von Sprache, das assoziierte Weltwissen zum allgemeinen oder (fach- oder kultur-) spezifischen außersprachlichen Wissen.

Wenn wir uns in der Folge auf das sprachliche Wissen beschränken, soll damit die Wichtigkeit des außersprachlichen Wissens für den Erwerb einer Fremdsprache nicht bestritten werden. Es soll nur ganz allgemein das mit den Wörtern verbundene Einzelwissen, das »idiosynkratische« Wissen, zugunsten des generalisierbaren Wissens in den Hintergrund gestellt und alle Möglichkeiten der inneren Logik in der Präsentation lexikalisch-grammatischen Wissens voll ausgeschöpft werden. Generalisierbares sprachliches Wissen heißt vor allem grammatisches Wissen, und es heißt Wortwissen, soweit es grammatisches Wissen ist. Da wir uns besondere Sätze als Demonstrationsstücke vorgenommen haben, und Sätze ja aus Wörtern zusammengesetzt sind, werden wir das Wissen über Wörter immer zugleich mit den Sätzen erwerben.

Obwohl Wörter erst im Satz richtig zum Leben kommen, steht einiges vom Wortwissen nur mittelbar in Zusammenhang mit Sätzen: das ist die Herkunft der Wörter und das ist ihre Anatomie. Beides ist zum Teil miteinander verbunden, und aus beidem ist für uns wegen der gemeinsamen Ursprünge von Deutsch und Englisch noch einiges an Leichtigkeit durch Vertrautheit herauszuholen. Wir heben uns deshalb die besonderen Sätze, unseren Hauptgegenstand, noch etwas auf und betrachten zunächst einmal jene Eigenschaften der Wörter, die sie relativ unabhängig von Sätzen haben. Das ist natürlich nur eine Art Trockenschwimmen, aber ganz ohne »Vorübung« tragen uns auch die besonderen Sätze nicht.

Zu den Eigenschaften, die Wörter relativ unabhängig von Sätzen haben, gehört ein ganz wesentlicher Teil des sprachlichen Wissens über das Englische, den wir nicht mit dem »photographischen« Verfahren, den verschriftlichten Ausdrucksformen, erfassen können. Und hierfür, für den hörbaren Teil unseres Gegenstands, müssen wir nun auch noch und vor allem anderen eine Lesart finden. Wir beginnen also unsere Annäherung ans Englische mit einem Blick auf die Welt seiner Wörter, auf die Anknüpfungspunkte, die sie uns durch Abstammung und Bildung zu bieten haben, und setzen dabei – natürlich mit Bravour – über das erste und größte Hindernis: das Verhältnis zwischen Schriftbild und Aussprache.

II
Englische Wörter

- *Die Schall-Mauer*
- *Bernstein-Einschlüsse*
- *Romanische Verbindungen*
- *Die Anatomie der Wörter*
- *Zusammenschlüsse*
- *Die wunderbare Vermehrung*
- *Trugbilder*
- *Paßformen*

Die Schall-Mauer

Vor die Leichtigkeit des Englischen ist eine Schall-Mauer gesetzt. Allgemein, aber ganz besonders im Verhältnis zum Deutschen. Sie ist am wenigsten zu erkennen, wenn wir Englisch »lesen«. Die Mauer steht nämlich zwischen dem Schriftbild und der Aussprache der englischen Wörter. Verglichen mit arabischen, kyrillischen oder chinesischen Schriftzeichen sehen die englischen Buchstaben harmlos aus, aber die Bedingungen für ihre Aussprache im Zusammenhang mit den übrigen Buchstaben haben es in sich. Dennoch liefert das Schriftbild in vielen Fällen so etwas wie eine Grundform, aus der heraus sich die verschiedenen, lautlich oft weit auseinander liegenden Variationen zu einem Wort »ableiten« lassen. Und da gerade für uns Deutsche aus dem Schriftbild des Englischen einiges von den ursprünglichen oder in den vergangenen Jahrhunderten akquirierten Gemeinsamkeiten herauszulesen ist, kommt uns die antiquierte Schreibung des Englischen, die den Lautstand von vor fünfhundert Jahren festhält, sogar entgegen.

Dennoch: Wenn wir nicht nur das geschriebene Englisch, sondern auch das gesprochene Englisch verstehen wollen, und selbst verstanden werden wollen, müssen wir die Schallmauer irgendwie überwinden. Wie kommen wir von den Buchstaben zu den Lauten? Wie weit können wir hier von unserem deutschen Sprachwissen profitieren?

Auf den ersten Blick haben wir es anscheinend durchweg mit denselben Elementen zu tun. Dem englischen ABC fehlen nur unsere deutschen Umlaute, die sechsundzwanzig Buchstaben sind gleich. Das ist für die Benutzung alphabetisch geordneter Nachschlagewerke von Vorteil. Aber was die Aussprache betrifft, gleicht, genau genommen, kein englischer Laut einem deutschen Laut. Natürlich haben Sie damit schon Ihre Erfahrung gemacht. Ganz obenan stehen da bekanntlich die Schwierigkeiten, zwischen [ð] und [z] zu unterscheiden, das [v] und [w] deutlich auseinander und von den deutschen Entsprechungen fernzuhalten, Verschlußlaute, wie [p], ohne Hauchlaut (unaspiriert) auszusprechen, alle Vokale am Wortanfang weich zu beginnen, ohne den im Deutschen üblichen Knacklaut, alle stimmhaften Konsonanten am Wortende stimmhaft zu lassen und nicht, wie im Deutschen, zu verhärten. Sicher werden wir auch verstanden, wenn wir die deutsche Klangfarbe beibehalten, aber irgendwie kommen wir uns dabei selbst vor wie jemand, der falsch singt. Und ein bißchen Musikalität, ein »Ohr« für die fremde Sprache müssen wir uns schon abverlangen.

Bei den Konsonanten tritt wenigstens die Schallmauer zwischen Schreibung und Lautung nur gelegentlich auf. Da sind zunächst einmal nur die stummen Buchstaben, über die wir stolpern. Gelegentlich, zum Beispiel wenn *comb (Kamm)*, *lamb (Lamm)* ohne das auslautende b gesprochen werden, nähern wir uns damit dem Deutschen sogar wieder etwas an; meistens wird die Distanz aber größer, wie bei *subtle (subtil)* ohne b, *half (halb)* ohne l, *knee (Knie)* ohne k, *pseudonym* ohne p und dergleichen.

Und dann gibt es da das Problem mit der germanischen oder romanischen Aussprache von g, wo ausgerechnet das Wort für *deutsch, German,* ein Beispiel für die romanische Version ist, mit [dʒ] – aber das wissen Sie schon. (Und die phonetische Umschrift, die die meisten Wörterbücher benutzen, kennen Sie natürlich auch. Dies ist schon wegen so ganz und gar ausgefallenen Einzelgängern wie *enough* und *hiccough* unerläßlich, wo *gh* einmal für [f], einmal für [p] steht.)

Glücklicherweise sagt uns die Schriftform in vielen Fällen, mit welcher Variante aus der Familie eines Wortes wir es zu tun haben. Da heißt es, wie im Deutschen: *democrat*, aber, anders als im Deutschen, mit [s] in der Endung statt t: *democracy (Demokratie)*, oder *aristocrat* gegenüber *aristocracy*. Die Betonung liegt übrigens – gewissermaßen griechisch – auf der drittletzten Silbe, also *démocrat*, aber *arístocrat* und *demócracy;* das machen wir uns im Deutschen mit der Betonung der jeweils letzten Silbe leichter. Und es zeigt, daß wir aus Ähnlichkeiten im Schriftbild nicht auf Ähnlichkeiten in der Aussprache schließen können.

Oft ist die Differenz zwischen beidem noch größer. Zwar ist in *divide* das *dividieren (teilen)* erkennbar, und die *division (Teilung)* kennen wir auch – wenngleich eher aus anderem Zusammenhang – aber die Aussprache der englischen Wörter geht doch weiter auseinander, als wir dies der Schriftform entnehmen können. Aus dem s in *division* ist durch Einverleibung des i ein stimmhafter Zischlaut geworden: ʒ [dɪ'vɪʒən], während das auslautende -e in *divide* vor seinem Verschwinden das vorangegangene i so in die Länge gezogen hat, daß schließlich daraus ein Diphthong (Vokal mit Gleitlaut: [ij]) geworden ist. Die drastischste Veränderung ist allerdings dabei dem i selbst widerfahren, das zum a mutiert ist, so daß die zweite Silbe in *divide* nun, ausgesprochen, wie im Wonnemonat *Mai* erstrahlt: [dɪ'vaɪd].

Damit sind wir aber nun auch schon bei den Elementen mit den größten Unterschieden zwischen Aussprache und Schriftbild angekommen: bei den Vokalen. Zwar enthalten die beiden Alphabete gleichermaßen a, e, i, o, u als graphische Grundelemente, doch sind Ähnlichkeiten in der Lautung eher eine Zufallserscheinung. Gerade mal eine Handvoll einsilbiger Wörter, wie *put* und *get, hot* und *fit,* liegen mit ihrer Aussprache relativ nahe an dem, was uns die Schreibung erwarten läßt – und selbst da würden wir im Deutschen die Kürze des Vokals noch durch einen Doppelkonsonanten, wie in *Putte, Fett, Otto, Mitte,* anzeigen. Aber in den meisten Fällen bestehen zwei bis drei weitere Möglichkeiten, die Vokale auszusprechen, und falls es zwischen deutschen und englischen

Lauten noch irgendeine Ähnlichkeit geben sollte, ist sie dem Schriftbild nicht mehr anzusehen. Wie am Ende von *division* und *divide* ist die Lautform entweder bis zum Wegfall verkürzt oder bis zur Aufspaltung in Diphthonge gedehnt beziehungsweise überhaupt gegen die anderer Vokale ausgewechselt. Dabei ist der Vokalwechsel natürlich nicht willkürlich. So wie

[aɪ] und [i] *(divide, division)*

alternieren

[iː] und [e] *(obscene, obscenity)*,
[eɪ] und [æ] *(profane, profanity)*,
[aʊ] und [ʌ] *(profound, profundity)*,
[ǝʊ] und [ǝ] *(harmonious, harmony)*.

Wenn man dem Rhythmus der Beispiele nachhört, ist die Dehnung eindeutig von Stellung und Betonung des Vokals abhängig: zusätzliche Endungen bedingen hier immer die kürzere Variante. Aber Endung ist nicht gleich Endung, und Betonungen haben ein vertracktes Eigenleben. Die Anhaltspunkte, die wir dem Aufbau der Wörter über Akzentuierung, Verkürzung, Dehnung, Vokal- und Konsonanteneinschub, -eliminierung, -wechsel entnehmen können, müssen ihrerseits in längeren Abhandlungen ausbuchstabiert werden, die selbst wiederum Kenntnisse über die innere Struktur englischer Wörter voraussetzen. Da wir hierfür noch gar keine Grundlagen besitzen, hoffen wir nun doch darauf, auch noch als Erwachsene einiges aus Beispielen verallgemeinern zu können, und allmählich durch Gewöhnung etwas leichter über die Schallmauer zu kommen. Daß wir hierfür ganz bewußt auf gemeinsame historische Ausgangspunkte zurückgreifen können, kann uns nur recht sein.

Bernstein-Einschlüsse

Es ist kaum zu bestreiten: irgend etwas wissen die meisten von uns über das Englische. Das gab es in der Schule, und auch so vergeht kein Tag, der nicht mit Englisch unterlegt wäre. Da können Sie *OnLine* und *OffLine – Wirtschaft live* haben, mit der *most-improved-airline* fliegen, im *City-Call-Bereich Preselection-* oder *Routerkunde* sein, beziehungsweise *Call-by-Call* abrechnen, mit dem *personal energy office* Ihren *Controller* beeindrucken, einen *Film-trailer* zum *Downloaden* erwerben, *Karriere-Coaching* mit einem *Budget für individuelle Trainings* gewinnen, und *wherever you are, kreiert Ihnen der Service die Benefits. In touch with tomorrow* haben Sie eine *World wide Chance, Going public* oder auch einfach nur an die nächste Straßenecke zu *Snack's und Imbiß*. (Tut nichts zur Sache, wenn Sie jetzt nichts verstanden haben – das war nur – mit Ausnahme des letzten Beispiels – die Ausbeute von gerade einmal einer Ausgabe eines deutschen Wochenmagazins.)

Wo es auf den Inhalt nicht mehr wirklich ankommt, können uns Grammatik und Orthographie schließlich auch egal sein. Dennoch: Wie erfolgreich die flotte Werbung für ihre Zwecke auch immer sein mag, Anknüpfungspunkte, von denen aus sich unser löchriges Schulenglisch leicht und wirksam weiter entwickeln ließe, bietet sie kaum. Allenfalls können wir feststellen, daß dem Deutschen immer mehr englische Wörter einverleibt werden, unter Umständen sogar um den Preis einer grammatischen Vergewaltigung, die dem englischen Wort deutsche Endungen aufzwingt, wie im Fall von *downloaden.*

Gelegentlich sind es unsere eigenen Wörter, die wir da wieder reimportieren, allerdings aus einer Phase unserer Sprachgeschichte, die wir schon längst hinter uns gelassen haben. Immerhin ein Drittel des englischen Wortschatzes ist germanischer Herkunft. Und wegen des hohen Anteils an grammatischen Funktionswörtern addiert sich das Vorkommen germanischer Wörter durch häufigen Gebrauch noch auf ein Mehrfaches. Sicher finden sich hier mit einem Blick in die Sprachgeschichte ein paar echte Anknüpfungspunkte.

In lautlicher Hinsicht konserviert das Englische einen älteren Zustand unserer gemeinsamen Vergangenheit, von dem uns vor allem eine Verschiebung des Deutschen in der Aussprache von Verschlußlauten trennt. Wenn Sie Wörter wie

sitzen, groß, tropfen, machen

mit den englischen Entsprechungen

sit, great, drop, make

vergleichen, können Sie sehen, daß die im Englischen konservierten Verschlußlaute, [t], [p], [k], auf dem Weg vom Niederdeutschen ins Hochdeutsche eine Auflösung des Verschlusses zu: (t)s, pf, ch, durchlaufen haben. Da die deutsche Sprache unser Startkapital ist, könnte uns die Rücknahme der Lautverschiebung eine ganze Reihe von englischen Wörtern erschließen. Auch die Verhärtung des stimmhaften [d] zum stimmlosen [t], wie sie zum Beispiel an *day* gegenüber *Tag* sichtbar wird, bietet uns ein Stück des Geländers, an dem wir uns vom Englischen ins Deutsche zurückfinden können.

Leider ist aber an den Wörtern noch mehr an Unterschieden zu konstatieren als der an- oder auslautende Verschlußlaut. *Tag* und ***day***, *machen* und ***make*** erinnern in ihrem Schriftbild an die gemeinsame Herkunft, in der Lautform sind sie vor allem auch durch die Aussprache der Vokale unüberhörbar voneinander getrennt. Darüber haben wir schon gesprochen. Die heutige Schreibung hat den Entwicklungsstand des Englischen vor fünfhundert Jahren, noch vor der großen Vokalverschiebung im Mittelenglischen, konserviert und damit eben jene Mauer zwischen Schrift und Aussprache geschaffen, die wir, wie jedes englische Schulkind, nur mit großer Anstrengung überwinden können. Im Unterschied zum englischen Schulkind entdecken wir aber in der Mauer eine ganze Menge Bernstein-Einschlüsse, in denen wir unsere eigene Sprache wiedererkennen können. Hierfür kann uns die Kenntnis der großen englischen Vokalverschiebung nur nützen. Wenn wir wissen, daß aus dem langen hellen i, a, o, u die Diphthonge ai, ei, ou, au geworden sind, und dann in einer Art Karussell an die Stelle der so auseinander gelaufenen Vokale die übrigen nachgerückt sind: langes e und langes, geschlossenes o an die Stelle des langen i und u getreten sind, und schließlich noch das kurze u zum kurzen [ʌ] mutiert ist, können wir zahlreiche lange oder diphthongierte Vokale trotz oder gerade wegen ihrer antiquierten Schreibung an dem Wissen über unsere eigene Sprache festmachen:

light / *Licht,*
say / *sagen,*
open / *offen,*
mouth / *Mund,*
see / *sehen,*
moon / *Mond,*
nut / *Nuß.*

Aber natürlich gibt es auch hier, wie in allen anderen sprachlichen Bereichen, so viele Ausnahmen, daß sie die Regeln fast zudecken, und wenn wir einen englischen Text auf Bekannte dieser Art absuchen, scheint uns das Bild von der Mücke im Bernstein auch die Rarität dieser Funde zu erfassen. Irgendwann vor reichlich einem Jahrtausend hatten Englisch und Deutsch einmal denselben Ausgangspunkt. Aber dann entwickelte sich jede Sprache auf ihre Weise weiter, und die großen Lautverschiebungen vom Niederdeutschen zum Hochdeutschen und vom Altenglischen zum Mittelenglischen stellen nur einen kleinen Teil der Veränderungen dar, die wir heute beim Erwerb der anderen Sprache überwinden müssen. Mit den Anknüpfungspunkten, die sie uns bieten, kommen wir nicht allzu weit: ein kleiner Ausschnitt des Wortschatzes – die Mehrzahl der Wörter bleibt fremd, von den grammatischen Möglichkeiten ihrer Verwendung in komplexen Strukturen ganz zu schweigen. Es läßt sich nicht leugnen, wir sind immer noch bei den Präliminarien, einigen verdeckten Anknüpfungspunkten, die wir im germanischen Wortschatz des Englischen mit etwas theoretischem Wissen und etwas Einfühlungsvermögen finden können. Aber Anknüpfungspunkte bedeuten für uns eben Leichtigkeit durch Vertrautheit, und da verschenken wir nichts.

Romanische Verbindungen

Die größere Hälfte des englischen Wortschatzes kann keinen gemeinsamen germanischen Ausgangspunkt erkennen lassen, einfach weil sie romanisch-lateinischen Ursprungs ist. Am Grundwortschatz des Englischen haben diese Wörter einen relativ geringen Anteil, aber da besondere Sätze nicht auf den Grundwortschatz beschränkt sind, können wir uns den romanischen Verbindungen nicht verschließen. Und warum sollten wir das? Schließlich ist der romanisch-lateinische Einfluß auch in unserer eigenen Sprache nicht gering und bietet uns zusätzliche Anknüpfungspunkte, die sich gezielt nutzen lassen.

In einer Hinsicht müssen die romanischen Verbindungen des Deutschen und Englischen aber nachdrücklich unterschieden werden. Was im Deutschen in der Regel als ein Ausdruck von Gelehrsamkeit und gehobener Stilebene gilt, zählt im Englischen vielfach zum normalen Sprachgebrauch. Bei gebräuchlichen Wörtern, zu denen es keine Alternative gibt, gilt dies natürlich automatisch. Wo wir im Deutschen zum Beispiel zwischen *historisch* und *geschichtlich* wählen können, hat das Englische nur die romanische Möglichkeit, die ihren Importcharakter längst verloren hat. Aber auch Ausdrücke wie ***determine***/*determinieren,* ***contrast***/*kontrastieren,* ***imply***/*implizieren,* ***suggest***/*suggerieren,* ***insist***/*insistieren,* die sich unter Umständen im jeweiligen Zusammenhang durch germa-

nische Ausdrucksformen ersetzen lassen, heben sich wesentlich weniger vom alltäglichen englischen Wortschatz ab als ihre deutschen Gegenstücke.
Ein paar Jahrhunderte lang war das Französische die Sprache der Oberschicht und hat entsprechend tiefe Spuren in politischen, juristischen, militärischen, religiösen und wissenschaftlichen Bereichen hinterlassen; aber auch Entlehnungen in modischen, kulinarischen und künstlerischen Bereichen, die schon zu Beginn des Frühneuenglischen vorlagen und in Aussprache und Akzentuierung den englischen Gepflogenheiten so angepaßt sind, daß zum Beispiel das französische *bataille* im englischen *battle* nicht mehr ohne weiteres erkennbar ist. Gelegentlich bestehen englische und französische Aussprachen nebeneinander wie in *garage* [ˈgærɪdʒ] und *garage* [gəˈrɑːʒ]. Bei alten und neuen Entlehnungen, die unter Umständen Jahrhunderte auseinanderliegen, können frappierende Bedeutungsunterschiede auftreten wie zwischen dem auch bei uns üblichen *détente* des zwanzigsten Jahrhundert und dem *detent* [diːtent] des siebzehnten, zu dem das deutsche *Sperrhaken* gleich gar keine französische Entlehnung kennt.
Auch die lateinischen Wörter, die direkt oder über das Französische ins Englische gekommen sind, nehmen manchmal erstaunlich unterschiedliche Formen an, wie bei *secure* und dem lautlich stark veränderten *sure*. Mitunter ist die Schriftform sogar entgegen der englischen Aussprache nachträglich latinisiert worden, was uns zum Beispiel im heutigen *victuals* noch die *Viktualien* erkennen läßt. In Teilbereichen des Wortschatzes, wie im heutigen wissenschaftlichen Fachwortschatz, sind außerdem griechisch-lateinische Mischformen wie *biology/Biologie* in beiden Sprachen an der Tagesordnung.
Der griechische Anteil am englischen Wortschatz ist übrigens mit etwas über fünf Prozent ungefähr doppelt so hoch wie der aller noch verbleibenden Sprachen zusammengenommen, aber selbst in diesem kleinen Rest finden wir noch Anknüpfungspunkte bei den gemeinsamen Entlehnungen aus dem

oder über das Spanische und Portugiesische *(tobacco/Tabak, chocolate/Schokolade, marmalade)* oder aus dem Arabischen *(coffee/Kaffee, alcohol/Alkohol, sopha/Sofa, magazine/Magazin ...)*. Aber verglichen mit der Bedeutung der romanischen oder germanischen Anknüpfungspunkte, sind dies – bei aller Liebe zu Schokolade, Marmelade, Kaffee und Alkohol – nur ein paar leuchtende Stücke Strandgut an den überwiegend romanisch-germanischen Ufern des Englischen. Lexikalisches Lehngut, das wir uns in dieser oder jener Form teilen, ist jedoch glücklicherweise nicht der einzige Aspekt, der unseren Einstieg in das Wissen über englische Wörter erleichtern kann.

Die Anatomie der Wörter

Daß Wörter im Gebrauch allerlei Veränderungen durchlaufen, ist uns aus unserer eigenen Sprache wohlvertraut. Das Englische besticht hier durch Zurückhaltung, insbesondere durch den äußerst sparsamen Umgang mit grammatischen Wortformen. Wir werden darauf zurückkommen. Grundlage für grammatische Veränderungen sind einfache oder komplexe Wörter. Unter den am häufigsten verwendeten Wörtern überwiegen die einfachen. Das kommt uns entgegen, um so mehr als der gemeinsame germanische Anknüpfungspunkt in vielen Fällen nicht mehr erkennbar ist. Auch wenn Sie nicht alle Wörter kennen sollten, werden Sie bestätigen, daß sich *be, get, put, but, bad, bid...* leichter behalten lassen als *succeed, persuade* oder *opposite.*

Dennoch gibt es gerade für viele der komplexen Wörter Anknüpfungspunkte. Ursache hierfür sind neben der gemeinsamen Herkunft auch noch Ähnlichkeiten in der Bildung von Wörtern. Komplexe Wörter entstehen durch Zusammensetzungen aus einfacheren Bestandteilen, ob diese nun ihrerseits als selbständige Wörter vorkommen oder nur in unselbständiger Form, als Elemente der Wortbildung. Die inneren

Bestandteile der Wörter nennen die Sprachwissenschaftler Morpheme. Die Morphologie ist gewissermaßen die Schule der Wortbildung.

Obwohl es im Prinzip natürlich nur begrenzt viele Möglichkeiten gibt, aus einfachen Wörtern komplexe Wörter zu machen, ist die bloße Zahl der möglichen Kombinationen unüberschaubar, und da neue Wörter auch durch einfache Bedeutungsveränderungen, ohne formale Kennzeichnung gebildet werden können, ist das lexikalische Potential einer Sprache so gut wie unbegrenzt. Die morphologischen Bildungsprinzipien, die Deutsch und Englisch gleichermaßen befolgen, sind aber denkbar einfach. Die Wörter werden rechts oder links durch Morpheme erweitert: rechts Endsilben, links Vorsilben. Die Auswirkung der Erweiterung ist etwas asymmetrisch, da sie sich auf der linken Seite nur auf die Bedeutung, auf der rechten Seite auch auf die grammatischen Eigenschaften des Originalworts auswirkt. Grammatisch gesehen gibt die rechte Seite den Ton an.

Da nicht nur das Bildungsprinzip, sondern viele der gebundenen Morpheme im Deutschen gleich oder ähnlich sind, steht uns auf einen Schlag ein großer Teil der komplexen Wörter des Englischen zur Verfügung. Auch wenn wir ihre Bestandteile, besonders bei romanischen Erweiterungen, nicht mehr so leicht durchschauen, wiedererkennbar sind solche Wörter allemal:

illustrate, cooperate, demonstrate, dictate

zu

illustrieren, kooperieren, demonstrieren, diktieren

oder

applaudieren, korrigieren, definieren, diskutieren

zu

applaud, correct, define und ***discuss***.

Gelegentlich konkurrieren die germanische und romanische Wortschule miteinander. Zwar bilden wir die negativen Gegenstücke zu Wörtern wie

rational, natürlich, real oder *menschlich*

im Englischen und Deutschen mit den Vorsilben *un* oder *in* (bzw. einer lautlich angepaßten Variante) wie

unnatürlich und *inhuman,*
(irrational, illegal)

aber das kann auf der jeweils anderen Seite gerade anders ausfallen, weshalb sich neben

unnatural, inhuman (irrational, illegal)

auch

unreal
irreal

findet und

impossible
unmöglich

gegenübersteht.

Bei den Nachsilben brauchen wir uns nur auf ein paar Varianten einzulassen:

er/or
*(t)ion (**reaction**),*
*ity/ität (**individuality**),*
*ism/ismus (**materialism**),*
*al/ell (**cultural**),*
*ive/iv (**creative**),*
*ous,ic/isch (**harmonious, dramatic**),*
*ate,ize/isieren (**illustrate, critisize**)*
*ify/ifizieren (**identify**) ...*

und schon können wir aus Verben Nomen machen:

sing – singer, edit – editor,

wo uns selbst der umständliche

Herausgeber

noch dasselbe Bildungsmuster für handelnde Personen auf *er, or* erkennen läßt,
oder

define – definition, determine – determination, illustrate – illustration;

oder aus Adjektiven Nomen:

active – activity, ideal – idealism,

aus Nomen Adjektive:

culture – cultural, harmony – harmonious,

aus Nomen wieder Verben:

analysis – analyze,

und so weiter.
Gelegentlich läßt sich auch die germanische Schule durchschauen wie bei

handful – Hand voll,

oder

worthless – wertlos,

und wo uns die eigene Sprache gar keinen Anhaltspunkt mehr liefert, wie bei *-ness* oder *-ible, -able,* können uns vielleicht ein paar alte Bekannte wie

washable oder *happiness*

den Weg weisen.

Die Anatomie der Wörter

Schließlich kommt uns das Englische noch mit einer besonderen und viel genutzten Möglichkeit entgegen: der Wechsel von einer Wortart zur anderen erfolgt oft ohne Erweiterung, einfach so, durch die sogenannte Nullableitung. Das Wort **name** zum Beispiel kann als Nomen oder als Verb verwendet werden, **near** *(nahe...)* als Adjektiv oder Verb, **right** *(recht, gerade, richtig...)* als Adjektiv, Verb oder Nomen und so weiter. Die Chamäleon-Natur der Wörter gehört mit in den Zauberkasten, der die Leichtigkeit der englischen Sprache hervorbringt.

So, aus der Vogelperspektive werden wir uns jedoch zuerst damit begnügen müssen, daß wir zwar immer wieder auf Anknüpfungspunkte hoffen können, die die Wörter durchschaubar machen, wirklich vertraut werden wir mit ihnen natürlich nur, wenn wir sie im Zusammenhang anwenden. Selbst wenn wir die richtige Wahl noch länger üben müssen, über mangelnde Anknüpfungspunkte können wir uns nicht beklagen.

Zusammenschlüsse

Auch die zusammengesetzten Wörter, die Komposita, sind meist »rechtshändig«, im Englischen wie in unserer eigenen Sprache:

sunglasses, credit card, red-haired, warm-hearted

sind ebenso leicht durchschaubar wie

earring, eyebrow und *foot-note,*

und wenn wir *kurz* in *short* wiedererkennen, *Breite* in *breadth* lassen sich auch

short-sighted

und

hair's breadth

leicht zuordnen. In allen Fällen bestimmt das erste, betonte Wort das zweite näher, und wenn wir erst einmal gelernt haben, daß *pin Nadel, look blicken* und *cut schneiden* heißt, dann sind auch

hair-pin, outlook und *haircut*

gut durchschaubar.
Daß das rechte Element inhaltlich und grammatisch den Ausgangspunkt bildet, der durch das linke Element näher bestimmt wird, ist uns aus der deutschen Schule der Wörter gut bekannt. Auch daß der Ausgangspunkt gewissermaßen den Hintergrund bildet, dem gegenüber das spezifischere Element den hervorzuhebenden, neuen Aspekt bietet, bereitet uns keine Schwierigkeiten. Daß es schließlich verschiedene Wortarten sind, die miteinander kombiniert werden können, halten wir für selbstverständlich. Nur bei der Schreibung kommen wir ins Grübeln. Manches wird zusammengeschrieben, manches mit Bindestrich oder sogar getrennt, und wenn wir den *Wohlfahrtsstaat* nicht schon im Deutschen als ein zusammengesetztes Wort gelernt hätten, würden wir

welfare state

doch eigentlich als zwei Wörter sehen wollen. In diesem Fall läßt aber die Betonung keinen Zweifel daran, daß wir es wie im Deutschen mit einer lexikalischen Einheit zu tun haben. Der Akzent liegt auf dem ersten Wort wie bei

blackboard (Tafel), blackbird (Amsel)

gegenüber

black board (schwarzes Brett), black bird (schwarzer Vogel).

Nur, wenn wir nicht wissen, ob es sich um einen Zusammenschluß handelt, hilft uns der Hinweis auf den Anfangsakzent auch nichts, da uns die Schreibung ja nichts über die Akzentverteilung verrät. Und es kommt noch schlimmer. Es gibt Zusammenschlüsse, und ihre Zahl ist gar nicht so gering, die den Akzent rechts, also auf dem Grundwort haben. Einige davon haben es schon bis in den deutschen Alltag geschafft:

last-minute, science fiction, long-distance.

Die Importe ersparen uns die Suche nach deutschen Entsprechungen, die vielfach mit der knappen Form des Englischen nicht konkurrieren können, aber nicht selten auch der Mode geopfert werden. Ein *Ferngespräch* klingt eben viel hausbackener als ein

long-distance call.

Die vielen Parallelen und häufigen Importe sind allerdings nur ein kleiner Ausschnitt aus dem Inventar zusammengesetzter Wörter im Englischen, und selbst wenn wir ihre Einzelteile erkennen können, brauchen sie uns keinen Durchblick auf die deutsche Entsprechung zu gewähren. Der Schritt von

armchair

nach

Lehnstuhl

mag noch angehen, von

breakthrough

zu

Durchbruch

auch noch, von

hayfever

zu

Heuschnupfen

bringt uns nur noch ein kühner Sprung, aber schon von

head-wind

zu

Gegenwind

wird daraus eine Art Salto, der uns allenfalls im nachhinein gelingt, wenn wir hören, daß *head* Kopf heißt, und wissen, daß Kopf unter Umständen wie beim *Kopfbahnhof* vorne sein kann, also *head-wind* der Wind ist, der von vorne kommt, der uns entgegen kommt, der *Gegenwind*.
Und so transparent

background / Hintergrund

oder sogar

back-bencher / Hinterbänkler

sein mögen,

backfire

gibt die

Fehlzündung

nicht preis, und so durchsichtig

nightlight, nightclub

sind, so wenig erschließbar ist

nightmare

als

Albtraum,

schon weil der *Alb* und der *Mar* nicht mehr unbedingt zu den Vorstellungen gehören, die uns geläufig sind. Wirklich undurchsichtige Wörter sind aber gar nicht so häufig unter den Komposita, da ihre einzelnen Bestandteile meist erkennbar sind und dann als Brücken zu unseren eigenen Konzepten dienen können. Wenn uns der *Wall* die *Mauer* erschließt, enthalten die begrifflichen Möglichkeiten für das

wallpaper

auch schon das Papier, mit dem wir die Wand bekleben, die *Tapete*.

Die wunderbare Vermehrung

Die einsilbigen Verben, die so häufig verwendet werden: *be, have, get, give, put, take...* haben einen besonderen Trick, sich zu vermehren. Sie eignen sich eine Präposition an. Präpositionen sind, Sie wissen es doch, so kleine Wörter wie: *at, in, on, up, out, off...*, die wir vor allem zur Kennzeichnung von räumlichen Verhältnissen brauchen: *an, in, auf, aus, weg* ... Die Aneignung erfolgt so rabiat, daß man eigentlich schon von einem Zusammenschluß sprechen müßte. Die Tatsache, daß das Verb und seine Präposition nicht zusammengeschrieben werden, besagt nichts. Das gab es ja auch bei anderen Zusammenschlüssen im nominalen Bereich wie bei *credit card* und *welfare state.*

Von den regulären Komposita unterscheiden sich die Zusammenschlüsse eines Verbs mit diversen Präpositionen in zwei Punkten, die sie zu einer besonderen Klasse von Wörtern machen: sie haben ihr Stammwort links und nicht wie die klassischen Komposita rechts. Und sie erlauben unter bestimmten Bedingungen zwischen sich und ihrem präpositionalen Anhängsel »Einschübe«.

Die enge Beziehung zwischen dem Verb und den verschiedenen Präpositionen, die das Verb an sich bindet, macht aus einem Verb zahlreiche neue, deren Bedeutungen durch weitere Ergänzungen noch kräftig variieren können: *get in/herein-*

kommen, **get on** */vorankommen, einsteigen..., * **get out** */heraus-kommen,* **get off** */aussteigen,* **get up** */aufstehen...* Wie bei anderen Zusammenschlüssen läßt sich ein Teil dieser neuen Bedeutungen von den Einzelteilen ablesen, auch aus der deutschen Perspektive.

Besonders gut durchschaubar sind dabei jene Fälle, die uns vom Deutschen her als abtrennbare Vorsilben bekannt sind. Wenn jemand *seinen Hut abnehmen möchte,* dann *nimmt er* im Deutschen *seinen Hut ab* und **takes off his hat** oder **takes his hat off** im Englischen. Was im Deutschen ein abtrennbares Morphem ist, ist im Englischen ein selbständiges Wort, das – ähnlich einer Nachsilbe – unmittelbar nach seinem »Stamm«, unter Umständen aber auch erst nach weiteren Ergänzungen, verwendet wird.

Die Präposition gehört schon fast zur Anatomie des Verbs, weshalb Präpositionen in dieser Verwendung auch oft unter einem eigenen Namen, nämlich als »Partikel« firmieren, und der ganze Komplex dann eben als »Partikelverben« (Englisch als »phrasal verbs«) abgehandelt wird.

Trugbilder

Die Transparenz der Wortbildung, die Ähnlichkeit der Wortform kann sich aber als ein Irrweg erweisen. Besondere Vorsicht scheint bei Wörtern mit *unter* oder *über* geboten. Neben

underground, underbid und **underworld**
Untergrund, unterbieten und *Unterwelt*

sagt

underlie

nicht *unterliegen* sondern *zugrunde liegen,*

undergo

nicht *untergehen,* sondern *sich unterziehen,*

und der berüchtigte

undertaker

ist nicht der *Unternehmer,* sondern das *Bestattungsinstitut.*
Neben

overweight / *Übergewicht,* **overwork** / *überarbeiten* und
overflow / *überfließen*

steht

oversleep,

was nicht *überschlafen,* sondern *verschlafen* heißt,

oversee,

was nicht *übersehen,* sondern *kontrollieren* heißt,

overtake,

was nicht *übernehmen* sondern *überholen,* und

overhear,

was nicht *überhören,* sondern *mithören* heißt.
Aber auch Wörter ohne die verdächtigen *unter-* oder *über-*
Komponenten können sich als falsche Freunde entpuppen.

Actual

heißt *wirklich,*

eventual *allmählich,*
sensible *vernünftig,*
sympathetic *mitleidig,*
pathetic *tragisch*

und nicht, was ihre deutschen Vettern uns glauben machen.
Auch bei den Partikelverben finden sich *false friends:*

take in

heißt *hereinlegen* und nicht etwa *einnehmen* ...

Und natürlich können uns auch Komposita auf einen Holzweg schicken. Da ist zum Beispiel die besondere Form englischer Zusammensetzungen, bei denen alle Elemente gleichberechtigt sind – also bei zwei Elementen das linke Element das rechte ebenso bestimmt, wie das rechte das linke: ein ***actor-writer*** ist ebensosehr Autor, wie er Schriftsteller ist. Das läßt sich erstaunlich weit fortsetzen; ein Multitalent wie ein ***dancer-choreographer-actor-designer*** ist eben gleichzeitig Tänzer, Choreograph, Schauspieler und Bühnenbildner, und einer, der in einem bestimmten Zusammenhang Liedermacher, Produzent, Arrangeur und Freund ist, ist eben ein ***songwriter-producer-arranger-friend***. Solche gleichberechtigten Zusammensetzungen ordnen ihre verschiedenen Bestandteile einem Individuum zu, das dann eben alle diese Dinge *ist*. Mitunter sehen die gleichberechtigten Zusammenschlüsse aus unserer deutschen Sicht so aus wie die normalen Komposita, bei denen das linke Element das rechte näher bestimmt. Dennoch, eine ***doctor daughter*** ist nicht die Tochter eines Arztes, sondern die Tochter, die selbst Ärztin ist; ein ***bus driver father*** ist nicht der Vater eines Busfahrers, sondern ein Vater, der selbst Busfahrer ist.

Da uns mitunter auch der weitere Zusammenhang der trügerischen Wörter nicht über unseren Irrtum aufklärt, sind warnende Hinweise willkommen. Wenn sie bei der Eroberung des Englischen deutlich und rechtzeitig erfolgen, können wir weiter auf die lexikalischen und morphologischen Anknüpfungspunkte setzen, die uns den Zugang zum fremden Wortschatz erleichtern.

Gemeinsame Herkunft, vergleichbare Einflüsse, gleiche Regeln in der Schule der Wörter für Ableitungen und Zusammensetzungen, damit reicht unser deutsches Startkapital ein ganzes Stück weit ins Englische hinein, macht uns das Erkennen leicht durch Wiedererkennen. Aber all dies ist Leichtigkeit nur durch Vertrautheit, und von der Leichtigkeit, die das Englische an sich hat, war bisher noch nichts zu sehen. Hierfür müssen wir nun den Gegenstand unserer Betrachtung vom Wortschatz auf die Syntax erweitern – oder sollte es heißen: verengen?

Paßformen

Die Syntax einer Sprache steckt den Rahmen ab, in dem die Wörter einer Sprache miteinander frei zu größeren Einheiten, letzten Endes zu Sätzen verbunden werden können. Wörter haben damit nicht nur lautliche Eigenschaften und morphologische, die ihre innere Struktur bestimmen, sie haben auch syntaktische Eigenschaften, die darüber entscheiden, wie sie im größeren Zusammenhang verwendet werden können. Sie lassen sich nach diesen Eigenschaften in größere Klassen zusammenfassen, die für die Bildung von Sätzen jeweils besondere Funktionen haben. Hierfür haben die verschiedenen Wortklassen zum Teil eigene Formen, die in verschiedenen Sprachen zum Teil unterschiedlich ausdifferenziert sein können.
Deutsch hat einen noch immer erheblichen Bestand an solchen syntaktischen Wortformen, Englisch hat von dem ursprünglich gemeinsamen Inventar fast nichts mehr. Verglichen mit dem Deutschen

ein schöner Tag,
der schöne Tag,
an einem schönen Tag,
eines schönen Tages

ist das Englische geradezu spartanisch:

a fine day,
the fine day,

on a fine day,
one fine day

– an der Form der Wörter ändert sich nichts. Und verglichen mit

ich warte, du wartest, er wartet, wir warten

ist

I wait, you wait, he waits, we wait

mit seiner einen Veränderung in der dritten Person Singular ziemlich bescheiden ausgestattet. Während im Deutschen die Wörter einer Wortgruppe formal aufeinander abgestimmt werden, werden sie im Englischen meist einfach aneinander gereiht, die grammatische Feinabstimmung zwischen den Wörtern unterbleibt.

Deutsch wirkt im Vergleich zum Englischen pedantisch und umständlich, eine Sprache, die mit allerlei formalem Ballast beschwert scheint. Ganz vorne rangiert hier sicher das grammatische Geschlecht, die ziemlich willkürliche Unterscheidung zwischen männlichen, weiblichen und sächlichen Wörtern:

der Tag, die Stunde, das Ende,

was im Englischen unverändert neutral:

the day, the hour, the end

ergibt. Eine Sprache, die sich nicht bei jedem Nomen entscheiden muß, ob es männlich, weiblich oder sächlich ist, verlangt unserem Gedächtnis erheblich weniger Anstrengung ab, als eine Sprache, die uns auf das grammatische Geschlecht verpflichtet und diesen Unterschied dann noch mit den verschiedenen Formen für Fälle multipliziert. Überraschend ist da eigentlich nur, daß die Leichtbauweise des Englischen nicht ansteckend auf seine sprachlichen Nachbarn wirkt. Aber einerseits gerät die Grammatik einer Sprache viel weniger leicht unter den Einfluß einer anderen, als dies bei den Wörtern der Fall ist, und andererseits sind mit dem formalen Sparprinzip auch Nachteile verbunden, deren Ausgleich größere Anstrengungen in anderen Bereichen des Sprachgebrauchs auslöst. Die Beschäftigung mit diesen Zusammenhängen müssen wir aber noch so lange aufschieben, bis wir uns ein genaueres Bild von den syntaktischen Eigenschaften des Englischen gemacht haben.

Syntax, das heißt Verwendung der Wörter im größeren strukturellen Zusammenhang, in Wortgruppen, in Sätzen – womit wir nun endlich unsere Vorstudien abschließen und uns dem eigentlichen Gegenstand unserer sprachlichen Neugier, den besonderen Sätzen, zuwenden können.

III
Im Zusammenhang

❱ *Konstellationen*

❱ *Der Truffaldino-Effekt*

❱ *Stellungsunterschiede*

❱ *Im Überblick*

Konstellationen

Wörter im Zusammenhang, das ist zunächst einmal Syntax. Danach sind es noch eine Reihe von sprachlichen und außersprachlichen Aspekten, die Inhalt und Verwendung von Wörtern im Zusammenhang bestimmen. Dazu später. In einer Sprache, in der es kaum grammatische Veränderungen am Wort gibt, sind die Konstellationen, die sich aus der Anordnung der Wörter im Satz ergeben, oft der entscheidende Anhaltspunkt für die syntaktischen Eigenschaften, die den Wörtern innerhalb des Satzes zukommen.

Ob ich eine nominale Wortgruppe, also eine Wortgruppe mit einem Nomen als Kopf, als Subjekt oder Objekt verwende, entscheidet sich in einer solchen Sprache im wesentlichen über die Stellung dieser Wortgruppe relativ zum Verb. Vereinfacht gesagt, ist im Englischen die nominale Wortgruppe vor dem Verb das Subjekt, nach dem Verb das Objekt des Satzes. Wir bevorzugen im Deutschen dieselbe Zuordnung, wenn wir keinen morphologischen Anhaltspunkt haben. Obwohl *Otto liebt die Katze* grammatisch beide Lesarten zuläßt, das heißt *Otto* Subjekt oder Objekt sein kann, entscheiden wir uns zunächst einmal für die erste Variante.

Genau in dieser Reihenfolge, Subjekt vor Objekt, denken wir uns die syntaktischen Ergänzungen zu *lieben: jemand liebt jemanden/etwas*. Sobald morphologische Angaben über den Fall hinzukommen, haben wir im Deutschen kein Problem, die Anordnung umzudrehen: *Den Mops liebt die Katze.* Da wir im Englischen kaum morphologische Anhaltspunkte für Fälle haben, sind wir in der mißlichen Lage, zwischen Subjekt und

Objekt nicht aufgrund ihrer Form unterscheiden zu können. Kein Wunder also, daß sich die Konstellationen, das Subjekt links vom Verb, das Objekt rechts davon, verfestigt haben.
Der strukturelle Zusammenhang entscheidet oft nicht nur über die Satzgliedfunktion der verschiedenen Wortgruppen im Satz, sondern auch über die Wortart, in der ein Wort verwendet wird. Die fehlenden Wortformen begünstigen den Wechsel von einer Wortart zu anderen so sehr, daß dasselbe Wort eben vielfach ohne irgendwelche Veränderungen in verschiedenen Wortklassen Verwendung findet. Erst im Satzzusammenhang wird dann klar, ob wir es zum Beispiel mit einem Verb oder einem Nomen zu tun haben. Für sich genommen, sind die Wörter meist mehrdeutig, im Zusammenhang eines Satzes werden sie in der Regel eindeutig.
Das Wort *spell* etwa kann als Verb *(schreiben, buchstabieren)* oder mit ganz anderen Bedeutungen als Nomen *(Zauber, Bann; Periode* u. ä.) verwendet werden. Wenn Milne in *The House at Pooh Corner* über Owls Schreibkünste sagt

... he could spell Tuesday so that you knew it wasn't Wednesday

brauchen wir noch nicht einmal die inhaltliche Seite des Zusammenhangs, um festzustellen, daß es sich um das Verb *spell* handelt, da nach *could/konnte* in einem Aussagesatz kein Nomen folgen kann. Aber natürlich interessiert uns der Umstand, daß *spell* ein Verb ist, nur mittelbar, gerade nur soviel, wie nötig ist, um den Beitrag dieses Wortes zur Bedeutung des ganzen Satzes zu verstehen.
Glücklicherweise ist der Weg zur deutschen Version mit ein wenig Schulenglisch nicht weit. Wir müssen nur das Hauptverb in eine andere Position bringen, alle übrigen grammatischen Eigenschaften des Satzes dürfen gleich bleiben. Die wörtliche Übersetzung

Er konnte Dienstag so schreiben, daß man wußte, es war nicht Mittwoch.

ergibt vielleicht nicht die natürlichste Form dieses Gedankens im Deutschen, sie ist ihm aber auch nicht im Weg.

Für jemanden, dessen Englischkenntnisse so gut sind wie Owls Schreibkünste, beginnen die Schwierigkeiten natürlich schon unterhalb der syntaktischen Ebene, also noch ehe die Wörter miteinander zu Wortgruppen und Sätzen verbunden werden. Das Schreiben im Sinne von Rechtschreiben *spell* heißt, daß *can*, *be* und *know* unregelmäßige Vergangenheitsformen haben, daß die Verneinung *not* in der verkürzten Form *n't* an ein Hilfsverb angehängt wird, und was überhaupt *be, know, he* und *you, Tuesday* und *Wednesday* heißen, dazu finden wir in der deutschen Version wenig Anhaltspunkte. Da sind wir froh, daß wir uns schon in der Schule einige englische Vokabeln eingetrichtert haben, auch wenn wir sie nur so wie *Tuesday* und *Wednesday* gerade mal durch ihr Schriftbild auseinanderhalten können. Aber gerade die Wörter im Zusammenhang lenken uns ganz leicht von sich selbst ab, und dies ist ein Effekt, dem wir bewußt gegensteuern müssen.

Der Truffaldino-Effekt

Für *he could spell Tuesday so that you knew it wasn't Wednesday* reichen unsere Englischkenntnisse gerade noch. Allerdings betrifft das zunächst vor allem das Verstehen, also das, was im allgemeinen als passive Sprachkenntnis bezeichnet wird. Wir ordnen den fremdsprachlichen Formen eine Bedeutung zu, wir interpretieren den Satz. Im Verhältnis zu unseren Vorstellungen von der Welt bekommt er seinen bestimmten, wenn auch wohl nur vorübergehenden Platz in unserem Gedächtnis.

Dabei geht es uns wie Truffaldino, dem Diener zweier Herren von Goldoni, der das zerkaute Brot, mit dem er den Brief versiegeln will, immer wieder unwillentlich hinunterschluckt. Das heißt, wir behalten nur den Inhalt des Satzes und so wenig von seiner Form, daß wir den Originalsatz zu einem späteren Zeitpunkt kaum mehr aus dem Gedächtnis abrufen können, sondern neu konstruieren müssen. Dies heißt aber, daß wir nun unsere englischen Sprachkenntnisse aktiv einsetzen müssen. Da machen wir dann alle die irritierende Erfahrung, daß uns bei der Suche nach den englischen Ausdrucksformen die eigene Sprache in den Weg kommt. Versuchen Sie doch einmal, den Satz jetzt aus dem Gedächtnis zu zitieren.

He could write Tuesday so that...?

Gar nicht so schlecht, nur daß bei Milne nicht von *write,* sondern von *spell* die Rede war:

... he could spell Tuesday so that you knew it wasn't Wednesday.

Da wir im Deutschen davon sprechen, wie man ein Wort *schreibt*, greifen wir im Englischen nach *write,* ohne gewahr zu werden, daß wir damit eine Differenzierung ignorieren, die im Englischen nötig ist. Wie hilfreich die kontextuelle Einbettung ist, wenn es darum geht, aus den vielen verschiedenen Möglichkeiten eines Wortes die zutreffende auszuwählen, so schwierig ist es, dem Truffaldino-Effekt zu wehren und den Schritt vom Inhalt wieder in die sprachliche Form zurückzugehen, vom passiven zum aktiven Sprachgebrauch, von der Aufnahme der Sprache zur Erzeugung zu kommen.

Wir haben unsere Vorstellungen über die Welt zunächst einmal an der eigenen Sprache festgemacht und können uns von dem Raster, das sie uns für die Einteilung der Welt bereit stellt, nur mühsam freimachen. Obwohl der Inhalt letztendlich das ist, was wir uns durch die Kenntnis der fremden Sprache erobern wollen, kann er uns nur sehr bedingt zum Erwerb der fremden Sprache verhelfen. Auch wenn die inhaltliche Neugier eine Triebkraft ist, die wir für die Entschlüsselung der sprachlichen Form gerne gebrauchen, weil sie uns beim Erraten von Zusammenhängen beflügelt – sie kann die Beschäftigung mit der sprachlichen Form selbst nicht ersetzen. Erst die Neugierde auf die sprachliche Form selbst läßt uns die Unterschiede zwischen der eigenen und der fremden Sprache überhaupt sehen.

Es ist jedoch der gedankliche und sprachliche Witz des Autors, der besondere Zusammenhang, der die trockenen Betrachtungen mit der sprachlichen Form zu einer lohnenden Beschäftigung machen soll. Und wenn wir uns Milnes Satz einprägen, verfügen wir auf einen Schlag über eine ganze Reihe von Sätzen – auch mit anderen Inhalten: *You knew. It was Tuesday. It wasn't Wednesday. He could spell Tuesday. He could spell Wednesday.* Und freier: *He knew he couldn't spell Tuesday* und so weiter – Variationen, die uns das Original frei Haus liefert. Auch wenn diesen Sätzen der Witz des Originals fehlt, als kostenlose Draufgabe lassen wir sie uns schon gefallen. Um so mehr als wir Owls Kompetenzstufe auch jenseits des orthographischen Bereichs noch nicht merklich überschritten haben.

Trotzdem:

... he could spell Tuesday so that you knew it wasn't Wednesday.

ist doch schon etwas.

Stellungsunterschiede

Wenn wir den deutschen und den englischen Satz über Owls Schreibkünste vergleichen, können wir feststellen, daß die einzelnen Wörter zu denselben Wortklassen gehören und miteinander auf dieselbe Weise Wortgruppen, Teilsätze und Sätze bilden. Mit Ausnahme des Hauptverbs und des *so* im ersten Teilsatz sind die drei Teilsätze und ihre einzelnen Wörter sogar in derselben Reihenfolge angeordnet.

... he could spell Tuesday   so that you knew
it wasn't Wednesday.
Er konnte   Dienstag so schreiben, daß man wußte,
es war nicht Mittwoch.

Die Ähnlichkeit ist uns für den Anfang willkommen, auch wenn wir gleich festhalten sollten, daß sie keinesfalls die Regel darstellt.

Einen Unterschied gibt es aber eben doch, nämlich die Stellung des Verbs im ersten Teilsatz: das englische Verb *spell* steht vor seiner Ergänzung *(Tuesday)*, und das deutsche Verb *schreiben* nach seiner Ergänzung *(Dienstag)*. In diesem Unterschied steckt der Dreh- und Angelpunkt für eine grundsätzlich unterschiedliche Perspektive englischer und deutscher Sätze. Das Verb steht im Englischen vor seinen Ergänzungen, im Deutschen – mit gewissen Variationen – nach seinen Ergänzungen. (Die Variationen betreffen den Unterschied zwischen Haupt- und Nebensatz, einfachen und komplexen Verbformen – aber Deutsch ist ja nun glücklicherweise nicht unser Thema.)

Wenn an einer späteren Stelle im Buch über Owl gesagt wird:

... you can't help respecting anybody who can spell
TUESDAY, even if he doesn't spell it right.

dann wiederholt sich der »kleine« Unterschied gleich dreimal (die eckigen Klammern markieren die unterschiedliche Stellung des Verbs):

You can't help   [respecting] anybody
Man kann nicht umhin   jemanden [zu achten]/
Man muß einfach   jemanden [achten]

who [can spell] Tuesday,
der   Dienstag [schreiben kann],

even if   he doesn't [spell]   it   right.
selbst wenn er   es nicht richtig [schreibt].

(Auf die Besonderheiten mit der Verneinung: *tut nicht richtig schreiben,* der *ing*-Form **respecting:** *achtend* und dem unbestimmten Fürwort **anybody,** das ein verneintes **somebody** – *jemand* ersetzt, kommen wir an geeigneter Stelle zurück.)
Sowohl im Hauptsatz wie in den beiden Nebensätzen steht das Hauptverb im Englischen vor seinen Ergänzungen, im Deutschen danach. Die englische Abfolge: *... *zu achten jemanden, der schreiben kann Dienstag, auch wenn er schreibt es nicht richtig* wäre im Deutschen eben nicht »normal«, nicht grammatisch richtig. (Dafür steht das Sternchen.)
Andrerseits könnten wir im Deutschen das Objekt mit seinen ganzen langen Ergänzungen an den Satzanfang bringen:

Jemanden, der Dienstag schreiben kann, auch wenn er es falsch schreibt, muß man einfach achten.

Aber das sollten wir im Englischen lieber gar nicht erst versuchen. Wir wissen ja schon: das Subjekt steht vor dem Verb, Objekte danach, so wie wir es bei Milne lesen:

... you can't help respecting anybody who can spell TUESDAY, even if he doesn't spell it right.

Da steht das Subjekt *you* vor dem komplexen Verb **can't help respecting** mit seinem langen Objekt: **anybody who...** Das Englische verhält sich so, wie wir es nach unserem Wissen über die syntaktischen Eigenschaften von *respect*/*respektieren, achten: jemand, jemanden,* **spell**/*schreiben: jemand, etwas* erwarten:

can't help respecting anybody ... spell Tuesday ... spell it right.

Irgendwelche Ausnahmen – mit denen man ja immer rechnen muß – heben wir uns für später auf.
So nebenbei haben wir schon wieder einige Sätze dazubekommen:

Even if he doesn't spell Tuesday right. He doesn't spell Tuesday right. He doesn't spell it right. You can't help it.

was zusammen mit den vorigen Sätzen weitere Möglichkeiten ergibt:

You knew he doesn't spell it right. You knew he can spell Tuesday even if he doesn't spell it right. ... you can't help respecting anybody who could spell TUESDAY so that you knew it wasn't Wednesday...

Wenn Ihnen jetzt doch etwas schwindlig wird, dürfte ein ruhiger Punkt, etwas mit Übersicht, gerade das Richtige sein.

Im Überblick

Von einer genügend hohen Warte aus, die uns einen Überblick über ganze Sprachkontinente ermöglicht, lassen sich die beiden grundsätzlichen Unterschiede zwischen Deutsch und Englisch auf einen kurzen, technischen Nenner bringen: das Englische ist eine Subjekt-Verb-Objekt-Sprache (SVO-Sprache), in der Subjekt und Objekt vor allem durch ihre Positionen vor und nach dem Verb charakterisiert sind und in der die Satzglieder relativ unbeweglich sind. Das Deutsche ist demgegenüber eine SOV-Sprache, in der die Ergänzungen dem Verb vorangehen, und in der, abgesehen vom Verb, die Reihenfolge der Satzglieder relativ beweglich ist, Objekt und Subjekt also zum Beispiel (wie in *vor so jemandem hat man Respekt*) ihre Plätze vertauschen können. Die Verallgemeinerung läßt sich an englischen Sätzen direkt ablesen, im Deutschen ist dies nur im Nebensatz möglich, was uns aber vorerst nicht kümmert, da wir uns ja aufs Englische konzentrieren wollen.

Die unterschiedliche Gerichtetheit hat verschiedene Namen, je nachdem, ob wir uns auf die Stellung des verbalen Kopfes am rechten oder linken Rand seiner Wortgruppe beziehen (rechts- oder linksperipher) oder auf die Richtung, in der die Erweiterungen hinzukommen (rechts- oder linksgerichtet beziehungsweise -verzweigend).

Solange wir außer dem Subjekt nur eine Ergänzung zum Verb haben, ist der Stellungsunterschied zwischen Deutsch und Englisch klein. Wenn wir mehrere Ergänzungen haben, wird die entgegengesetzte Perspektive deutlicher:

... daß er in seinem Garten Gedichte schreibt
... that he writes poems in his garden.

Die interne Struktur eines Satzes baut sich gewissermaßen vom Verb her auf, im Englischen von links nach rechts:

write
write poems
write poems in the garden

im Deutschen von rechts nach links:

schreiben
Gedichte schreiben
im Garten Gedichte schreiben

In beiden Sprachen wird das Subjekt als äußere Ergänzung davor gesetzt:

he writes poems in the garden
er im Garten Gedichte schreibt

und davor wiederum die Konjunktion, die den Satz in einen anderen Satz einbettet:

that he writes poems in the garden
daß er im Garten Gedichte schreibt.

Das Ergebnis ist ein Produkt aus den lexikalischen Festlegungen über die Art und Zahl der festen Ergänzungen eines Verbs (*jemand schreibt etwas*) sowie über die zu diesem Kern möglichen freien Ergänzungen (*jemand schreibt etwas im Garten*) und die Gerichtetheit der Reihenfolge, die von der Grammatik der jeweiligen Sprache festgelegt ist. Unter bestimmten Bedingungen kann dieses Ergebnis, das die Grundreihenfolge der Satzglieder repräsentiert, durch Umstellungen verändert werden. Hier kommt dann die Beweglichkeit der Satzglieder ins Spiel, die eben in einer Sprache wie dem Englischen eingeschränkt ist.

Die unterschiedliche Richtung der Verbergänzungen und die unterschiedliche Beweglichkeit der Satzglieder im Deutschen und Englischen haben weitreichende Konsequenzen, zu denen viele der grammatischen und lexikalischen Unterschiede zwischen beiden Sprachen zu rechnen sind.

Zugegeben, das ist alles ganz abstrakt und an konkreten Sätzen auch nur dann ablesbar, wenn man die verschiedenen Unterschiede zwischen Englisch und Deutsch zueinander in Beziehung bringt. Für unser weiteres Programm kann dies aber als ein allgemeines Raster dienen, auf dem wir die Besonderheiten des Englischen gegenüber dem Deutschen der Reihe nach eintragen können. Im einzelnen gehören dazu: die Welt der Verben (das Hilfsverb *do,* die Verlaufsform, das Perfekt, *going to,* die indirekte Rede, die Möglichkeitsform, die unbeugsamen Verben, das Passiv, die unvollständigen Hilfsverben), die Welt der Nomen (Artikel, Mengenangaben, Fürwörter, Relativsätze), nähere Bestimmungen (Adjektive und Adverbien beziehungsweise Adverbiale), die andere Informationsverteilung (Schwerpunkte, Voranstellungen, Fokuspartikel, Spaltsätze und ähnliches mehr).

IV
Der Verbale Baukasten

◗ *Arbeitsteilung*

◗ *Hilfsverben*

◗ *Im Verlauf*

◗ *Morphologie der Vergangenheit*

◗ *Perfekt, oder?*

◗ *Zeitfenster*

◗ *Zukünftiges*

◗ *Bericht und Möglichkeit*

Arbeitsteilung

Der verbale Baukasten besteht im Englischen wie im Deutschen aus Hilfsverben und Vollverben, in syntaktisch veränderter und unveränderter Form. Bisher sind wir gerade einmal einer Handvoll Verben in Aktion begegnet – in der Reihenfolge ihres Auftretens: *could, spell, knew, was, can, help, respecting, does.* Als verändert erkennbar sind darunter nur die beiden Vergangenheitsformen *knew* und *was* und die beiden Formen für die Dritte Person Singular: *was* und *does;* als unverändert können wir das Partizip *-ing* einordnen. Die übrigen Verbformen sind endungslos und damit nur über den syntaktischen Zusammenhang, in dem sie stehen, als verändert oder unverändert interpretierbar. Die Paßformen der englischen Verben sind eben zu unserem Glück formal ziemlich anspruchslos.

Zu den Hilfsverben gehören neben *be, have, do* auch Verben wie *can, must, will* etc. Alle anderen Verben sind Vollverben. Die Bedeutung der Hilfsverben ist vor allem grammatischer Natur. Die Hilfsverben sind die Träger der grammatischen Veränderungen im Bereich von Zeitform (Gegenwart, Vergangenheit, Zukunft), Aspekt (Verlaufsform, Perfekt), Möglichkeitsformen, Passiv und der Übereinstimmung mit dem Subjekt in Person und Zahl. *(Does/did; is doing/has done; would do; is done; is/are...* Halt, nicht ohne Zusammenhang!) Die grammatischen Funktionen der Verben sind so in den Hilfsverben gewissermaßen lokal separiert von den Bedeutungen der Vollverben. Dies gilt natürlich im Deutschen und Englischen gleichermaßen. Aber das Englische macht sich den grammatischen Graben zwischen den Hilfsverben und den Vollverben viel mehr zunutze als das Deutsche. Das heißt, es verwendet öfter als das Deutsche Hilfsverben, auch öfter unveränderte Vollverben, und hat in beiden Kategorien mehr Anwendungsmöglichkeiten. Das Englische hat diese größere Neigung zu getrennten Verhältnissen im verbalen Bereich sicher gerade, weil die Trennung in einen veränderten und einen unveränderten Teil die grammatischen Funktionen des Verbs aufteilt, wodurch das unveränderte Verb seine Kapazitäten ganz für die strukturelle Funktion des Verbs frei hat. Was das im einzelnen bedeutet, werden wir uns jetzt der Reihe nach ansehen.

Hilfsverben

Zusammen mit *be,* das ja auch ohne ein Vollverb gebraucht werden kann, spielen Hilfsverben im Englischen eine größere Rolle als im Deutschen. Dies zeigt sich besonders an dem größeren Bedarf für *be*/*sein* (vor allem im Zusammenhang mit der Verlaufsform) und an der extensiven Verwendung von *do*/*tun* als Hilfsverb.

Eigentlich ist das *do* die prototypische Form eines Hilfsverbs. Immer wenn kein anderes Hilfsverb oder wenigstens eine Form von *be* da ist, die es uns erlaubt, etwas zu verneinen, eine Frage zu stellen oder etwas hervorzuheben, wird das *do* eingeschoben. Die Aufzählung wirkt reichlich willkürlich, hat aber doch einen inneren Zusammenhang. Irgendwie spielt in jedem dieser Fälle die Verneinung eine mehr oder weniger wichtige Rolle, und sei es nur, daß sie – in der Frage – als Möglichkeit zugelassen oder – bei der Hervorhebung – zurückgewiesen wird.

Wenn die Verneinung explizit ausgedrückt wird, ist das Hilfsverb der strukturelle Anker für das *not,* mit dem es eine so enge lautliche Bindung eingeht, daß dem *not* leicht das *o* verlorengeht. Beispiele dafür kennen wir schon und können sie auch leicht selbst bilden:

He can't spell Tuesday.
It wasn't Tuesday.
You couldn't know.

Die Abfolge Hilfsverb und Negation fällt im Deutschen unter Umständen ähnlich aus:

Er kann nicht schreiben.

Aber da können im linksverzweigenden Deutschen – anders als im rechtsverzweigenden Englischen – noch allerlei Ergänzungen vor der Negation stehen:

Ich kann dieses Wort nicht schreiben.

Im Englischen stehen die Ergänzungen erst nach dem negierten Hilfsverb:

I can't spell this word.

Eine Frage drückt das Hilfsverb durch seinen Platzwechsel mit dem Subjekt aus. Das Prinzip kennen wir ohnehin vom Deutschen:

Can he spell Tuesday?

Allerdings kann im Englischen die Negation mit dem Hilfsverb vor das Subjekt kommen:

Wasn't it Wednesday?
War es nicht Mittwoch?

Schließlich trägt das Hilfsverb auch wie im Deutschen die Betonung, mit der die Wahrheit einer Aussage hervorgehoben wird:

He c a n spell Tuesday.
You c o u l d know.

Im Englischen entsteht aber nun in Sätzen, die kein Hilfsverb enthalten, der Bedarf für ein Ersatzhilfsverb, sobald verneint, gefragt oder hervorgehoben werden soll:

He doesn't spell it right.
How do you spell Tuesday?
You d i d know.

etc.

Das *do* – Sie wissen es ja – hat unterschiedliche Formen für die Vergangenheit und für die Gegenwart, in der es überdies noch die Dritte Person Einzahl eigens anzeigt. Es reißt die Formen, die das Verb als syntaktisch verändertes Verb kennzeichnen, gewissermaßen an sich, nimmt sie dem Hauptverb weg. Wer nicht gerade mit dem Bayrischen: *Du tust mir doch helfen?* vertraut ist, muß schon eine Weile üben, um die Aufteilung hinzukriegen.

Wenn der Satz nicht ohnehin ein Hilfsverb enthält, dann brauchen wir für Verneinung, Frage und Hervorhebung im Deutschen auch keines ersatzweise einzuführen. Wir können unseren Hauptverben im Deutschen den Ausdruck grammatischer Merkmale ohne weiteres zumuten, da wir die Verben nicht als strukturellen Bezugspunkt für Ergänzungen brauchen.

Gelegentlich ist übrigens die Entscheidung, ob ein Verb ein Hilfsverb oder ein Hauptverb ist, nicht so einfach. Das *have* zum Beispiel kann beides sein, weswegen es:

I don't have it.

aber

I haven't got it.

heißt.

Das *have to (müssen)* ist ein Hauptverb und bekommt deswegen die volle Umschreibung:

I don't have to do it.

Da wir im Englischen nun schon einmal für alles, was verneint, erfragt oder hervorgehoben werden soll, das *do* bereithalten müssen, machen wir auch vom Verneinen, Erfragen und Hervorheben mit allen kombinatorischen Möglichkeiten ausführlichen Gebrauch. Für

Das wußten Sie doch, oder?

gibt es deshalb das emphatisch hervorgehobene *did know* mit negiertem Frageanhängsel:

You did know, didn't you?

Womit wir dann leider, wie der Vergleich zwischen der Spiegelstruktur des Englischen und der Partikelversion des Deutschen zeigt, doch ein Stück weit auseinanderliegen.

Does he write poems? Doesn't he write poems in his garden? It is Wednesday, isn't it? You can spell Tuesday, can't you? You knew, didn't you? You can't help respecting anybody who can spell Wednesday, can you? You couldn't, could you?

Im Verlauf

Die besondere Rolle, die die Hilfsverben im englischen Satz haben, in dem sie gewissermaßen dem Hauptverb die Last der syntaktischen Merkmale abnehmen, ist nicht auf das *do* in Frage, Negation und Hervorhebung beschränkt. Die Zahl der komplexen Verbformen, die mit Hilfsverb und Vollverb gebildet werden und damit die syntaktischen Formträger von den eigentlichen Bedeutungsträgern separieren, wird durch die englische Verlaufsform noch einmal um eine Dimension erweitert.

Go away, I'm thinking.

sagt Owl zu seinen Besuchern, ehe er sie einläßt, und macht dabei von eben jener Aspektform mit *be...-ing* Gebrauch, der wir uns im Deutschen allenfalls durch irgendwelche Ersatzformen annähern können. In diesem Fall zum Beispiel durch ein spezifischeres Vollverb:

Geh weg – ich denke nach.

Abgesehen davon, daß sie beide als Hilfsverben verwendet werden, könnte der Unterschied zwischen dem *do* und dem *be* kaum größer sein. Das *do* ist ein rein formales Mittel zur strukturellen Verankerung von Bedeutungen, die eigentlich auch ohne das Ersatzverb gegeben wären, da sie ja schon im *not* beziehungsweise in der Umstellung oder der lautlichen Hervorhebung stecken. Das *do* in

if he doesn't spell it right

zum Beispiel hat keine eigene Bedeutung. Dagegen steuert das *be* in der Verlaufsform zu einer bedeutungstragenden grammatischen Kategorie von umfassender bildlicher Kraft bei. Der »Progressiv« teilt unsere Vorstellungen von der Welt grundsätzlich in zwei Hälften: da haben wir auf der einen Seite die Menge der Sachverhalte, die wir uns als im Verlauf befindlich vorstellen, und auf der anderen die dazugehörende Alternativmenge: die Sachverhalte, die wir uns nicht als im Verlauf befindlich vorstellen wollen – oder können.

Diese Einteilung der Welt ist für jemanden, der nicht damit groß geworden ist, nicht immer einfach. Hätten Sie gewußt, daß es zum Beispiel im Fall von Owls abwehrender Begrüßung:

I'm thinking.

im Fall eines Objektsatzes aber

I think that (he could spell Tuesday).

heißen muß? Wie sich die richtige Verwendung des einfachen Aspekts und der Verlaufsform aus dem Zusammenspiel zwischen der Bedeutung des Aspekts und der Bedeutung des Verbs in seinem jeweiligen Kontext ergibt, ist zu einem nicht unwesentlichen Teil sprachliches Wissen, das wir uns nur durch einen ausgiebigen und bewußten Umgang mit dem englischen Wortschatz erobern können.

Dennoch können wir schon dieses und jenes verstehen, ehe wir alle Tricks der Aspektverwendung beherrschen. Da ist zum Beispiel das Sprachspiel über die Unvorhersehbarkeit von Unfällen, das Milne seinen chronisch schlechtgelaunten und pessimistischen Eeyore anstellen läßt:

I'm not saying there won't be an Accident now, mind you. They're funny things, Accidents. You never have them till you're having them.

Das ist – wie Sprachspiele im allgemeinen – nicht gut übersetzbar. Wörtlich:

I'm not saying there won't be an Accident now, mind you.
Ich sage nicht, es wird keinen Unfall geben jetzt, paß auf.

They're funny things, Accidents.
Das sind komische Sachen, Unfälle.

You never have them till you're having them.
Man hat sie nie, ehe man sie hat.

Ohne den Aspektunterschied im Deutschen ist die Feststellung

Man hat einen Unfall nie, ehe man ihn hat.

eine platte Tautologie. Daß man immer schon mitten drinsteckt, wenn man einen Unfall hat, läßt sich ohne die Verlaufsform eben nur in Gedanken ergänzen, nicht direkt ausdrücken. Allerdings kann uns die Wahl eines konkreten Verbs die Interpretation erleichtern:

Sie passieren einem immer erst, wenn sie einem passieren.

Natürlich kommen die Probleme, die wir mit der englischen Verlaufsform haben, erst zum Vorschein, wenn wir selbst englische Sätze bilden wollen, und der Hinweis, daß die Verlaufsform verwendet werden kann, oder verwendet werden muß, wenn man sich eine Situation als im Verlauf befindlich vorstellt beziehungsweise vorstellen kann, ist oft wenig hilfreich. Daß jemand zu einem bestimmten Zeitpunkt gerade nachdenkt oder nachdachte: *is thinking* oder *was thinking* können wir uns vorstellen, schon weniger, daß dies auf die Gegenwart bezogen die einzige zulässige Vorstellung sein soll; daß eine Erweiterung um *about* daran nichts ändert, eine Erweiterung um *that* aber die Verlaufsform strikt ausschließt, verstehen wir überhaupt nicht mehr. Doch *think about* ist, wie *nachdenken*, eine Idee mit einem eingebauten Zeitverlauf, während *think that,* wie *eine Meinung haben*, so etwas wie eine Eigenschaft ausdrückt, und Eigenschaften stellen wir uns in der Regel ohne einen zeitlichen Verlauf vor.

Um die Verlaufsform richtig anzuwenden, müssen wir also immer auch wissen, welche Vorstellungen mit den Verben im jeweiligen Kontext verbunden sind. Das ist natürlich lexikalisches, also sprachspezifisches Wissen, und da die Umgebung der Verben, wie bei *think,* die Vorstellung entscheidend beeinflussen kann, haben wir es mit einer nicht mehr wirklich überschaubaren Menge von Möglichkeiten zu tun. Da können wir uns vorerst nur damit trösten, daß wir die zweite deutsche Version der Eeyore-Weisheit nicht wieder ins Englische zurückübersetzen und also auch nicht von *passieren (happen)* zu *have* zurückfinden müssen. Statt dessen rufen wir uns noch einmal Milnes Sprachspiel in Erinnerung:

They're funny things, Accidents. You never have them till you're having them.

und verlassen uns im übrigen darauf, daß uns die Verlaufsform in englischen Geschichten ohnehin dauernd begegnet, so daß wir unser Verständnis für diese Einteilung der Welt kontinuierlich überprüfen und vertiefen können.

Und jetzt haben wir doch schon reichlich Sätze zum Herumspielen zur Verfügung:

*I'm thinking, mind you. Can't you go away? You never have
accidents till you're having them. I'm saying they're funny
things. Can you spell Tuesday? There could be an accident,
couldn't there? You can't help respecting anybody who
is thinking. Go away, I'm writing a poem. I'm not saying
he can't spell. I think he does write funny poems. ...*

Morphologie der Vergangenheit

So schwierig das Konzept »Verlaufsform« in allen seinen verschiedenen Anwendungsmöglichkeiten sein mag – mit der Form selbst haben wir kein Problem: *I'm thinking, you're thinking, he's thinking ... he was thinking:* das Suffix *-ing* ans Hauptverb und die zur jeweiligen Person passende Form von *be* in Gegenwart oder Vergangenheit.

Be, Sie wissen es ja, ist eines dieser unregelmäßigen Verben, die – anders als zum Beispiel *help, respect, wait ...* – nicht einfach mit einem einzigen *-s* für die Dritte Person in der Einzahl und einem *-ed* für alle Formen der Vergangenheit auskommt. Immerhin spart das englische *be* gegenüber dem deutschen *sein* doch wieder fast die Hälfte der Formen ein, da *are/were* für alle Mehrzahlformen und die zweite Person Einzahl aufkommen und dann neben *I/he was* nur noch *I am* und *he is* unterschieden werden müssen.

Dennoch ist *be* das variantenreichste Element im morphologischen Leichtbaukasten der englischen Verben. Alle anderen finiten Formen, auch die der Vollverben, beschränken ihre Unregelmäßigkeiten auf eine Vergangenheitsform: *write/wrote, think/thought, know/knew, go/went...* Leider sind gerade die besonders häufig gebrauchten Verben oft unregelmäßig, so daß wir dann doch wieder einige Mühe auf das Memorieren einzelner Formen verwenden müssen. Dabei müssen wir auch gleich noch die Unregelmäßigkeiten für eine unveränderte Form, das Partizip der Vergangenheit, im Auge behalten. Während die regelmäßigen Verben hierfür einfach die Vergangenheitsendung *-ed* benützen und einige unregelmäßige Verben, wie zum Beispiel *think/thought, get/got,* einfach ihre »persönliche« Vergangenheitsform, haben andere unregelmäßige Verben eine eigene Form für das Partizip der Vergangenheit: *written, known, gone...*

Bei manchen Verben sind die Unregelmäßigkeiten allerdings nur Varianten der regelmäßigen Vergangenheitsform, die gelegentlich nicht viel mehr als die Schreibung betreffen: *have/had; make/made; say/said...* und ein paar Verben kommen mit derselben Form – gleich oder anders ausgesprochen – über das ganze Register: *let (lassen), read (lesen).* Aber selbst diese Fälle sind lästig, weil wir sie uns eigens einprägen müssen. Da ist das häufige Vorkommen der unregelmäßigen Verben sogar nützlich.

Perfekt, oder?

Zusammen mit *have* bildet das Partizip der Vergangenheit das Perfekt: *He has written a poem and I have read it.* Das kennen wir schon aus unserer eigenen Sprache: *Er hat ein Gedicht geschrieben und ich habe es gelesen.* Aber dann heißt es auch: *He has left,* und dafür brauchen wir im Deutschen *sein: Er ist gegangen.* Und jetzt müssen wir uns doch wieder etwas anstrengen, um das *sein* im Perfekt des Englischen zu vergessen.

Im Englischen ist das *Haben* ganz allgemein fast ebenso wichtig wie das *Sein.* Wenn man das Perfekt als die zweite Aspektform des Englischen ansieht, dann könnte man geradezu versucht sein zu sagen, das *Sein* mündet im *Haben,* denn so wie das *be* die Verlaufsform bestimmt, bestimmt das *have* das Perfekt. Da wir im Deutschen einmal das *sein,* ein andermal das *haben* im Perfekt verwenden, sind wir schon froh, daß das Englische hier nicht wieder prinzipiell die Welt anders aufteilt, sondern nur eine Form nutzt.

It's been years since I was really able to concentrate.

läßt Saul Bellow seinen Herzog sagen, und das zum *s* verkürzte *has* scheint von unserem *Es ist Jahre her* nicht allzu weit entfernt. Nur steht da natürlich nicht *It is years* oder gar *it has years,* sondern *it has been years,* also *es sind Jahre gewesen*, und das weist darauf hin, daß es mit der formalen Vereinheitlichung auf das *have* nicht getan ist. Da haben wir nun schon dieselbe Kategorie im Englischen und im Deutschen, aber die Einteilung der Welt, die mit ihr verbunden ist, ist doch wieder anders, und dies in mehr als einer Hinsicht. Zunächst einmal kann der perfektive Aspekt im Englischen – wie im Deutschen – von jeder Zeitform: der Gegenwart, Vergangenheit und Zukunft, gebildet werden und handelt dann von einer Zeitspanne, die bis an diese Bezugszeit reicht. Der Beginn dieser Zeitspanne kann ausgedrückt sein oder auch nicht:

I haven't seen him. I haven't seen him since yesterday.
Ich habe ihn (seit gestern) nicht gesehen.

Die Anfangszeit kann auch durch einen anderen Sachverhalt bestimmt sein:

It's been years since I was really able to concentrate.

Unter Umständen kann auch die Zeitspanne selbst bestimmt sein:

I've waited for an hour.

Aber da können wir im Deutschen sowohl

Ich habe eine Stunde gewartet.

als auch

Ich warte seit einer Stunde.

sagen. Das zweite geht im Englischen nicht. Wenn das *seit* nicht mit einem Zeitpunkt, sondern mit einer Zeitspanne verbunden ist, oder wenn das Geschehen selbst noch andauert, sehen wir es im Deutschen als einen Teil der Gegenwart:

Ich warte seit gestern auf eine Antwort.

Da haben wir im Englischen das Perfekt der Gegenwart. Und überdies eine strenge Trennung der Präpositionen für Zeitpunkt *(since)* und Zeitdauer *(for)*.

I've waited since Tuesday.
I've waited for two days.

Daß dies auch noch typische Fälle für Verlaufsform sind:

I've been waiting since Tuesday.

macht den Unterschied in der Welteinteilung doppelt spürbar. Dazu kommt dann noch das Hilfsverb der Möglichkeit mit seinen Ersatzformen, so daß wir beim Anblick der deutschen Version

Es ist Jahre her, seit ich mich wirklich konzentrieren konnte.

unsere liebe Not haben, uns an die Form des englischen Originals zu erinnern:

It's been years since I was really able to concentrate.

Wenn wir es uns recht überlegen, würden wir im Deutschen vielleicht sogar noch lieber sagen

Ich kann mich schon seit Jahren nicht mehr richtig konzentrieren.

Das ist aber dann eine andere Geschichte. Die gehört in die Rubrik Spaltsätze und damit zu den Dingen, die wir uns für später aufheben müssen.

Zeitfenster

Nun kann man viele Dinge so oder so sehen und auch so oder so ausdrücken, bestimmte Sehweisen können in einer Sprache aber verbindlich sein.

Dies wird besonders augenscheinlich, wenn etwas von den Zusammenhängen, in denen ein Sachverhalt steht, zum Ausdruck kommt. Dazu gehört beim Perfekt alles, was die Zeitspanne betrifft, in die wir das Ereignis plazieren. Schließt die Zeitspanne, die ich meine, die Gegenwart ein, muß ich das Perfekt wählen, schließt sie die Gegenwart aus, darf ich es nicht wählen. Eine freie Wahl zwischen den beiden Formen gibt es also nicht.

I've been able to do it.

schließt die Gegenwart ein,

I was able to do it.

schließt sie aus. Inkonsequente Verwendungen kann man mir aber nur nachweisen, wenn mehr über den Zusammenhang bekannt ist, in dem das Ereignis steht, von dem die Rede ist. Dies kann durch direkte Zeitangaben der Fall sein, wie in den Beispielen mit *since,* von dem wir hören, daß es ganz typisch für das Perfekt ist. Für das *has been years* trifft es ja auch zu, aber für das *können* aus demselben Satz beziehungsweise für seine Ersatzform *was able to* nicht.

Wenn wir es uns genauer überlegen, läßt sich das *since* nur in einer Richtung als Ausgangspunkt einer Zeitspanne betrachten. Die Zeit, in der Herzog fähig war, sich zu konzentrieren, liegt noch davor. Es sind die Jahre danach, welche die perfektive Zeitspanne ausmachen. Hätte Herzog die Unfähigkeit, sich zu konzentrieren, direkt ausgesprochen, dann hätte auch das *be able to* im Perfekt gestanden:

I haven't been able to concentrate since then.

Es gibt aber auch Zeitfenster indirekter Art, wie sie die an einem Ereignis beteiligten Personen, Dinge oder Sachverhalte eröffnen. Das Zeitfenster für nicht mehr lebende Autoren zum Beispiel ist zur Gegenwart hin ebenso geschlossen wie das von Gestern oder vom vergangenen Jahr.

Shakespeare wrote thirty-six plays.

muß es heißen, wie lebendig seine Stücke heute auch immer sein mögen.

Verstehen können wir dieses Prinzip: was vorbei ist, ist natürlich vorbei, aber es auf die einzelnen Fälle immer richtig anzuwenden, fällt uns nicht leicht. Um so mehr als wir im Deutschen die meisten Fälle mit oder ohne perfektiven Aspekt ausdrücken könnten, die perfektiven Varianten aber überwiegend bevorzugen. Oder würden Sie

Ich schrieb ihr gestern einen Brief.

sagen? So heißt es aber im Englischen:

I wrote her a letter yesterday.

Zeitfenster durch *gestern* geschlossen.

It's been years since I wrote poems in my garden. I haven't been able to concentrate since Wednesday. He's had an accident. I've been saying this for years. He has never been able to spell it right. He was writing a letter. I was reading a poem. We were not able to concentrate.

Zukünftiges

... what you've done becomes the judge of what you're going to do.

heißt es in Moons Reisebericht *Blue Highways*

Was man getan hat wird zum Richter/zum Maßstab für das, was man tun wird.

und da stecken in einem Satz schon fast alle Formen, die das englische Verb annehmen kann: zusammen mit dem *be* und dem *have* der Infinitiv *(to do)*, das Partizip der Gegenwart: die *ing*-Form, das Partizip der Vergangenheit *(done)*, der einfache Aspekt der Gegenwart *(become)*, das Perfekt der Gegenwart *(have done)* und eine Verlaufsform *(are going)*, die zusammen mit einer Infinitivergänzung zur Futurform *(going to)* geronnen ist.

Die Futurform *(be going to)* konkurriert mit dem Hilfsverb: *will, shall*. Als *wollen* ist *will* – bis auf kleine Reste in Frage und Verneinung – gegen das Hauptverb *want* unterlegen. Aber als *werden* konkurriert *will* mit *be going to,* und da würden wir schon ganz gerne wissen, warum es

... what you've done becomes the judge of what you're going to do.

aber zum Beispiel

In the end, there will always be a difference... (Bateson)

heißt. Könnten wir vielleicht *will* und *going to* in beiden Sätzen austauschen?

Nein, sagen uns die Zukunftsspezialisten. Auch der Zugang zur Zukunft sieht im Englischen anders aus als im Deutschen. Aussagen über die Zukunft sind ja Vorhersagen, und irgendwie macht sich in den Grundlagen für solche Vorhersagen wieder die englische Zweiteilung der Welt durch die Verlaufsform bemerkbar. Zunächst wird die Verlaufsform im Futur nicht anders verwendet als in der Gegenwart und in der Vergangenheit: *I'll be waiting for you/Ich werde auf dich warten*, aber in Gegenwart und Vergangenheit geht es mir nur um das Geschehen selbst und nicht wie im Futur um den Ausgangspunkt für meine Vorhersage. Wenn ich sage *I'm going to do this,* dann hat die Zukunft in gewissem Sinne schon begonnen.

Eine der Voraussetzungen für das zukünftige Geschehen ist schon erfüllt, und ich weise mit dem *going to* darauf hin, daß ich davon weiß. Es ist die Absicht der Person im Subjekt des *going to* beziehungsweise das Wissen um diese Absicht, was mir die Vorhersage ermöglicht. Und es ist gerade dieser Umstand, daß die Voraussetzung für das zukünftige Geschehen schon zum Zeitpunkt der Vorhersage erfüllt ist, der eine Art Kontinuität in die Geschichte bringt.

Vorhersagen über meine eigenen Handlungen sind natürlich am besten begründet, doch ich kann auch Annahmen über die Absichten der anderen haben:

... what you've done becomes the judge of what you're going to do.

Daß die Voraussetzungen für das zukünftige Geschehen zur Zeit der Vorhersage schon bestehen können, gilt auch von jenen Fällen, in denen die Subjekte nicht über ihre Zukunft bestimmen können, aber die Entwicklung des Geschehens bereits begonnen hat. *It's going to rain, the door is going to slam, you're going to be late* sage ich, wenn ich genügend Anhaltspunkte für den Regen, das Zuschlagen, das Zuspätkommen habe zu dem Zeitpunkt, an dem ich die Vorhersage treffe.

Es ist also die Voraussetzung für das zukünftige Ereignis, in die die Verlaufsform des *going to* eingebettet ist. Überall da, wo das Ereignis nicht schon in diesem Sinne im Gange ist, wenn ich meine Vorhersage mache, kann *going to* nicht verwendet werden. Zum Beispiel, wenn ich mich erst zum Zeitpunkt meiner »Vorhersage« dazu entschließe, etwas zu tun. Dann muß ich dies mit *will* ankündigen: *Alright, I'll do it.*

Daß das *always* mit seinen endlosen Wiederholungen des Geschehens nur das erste Mal mit den Voraussetzungen in Verbindung bringen kann, sich also der Satz

There will always be a difference.

nicht gut für die *going to*-Version eignet, ist da nur folgerichtig.

Das *be going to* gegen das *will,* das ist die Konkurrenz von Hilfsverben untereinander. Die haben bekanntlich nicht mehr Bedeutung als ihre grammatischen Merkmale, aber diese können dann eben in einer fremden Sprache doch immer wieder mit einer anderen Sicht auf die Welt verbunden sein.

Jetzt haben wir uns geradezu mit Siebenmeilenstiefeln durch die Zeit bewegt, und mit ein bißchen Mut zum Experimentieren sind unsere Fortschritte in verfügbaren Sätzen schon kaum mehr zu überblicken: *What have you done? It's been years. I wasn't able to concentrate. What are you going to do? I'm not saying he won't do it. There will always be a difference, mind you.* ...

Aber natürlich fehlen unserem verbalen Baukasten noch einige äußerst wichtige Bereiche.

Bericht und Möglichkeit

Mit dem Konzept der Zukunft sind wir vom Faktischen schon ein Stück abgerückt. Selbst wenn *going to* noch in den Tatsachen der Gegenwart (oder unseren Vorstellungen davon) verankert ist, handelt es sich bei den vorausgesagten Ereignissen nur um zukünftige Möglichkeiten. Aber Möglichkeiten sind nicht auf Vorhersagen über die Zukunft beschränkt. Wir können auch ganz »neutral« über das sprechen, was jetzt möglich ist, oder über das, was früher einmal möglich war und nicht eingetreten ist. Wir können sogar das, was wir denken oder sagen, ausdrücklich von dem weghalten, was ist, war oder sein wird. Und wenn wir damit keinen Knoten in unseren neuronalen Schaltstellen verursachen – wir beziehen uns auf das, was ist –, oder das, was wir meinen, daß es ist –, dann verdanken wir das wohl vor allem den kategoriellen Schubladen, die uns die Grammatik hierfür zur Verfügung stellt: der

Möglichkeitsform, die die Welt des Möglichen von der Welt des Tatsächlichen – der Wirklichkeitsform – trennt.

Daß wir die Grenze mitunter auch gegenüber dem Gedachten oder Gesagten ziehen wollen, ist sicher eine weise Vorsichtsmaßnahme im Dienste der Wahrheitsfindung. Im Deutschen haben wir da heute die Wahl zwischen dem direkten: *ich dachte, er ist da* und dem vorsichtigen: *ich dachte, er sei/wäre da*. Im Englischen ist die Grenzziehung obligatorisch.

... *it was a much nicer day than he had thought it was.*
(Milne)

sagt einer, dessen Sorgen sich als unbegründet erweisen, aber das sieht im Englischen viel einfacher aus als in der vorsichtigen Variante im Deutschen:

Es war ein viel schönerer Tag, als er gedacht hatte, daß es sei.

Natürlich können wir uns den geschraubten Anhang sparen,

Es war ein viel schönerer Tag, als er gedacht hatte.

Aber was da im Englischen noch steht, ist ja nur *es war,* und das kommt immerhin unserer Neigung zu einfacheren Verhältnissen entgegen. Daß wir die Möglichkeitsform auch zum Ausdruck von vergangenen Möglichkeiten brauchen, ist keine Frage. Der Unterschied zwischen *ich werde das tun* und *ich würde das tun,* zwischen *ich habe das getan* und *ich hätte das getan* trennt ja schließlich ganze Welten. Von *er dachte, es sei kein schöner Tag* und *er dachte, es ist kein schöner Tag* läßt sich das nicht mehr so ohne weiteres behaupten. Die Möglichkeitsform der indirekten Rede schafft uns nur ein wenig mehr Distanz zu dem, was wir berichten, und die ist eigentlich schon durch das einleitende *er dachte* gegeben.

Was bleibt, wenn wir die Möglichkeit in der indirekten Rede abziehen, ist die »Zeitenfolge«, das Verhältnis zwischen der Zeit der Äußerung, von der wir berichten, und der Zeit, von der in der Äußerung die Rede war. Beides kann auf die gleiche Zeit Bezug nehmen:

She says that she doesn't know.

in der Gegenwart, oder

She said that she didn't know.

in der Vergangenheit. Aber es kann auch die Rede von der Zeit davor sein:

She said she hadn't known.

Das ist aber im Deutschen in der vorsichtigen Variante:... *daß sie es nicht wisse/wüßte,* beziehungsweise für die verpaßte Gelegenheit: *daß sie es nicht gewußt habe/hätte.* Die englische Zeitenfolge ist da klar, einfach und konsequent, und wenn uns hier etwas durcheinandergerät, dann nur, weil wir den deutschen Konjunktiv nicht so einfach loslassen können. Aber dann brauchen wir eine eigene Form natürlich auch im Englischen, in allen Fällen eben, in denen tatsächlich von Möglichkeiten die Rede ist. Da haben wir es nun vor allem mit Bedingungssätzen zu tun.

I shouldn't be surprised if it hailed a good deal tomorrow.
(Milne)

sagt Eeyore an einem wunderschönen Sommertag. Also:

*Ich wäre nicht überrascht, wenn es morgen kräftig
hageln würde.*

In beiden Sprachen ist deutlich von Möglichkeiten die Rede, aber das Deutsche nutzt hier meist eigene Verbformen. Dem *wäre* und *würde* sieht man die Möglichkeitsform auch ohne einen Bedingungssatz an. Dies gilt im Englischen nur für das **should**. Anders als das deutsche *sollte*, das auch noch als Vergangenheitsform verwendet wird, ist **should** ausschließlich Möglichkeitsform und bedeutet in der Ersten Person, soweit es dort überhaupt noch verwendet wird, dasselbe wie das **would**.

Im Nebensatz aber haben wir auch hier, wie es scheint, gar keine Möglichkeitsform, sondern einfach nur eine Vergangenheitsform (die ja vielleicht irgendwie mit der Form für die Möglichkeit zusammengefallen ist – wie die Ausdehnung des *were* aus der 2. Person Vergangenheit auf alle Möglichkeitsformen vorführt: *if it were raining...*). Die Vergangenheitsform als Möglichkeit, das gibt es im Deutschen auch: *wenn es regnete* für *wenn es regnen würde*. Aber das geht dann schon einmal nicht für alle Verben. *Wenn sie kommen würden* kann zum Beispiel nur *wenn sie kämen* heißen, und ohnehin ist die zusammengesetzte Form mit dem *würde* meist schneller zur Hand. Für vergangene Möglichkeiten: *wenn es geregnet hätte, wenn sie gekommen wären*, kommt die Vergangenheitsform im Deutschen überhaupt nicht in Frage.

Das Englische verwendet dagegen durchweg die Vergangenheitsform für noch bestehende und die Vorvergangenheit für vergangene Möglichkeiten. Allerdings nur im Nebensatz. Im Hauptsatz steht immer eine Möglichkeitsform. Dies ist wieder klar und einfach, aber da das Deutsche, an das wir gewöhnt sind, bei weitem weniger einfach ist und außerdem noch diverse Varianten zuläßt, können wir uns die rationelleren Muster des Englischen letztendlich nur mit entsprechend vielen Beispielen einprägen. Da wir dabei auch noch die grammatischen Kategorien meistern müssen, die wir im Deutschen nicht haben, kann es schon eine Weile dauern, bis wir die komplexeren Formen mühelos produzieren können. (Die Darstellung einiger besonders vertrackter Möglichkeiten schieben wir deshalb lieber noch ein wenig hinaus.)

Tuesday was much nicer than Wednesday. He thought it had been years. What would you do if it were raining tomorrow? I should be surprised if he could spell it right. ...

So verführerisch Spiele mit möglichen Welten sind, es reicht noch nicht für alle Kombinationen. Außerdem stehen wir eigentlich nur auf einem Bein, solange wir uns nur auf die Hilfsverben konzentrieren. Wir brauchen jetzt erst einmal einen Scheinwerferwechsel.

V
Die unbeugsamen Verben

- *Prinzipiell endungslos*
- *Zwischen Verb und Nomen*
- *Freie oder feste Ergänzung*
- *Wahlvorgaben*
- *Von, auf, an, zu...*
- *Sparprogramm mit Redundanzen*
- *Das Passiv*
- *Probleme mit dem Spiegelbild*

Wenn mehrere Verben zusammen gebraucht werden, ist es immer das erste Verb, das sich dem Subjekt beugen und, wenn es nicht in der Vergangenheit steht, Person und Zahl des Subjekts ausdrücken muß, das verändert ist. Alle übrigen Verben sind frei vom Zwang der Anpassung, unabhängig, ungebeugt, unverändert.

Allerdings gibt es Teilsätze, die als Ganzes unangepaßt sind, in Sätze mit veränderten Verben eingebettet sind, an denen sie parasitär teilhaben, Nutznießer der dort vorgegebenen Zusammenhänge zwischen Subjekt und Verb sind. Sobald es um komplexe Verbformen geht, und dies tut es im Hilfsverb-freudigen Englisch meist, sind außer einem Vollverb ein oder mehrere Hilfsverben im Spiel, womit wir es unter Umständen nicht nur mit einem unveränderten Vollverb, sondern auch mit etlichen unveränderten Hilfsverben zu tun bekommen. (Besonders üppige Formen bieten sich hier für den Ausdruck von Passiv und Möglichkeit an. Wir werden uns noch damit auseinandersetzen.)

Zu jedem Hilfsverb gehört ein unverändertes Vollverb – dafür gab es schon reichlich Beispiele: ***had thought, be surprised, have done, could spell, am thinking, are having, will be...***
Zusammen transportieren diese komplexen Verbformen verschiedene grammatische Bedeutungen: Verlaufsform, Perfekt, Futur, vergangene oder reale Möglichkeit... Von diesen Teilen des verbalen Baukastens, von Zeit, Aspekt und Möglichkeit, war schon die Rede. Anderes, wie zum Beispiel das Passiv, steht noch aus. Aber unveränderte Vollverben kommen in englischen Sätzen eben auch ständig ohne Hilfsverben vor, und auf diese Fälle, die Infinitive und Partizipien ohne ver-

änderte Verben, wollen wir uns jetzt konzentrieren. Insgesamt verwendet das Englische auch diese Form der Verben öfter als das Deutsche. Obwohl wir Infinitive im Deutschen vielfach ähnlich nutzen, gibt es Verwendungen, die nur das Englische kennt, und Partizipien (der Gegenwart oder Vergangenheit) werden im Deutschen überhaupt nur sehr bedingt verwendet. Beide Formen, Infinitive und Partizipien, tragen eindrucksvoll zur Leichtbauweise des Englischen bei – auch wenn der strukturelle Anbau gelegentlich sogar redundant zu sein scheint. (Daß bestimmte Redundanzen aus gutem Grunde für eine Sprache charakteristisch sein können, ist ein Gedanke, der über grammatische Erscheinungen im eigentlichen Sinne hinausführt und deswegen noch eine Weile unausgeführt bleiben muß.)
Beginnen wir mit dem Infinitiv.

Prinzipiell endungslos

Der Infinitiv ist die lexikalische Grundform des Verbs – ob Hilfsverb oder Vollverb –, ungebeugt und überhaupt ohne irgendwelche grammatische Endungen, prinzipiell endungslos eben. Im Englischen. Die morphologische Sparsamkeit dieser Sprache nutzt einfach den Stamm des Verbs als Infinitiv – mit oder ohne einleitendes *to* –, und die syntaktische Leichtigkeit des Englischen gibt den sparsamen, ums Subjekt und diverse grammatische Bedeutungen verkürzten Infinitivstrukturen in vielen Fällen den Vorzug vor den voll ausbuchstabierten Satzstrukturen.

Das Anbauprinzip der englischen Infinitivstrukturen kann man bis zu einem gewissen Grad mit deutschen Infinitivergänzungen nachempfinden. Ähnlichkeiten gibt es zum Beispiel beim Infinitiv, der den Zweck einer Handlung ausdrückt. Oliver Sacks zitiert Hughlin Jackson mit

We speak not only to tell other people what we think, but to tell ourselves what we think. (Sacks)

und das können wir – ausgenommen den »kleinen Unterschied« in der Wortstellung (und vielleicht das eigene Verknüpfungselement *um*) – gut auf dieselbe Weise bestätigen:

Wir sprechen nicht nur,   um   *anderen Leuten [zu sagen],*
We speak not only   **[to tell]** **other people**
was wir denken,
what we think,

sondern um   *uns selbst [zu sagen], was wir denken.*
but   **[to tell] ourselves**   **what we think.**

Auch als Ergänzungen zu prädikativen Adjektiven und Nomen nutzen wir im Deutschen den Infinitiv:

It is possible to be wrong. It is nonsense to say that.
Es ist möglich, sich zu irren. Es ist Unsinn, das zu sagen.

Aber schon eine andere strukturelle Einbettung des Adjektivs macht den Infinitiv zu einer typischen englischen Möglichkeit:

The bacillus of laughter is   ***a bug***
Der Bazillus des Lachens ist eine Mikrobe
difficult to isolate. (Koestler)
**schwer zu isolieren.*
die sich nur schwer isolieren läßt.

Ganz allgemein können wir feststellen, daß die Möglichkeiten des englischen Infinitivs viel weiter ausgebaut sind als die des deutschen.

Schon gut bekannt sind Ihnen sicher jene Infinitivergänzungen nach Fragewörtern, die sich so leicht mit richtigen Fragen verwechseln lassen. Etwa so wie der Titel eines berühmten sprachphilosophischen Buchs aus der Mitte des 20. Jahrhunderts:

How to do things with words.

Hierfür stünde uns im Deutschen zwar auch ein Infinitiv zur Verfügung – allerdings nur als Zugabe zu einem veränderten Verb:

Wie mit Worten Fakten zu schaffen sind.

Doch würden wir einem finiten Satz den Vorzug geben:

Wie man mit Worten Fakten schafft.

Die Frage

Wie schafft man mit Worten Fakten?

wäre natürlich

How do we do things with words?

Und zu den wichtigsten Zielen, die wir damit erreichen wollen, gehört zweifelsohne,

that we tell other people what we think,

aber auch,

that we tell ourselves what we think,

oder eben mit Infinitiv:

**We speak to tell other people what we think
and we speak to tell ourselves what we think.**

Zwischen Verb und Nomen

Wenn *ein Gedanke, der anregt,* zum *anregenden Gedanken* wird, wird aus dem veränderten Verb mit all seinen grammatischen Anschluß- und Variationsmöglichkeiten ein wesentlich weniger ausbaufähiges Element, das einem Adjektiv wie *interessant: ein interessanter Gedanke* ziemlich ähnlich ist.

Grammatisch gesehen, gehören Adjektive aber mehr zu den Nomen und damit zu einer Wortart, die komplementär zu den Verben verwendet wird. Partizipien sind, so gesehen, Verbformen, die ihre verbale Natur ein Stück weit zugunsten nominaler Eigenschaften aufgegeben haben. Das ist im Englischen nicht anders als im Deutschen, nur daß das Englische auch hier wieder ohne Paßformen auskommt: *anregende Gedanken, (den) anregenden Gedanken, (trotz) anregender Gedanken –* bleiben im Englischen unverändert: ***stimulating ideas.***

Zu weiteren Unterschieden gleich mehr.

Im Prinzip verfügen wir über zwei Klassen von Partizipien. Das Partizip der Gegenwart, also das Partizip auf *-ing,* das den Sachverhalt, auf den es sich bezieht in der aktiven Perspektive und zeitgleich zum unveränderten Verb präsentiert (in Verbindung mit *be* zum Ausdruck der Verlaufsform sind wir ihm schon einmal begegnet); das Partizip der Vergangenheit (bei regelmäßigen Verben auf *-ed*), das seinen Sachverhalt dagegen als Resultat eines Vorgangs passivisch präsentiert – eine Perspektive, in der wir uns erst noch einrichten müssen. (Zusammen mit *have* als Bestandteil des Perfekts haben wir es schon kennengelernt.) Beginnen wir mit dem Partizip der Gegenwart.

Freie oder feste Ergänzung

Das deutsche Partizip der Gegenwart ist mit dem englischen Partizip auf *-ing* anatomisch vergleichbar, wird aber wesentlich eingeschränkter genutzt, meist vor seinem Nomen, wie ein richtiges Adjektiv:

ein Laute spielender, schwungvoll bewegter Engel.

Im Englischen muß ein so erweitertes Partizip nachgestellt werden:

laughing people,
people laughing at others.

Dafür hat das englische Partizip der Gegenwart viel mehr Verwendungsmöglichkeiten – selbst wenn wir von der allgegenwärtigen Verlaufsform absehen. Da sind zum Beispiel die Umstandsbestimmungen, zu denen es selten Parallelen im Deutschen gibt. Wenn Henry Miller ein griechisch-englisches Gespräch mit den Worten lobt:

I knew about ten words of Greek and he knew about
three words of English. We had a remarkable colloquy,
considering the limitations of language.
(Miller, *The Colossus*)

dann brauchen wir im Deutschen eine Umschreibung; etwa eine Verkürzung mit einer Präposition, der man die vergleichbare verbale Herkunft fast noch »ansehen« kann:

Ich kannte ungefähr zehn griechische Wörter, und er
etwa drei englische. Angesichts dieser sprachlichen Ein-
schränkung unterhielten wir uns erstaunlich gut.

(Die Voranstellung der Umstandsbestimmung gehört übrigens in ein anderes Kapitel, dem wir uns erst später zuwenden werden.)

In einem anderen Satz entspricht die *ing*-Form einem Teilsatz im Deutschen. Wenn es über die Schreibkünste von Owl heißt:

… but spelling isn't everything. There are days when spelling
Tuesday simply doesn't count.

müssen wir schon etwas ausholen, um das verbale Subjekt des ***when***-Satzes: ***spelling Tuesday,*** als Subjektsatz in anständiges Deutsch zu bringen:

Es gibt Tage, an denen es einfach keine Rolle spielt,
ob man Dienstag schreiben kann.

Hier ist das englische Partizip zwar Teil eines Nebensatzes, gehört selbst aber als Subjekt zur Kerninformation dieses Satzes. Um diesen Gebrauch von dem der Umstandsbestimmung zu unterscheiden, sprechen die Grammatiken meist nicht mehr von Partizipien, sondern von »Gerundien«. Es sind gerade diese Verwendungen von Partizipien, die im Deutschen entfallen. Andrerseits können wir bei

... but spelling isn't everything.

doch wieder ziemlich nah am Original bleiben, indem wir die *ing*-Form durch einen Infinitiv ersetzen:

Rechtschreiben ist nicht alles.

Da wird die unveränderte Form in beiden Sprachen (im Englischen die *ing*-Form, im Deutschen der Infinitiv) nominal verwendet.

Der Schritt vom verbalen zum nominalen Bereich ist aber im morphologisch reichhaltigeren Deutschen viel folgenschwerer, weshalb uns auch der Infinitiv im Deutschen nur für einen Teil dieser Fälle zur Verfügung steht. Ergänzungen, wie eben das Subjekt nach *spelling* in:

There are days when spelling Tuesday simply doesn't count.

lassen sich mit dem nominalen Infinitiv im Deutschen nur notdürftig verbinden:

Es gibt Tage, an denen das Schreiben von Dienstag / an denen Dienstag schreiben (können) einfach keine Rolle spielt.

Trotzdem:

We had a remarkable colloquy, telling ourselves what we thought und *There are days when knowing words isn't everything.*

Die Form selbst meistern wir ja spielend, aber wenn wir die vielen Möglichkeiten ihrer Anwendung nicht aus den Augen verlieren wollen, können wir uns nicht allzu lange bei den Anknüpfungspunkten unserer eigenen Sprache aufhalten.

Wahlvorgaben

Es ist gerade das Potential unveränderter Verben für strukturelle Erweiterungen, das die englische Satzstruktur letztendlich so ganz anders gestaltet als deutsche Sätze. Dabei hat das Englische eben die *ing*-Form und den Infinitiv, und es gibt nur wenig Auskünfte darüber, wann wir das eine und wann das andere nehmen und wann vielleicht auch keines von beiden. Schließlich könnte der Satz über die relative Wichtigkeit von Rechtschreibung im Englischen ja auch lauten:

There are days when it doesn't count if you can spell Tuesday.

Paraphrasen in Form von Teilsätzen kann man fast immer machen, und die kritische Frage ist, kann oder sollte man von den unveränderten Verben Gebrauch machen, und wenn ja, von welchen? Die Antwort zur ersten Frage führt über die Grammatik hinaus und muß noch warten. Zur zweiten Fragen lassen sich aber ein paar grammatische Bedingungen festhalten.

Zunächst einmal müssen wir einen Punkt nachtragen. Der Infinitiv kommt, wie Sie schon wissen, mit und ohne *to* vor. Der Infinitiv ohne *to* wird nach den meisten Hilfsverben verwendet, aber auch hier gibt es Fälle mit *to*. Für *sollte* heißt es **should** oder **ought to,** für *müssen* **must** oder **have to,** für *sollen* **shall** (gefragt oder verneint) oder **be to.** Auch bei Hauptverben gibt es den Unterschied: **wish** oder **want to.**

Was richtig ist, ist meist mit dem Wort festgelegt. Eine eigene grammatische Bedingung gibt es immerhin für *to* nach Wahrnehmungsverben, und die heißt Passiv. Aber darüber haben wir noch gar nicht gesprochen, weshalb wir uns die Alternative:

They saw her cross the road.

gegenüber

She was seen to cross the road.

an dieser Stelle nur vormerken können. In manchen Fällen sind wir durch das vorangegangene Wort auf die eine oder andere Form, Partizip oder Infinitiv, festgelegt.

... you can't help respecting anybody who can spell TUESDAY...

ist so ein Beispiel, in dem *help* in Verbindung mit *can't* eine *ing*-Ergänzung erfordert.

Gelegentlich gibt es auch beide Möglichkeiten; dann bedeutet der Infinitiv oft etwas anderes als die *ing*-Form. Der Unterschied in der Verwendung der beiden unveränderten Verbformen erinnert an die Unterteilung der Welt durch die englische Verlaufsform, obwohl sich die Ähnlichkeit in Grenzen hält. Man könnte jemanden eine Straße überqueren sehen oder ihm zusehen, wie er über eine Straße geht: *see him cross the road* oder *see him crossing the road.* Das *crossing* meint deutlich die im Verlauf befindliche Handlung, während der Infinitiv das ganze Ereignis als eine kompakte, nicht weiter unterteilte Angelegenheit vorführt. Es sind die Verben der Wahrnehmung, deren Wahl zwischen Infinitiv und *ing*-Ergänzung an die Aspekt-Unterscheidung erinnert, vor allem weil die Ereignisse, die sie zueinander in Beziehung setzen, zur gleichen Zeit stattfinden.

In anderen Fällen, wie zum Beispiel bei *stopped running, stopped to listen* gehen die Bedeutungen so weit auseinander, daß die Aspektunterteilung ganz verschwunden scheint. Die Ereignisse können sich gerade noch überlappen, wie im ersten Fall, oder zeitlich auseinanderliegen, wie im zweiten. Hier bezeichnet der Infinitiv Zukünftiges und ist zu den vielen Fällen zu rechnen, in denen Infinitivergänzungen den Zweck des Ereignisses nennen, zu dem sie als Ergänzung angeführt werden. Im Deutschen verwenden wir unter Umständen beide Male den Infinitiv, aber im zweiten Fall mit dem *um*, das die Zwecksetzung anzeigt: *Er hörte auf zu laufen* gegenüber *Er hielt inne, um zu lauschen.*

Nur da sind dann auch noch die vielen *ing*-Formen, und es ist die Wahl zwischen den unveränderten Verbformen, die uns – vor allem auch in der Gegenüberstellung mit den veränderten Verbformen – eine ganze Menge Rätsel aufgibt.

... knowing is seeing.
Wissen heißt sehen.

sagt Koestler und nutzt die *ing*-Form gleich als Subjekt und Objekt. Auf der anderen Seite steht das berühmte

To be, or not to be: that is the question...

von Hamlet: *Sein oder Nichtsein, das ist die Frage* – mit dem Infinitiv als Subjekt. Irgendwo steckt vielleicht auch hier der Unterschied zwischen gleichzeitig (nämlich immer) und zukünftig. Aber daß wir uns damit von der ursprünglichen Einteilung der Welt in Situationen, die sich im Verlauf befinden oder nicht, schon fast zu den Antipoden begeben haben, zeigt das *knowing* aus dem Koestlerschen Satz nur allzu deutlich: *know* gehört zu den Verben, die Eigenschaften bezeichnen und deshalb prinzipiell nicht die Verlaufsform bilden können.

Von, auf, an, zu...

Gegenüberstellungen von Infinitiv und *ing*-Form lassen sich für die meisten Satzglieder anführen, und soweit es keine lexikalischen Festlegungen gibt, haben wir nicht allzu viele feste Anhaltspunkte für die Wahl zwischen beiden. Wenn wir einmal von den komplexen Verbformen absehen, deren unveränderte Ergänzungsformen vorgeschrieben sind: *can laugh, is laughing, has laughed* ..., gibt es aber immerhin noch eine allgemeine Bedingung, die angebbar ist: Präpositionen verlangen *ing*-Formen.

Das setzt natürlich wieder voraus, daß wir wissen, ob eine Präposition verwendet wird, und wenn ja, welche. In den meisten Fällen handelt es sich dabei um Wissen, das wir mit den englischen Wörtern erwerben müssen. Bei Verben, Adjektiven und Nomen, die von Verben abgeleitet sind, sind Wörterbücher sicher hilfreich. Die sagen uns, daß es *depend on, proud of, interest in* heißt – vorhersagbar ist da kaum etwas.

There are more ways of killing a cat than drowning it in butter.

heißt es bei Austin, der das martialische *skinning (Hautabziehen)* aus dem Sprichwort durch eine etwas katzenfreundlichere Version ersetzt hat: *in Butter ertränken*. Aber könnte es nicht ebensogut *to kill* sein? Und dann haben wir gelegentlich in der Tat die Wahl zwischen *to* und anderem: *opportunity to* und *opportunity of* und geraten schließlich sogar noch an ein *to,* nach dem eine *ing*-Form steht:

The facts all contribute only to setting the problem...
(Wittgenstein)

Aber das *to* ist hier eine Präposition, was wir spätestens bei der Fortsetzung des Satzes erkennen können:

The facts all   contribute only   to setting the problem,
Die Tatsachen tragen alle nur zum (Setzen des) Problem bei,
not to its solution.
nicht zu seiner Lösung.

Es gibt also *to* auch als Präposition, und wer sichergehen will, daß er nach *to* die richtige Verbform wählt, kann die Paßform erst einmal mit einem *this* erproben, was nach einem *I'm used to this (ich bin daran gewöhnt)* geht, aber nicht nach *I used to (ich pflegte)*.

Da bleibt uns nun nichts anderes übrig, als die Verben, Nomen, Adjektive immer gleich zusammen mit ihren Präpositionen zu lernen, eben so, wie sie der englische Wortschatz festgeschrieben hat.

Sparprogramm mit Redundanzen

Die unbeugsamen Verben lassen das Subjekt und die grammatischen Bedeutungen der veränderten Verben: Zeit, Aspekt, Möglichkeit ... offen und überlassen es der Intelligenz des Lesers oder Hörers, die richtigen Schlußfolgerungen zu ziehen. Die ökonomische Form erspart kurzfristige Wiederholungen, nutzt das, was schon eingeführt ist, und begnügt sich mit etwas unschärferen Verhältnissen in allen den Bereichen, die das veränderte Verb ausbuchstabiert. Die strukturelle Leichtigkeit kann uns nur recht sein. Was fehlt, ist in der Regel problemlos zu ergänzen. Aber dann gibt es gelegentlich doch Fälle, bei denen die Interpretation der Struktur mit den unveränderten Verben nicht ganz einfach ist. Da kann uns die »Leichtbauweise« des englischen Satzes schon beim Lesen Probleme bereiten. An einer Stelle in Moons *Blue Highways* heißt es:

The conversation was about suitable gifts to take the children at home with grandmothers.

Verstanden? *Gifts to take the children:* Geschenke, den Kindern mitzubringen.
Also:

Das Gespräch ging um passende Geschenke für die Kinder, die mit der Großmutter zu Hause geblieben waren.

Es kann auch sein, daß sich uns die strukturellen Verhältnisse nur aus dem Sachzusammenhang erschließen – wie zum Beispiel in der folgenden Ernte-Skizze aus *Blue Highways,* die die Männer im Wettlauf gegen den Regen und die Kürze der Saison präsentiert:

As daylight went, the men, racing rain and the short growing season, switched on headlights to keep the International Harvesters moving...

Ist Ihnen übrigens aufgefallen, daß sich die Verhältnisse im Deutschen beide Male mit einer präpositionalen Ergänzung: *für die Kinder, im Wettlauf gegen den Regen* ausdrücken lassen? Dabei wird das unveränderte Verb durch einen nominalen Ausdruck ersetzt oder entfällt ganz. Damit verglichen, ist die verbale Version des Englischen gar nicht so sparsam, wie es uns zunächst scheinen mag.

Wenn wir uns die deutsche Version des Wittgenstein-Satzes ansehen, haben wir einen noch drastischeren Fall vor Augen. Im Deutschen heißt der Satz einfach:

Die Tatsachen gehören alle zur Aufgabe, nicht zur Lösung.

Nach allem, was wir so an Vorurteilen über Englisch und Deutsch und schon gar über deutsche Philosophen haben, würden wir die strukturell aufgebauschte Form

The facts all contribute only to setting the problem…

doch eher auf der deutschen Seite erwartet haben. Aber dann haben wir uns ja schon eingangs klargemacht, daß grammatische Lücken, wie sie für viele der englischen *ing*-Formen im Deutschen bestehen, durch Erweiterungen oder Verkürzungen von Satzstrukturen kompensiert werden.

We had a remarkable colloquy, considering the limitations of language.

war so ein Fall, in dem wir statt der Erweiterung zum Teilsatz

Wir unterhielten uns erstaunlich gut, wenn man die sprachlichen Einschränkungen bedenkt.

eine Verkürzung zur Phrase gewählt hatten:

Angesichts der sprachlichen Einschränkungen unterhielten wir uns erstaunlich gut.

Da war aus dem Partizip eine Art Präposition geworden. In der deutschen Wittgenstein-Version ist, wie in dem Satz über

Sparprogramm mit Redundanzen

die Kinder, die Struktur mit dem unveränderten Verb gänzlich verschwunden.

Unveränderte Verben, die in deutschen Übersetzungen verschwinden, weil ihre Beibehaltung redundant wäre – das gibt es erstaunlich oft.

The tea is too hot to drink.
Der Tee ist zu heiß.

und nicht

Der Tee ist zum Trinken zu heiß.

ist so ein klassisches Beispiel auf der Infinitivseite.

Viel stärker ausdifferenzierte und gelegentlich sogar redundante Verbstrukturen – ist das das Besondere am Englischen, gesehen durch eine deutsche Brille? Wir werden darauf später noch einmal ausführlich zurückkommen. Noch haben wir unser Pflichtpensum über die Eigenschaften englischer Verben nicht ausgeschöpft. Zu den Themen, die wir bisher ausgeklammert haben, gehören das Passiv und ein besonders vertracktes Gebiet, in dem Hilfsverben und Infinitive im Perfekt zusammen komplexe Formen bilden, die sich aus der deutschen Perspektive schlecht erschließen lassen. Beginnen wir mit dem einfacheren Fall.

Das Passiv

Courage must be democratized before it can make men humane.

sagt Russell, wörtlich:

Mut muß demokratisiert werden, ehe er die Menschen human macht.

und da haben wir das Partizip der Vergangenheit: ***democratized*** in einer Verbindung mit ***be: be democratized*** zum Ausdruck des Passivs in der unveränderten Fassung, der ein Hilfsverb vorangeht. Der temporale Nebensatz steht im Aktiv, also der grammatischen Kategorie, die wir bisher im Blick hatten. Wenn wir einen Passivsatz daraus machen wollen, ersetzen wir die Grundform des Vollverbs *(make)* durch *be* + Partizip der Vergangenheit *(made* – was verständlicherweise unregelmäßig ist, wenn man sich die Lautakrobatik von *-ked* vorstellt): *can be made.*

Die passive Perspektive hat natürlich Auswirkungen auf die Rollenverteilung im Satz; wie der Hauptsatz zeigt, ist das Objekt der Demokratisierung zum Subjekt des Satzes avanciert. Wer oder was immer die Demokratisierung bewirkt, fehlt dagegen und müßte in einem Aktivsatz ergänzt werden – etwa durch:

We must democratize courage.

Wenn wir also den Nebensatz passivieren wollen, müssen wir neben der passiven Form des Verbs auch noch das Subjekt gegen das Objekt aus dem Aktivsatz austauschen:

Men can be made humane.

Sollten wir auf das Instrument, das die Humanisierung bewirken kann, nicht verzichten wollen, können wir es mit Hilfe von *by* anhängen:

Men can be made humane by courage.

Abgesehen von der spiegelbildlichen Umkehrung der Elemente nach dem veränderten Verb, ist uns das Ganze natürlich schon wohlvertraut aus unserer eigenen Sprache.

Das passive Verb kann fast ebensoviel variieren wie das aktive Verb (nur der Progressiv entfällt bei komplexeren Verbformen), so daß das Spiegelbild unter Umständen noch ein bißchen anspruchsvoller wird. Wittgenstein sagt:

We feel that even when all **possible** *scientific questions have been answered, the problems of life remain completely untouched.*

Das Passiv 105

Also etwa:

Wir ahnen, daß selbst wenn alle möglichen wissenschaftlichen Fragen beantwortet worden sind, die Probleme des Lebens gänzlich unberührt bleiben.

Der Unterschied zwischen **have been answered** und *beantwortet worden sind* läßt es ratsam erscheinen, nur das Prinzip des Perspektivewechsels an unseren muttersprachlichen Kenntnissen festzumachen, die englischen Passivformen aber dann ohne Blick auf die deutschen Formen zusammenzubauen:

> **be answered**
> **have been answered**
> **must have been answered**

Für die Verlaufsform gilt dies ja ohnehin:

The letter is/was being answered.

Der Wittgensteinsche Satz enthält übrigens noch ein Vergangenheitspartizip: **untouched** nach **remain** anstelle von **be.** Damit haben wir natürlich, wegen der analogen Möglichkeit in unserer eigenen Sprache, keine Schwierigkeiten.
Ähnlich geht es uns mit dem passiven Infinitiv. Abgesehen von der alternativen Erweiterungsrichtung kann Russells scharfes Diktum:

***To be a nice person it is necessary to be protected
from crude contact with reality.***

analog zusammengesetzt werden:

… ist es notwendig, vom rohen Kontakt mit der Wirklichkeit geschützt zu werden.

Andere Verwendungen des Passiv lassen uns dagegen nach passendem Ersatz Ausschau halten. Unter Umständen steht ein Partizip zur Verfügung:

*All that constitutes a person is a series of experiences
connected by memory...* (Russell)
*Alles, was eine Person ausmacht, ist eine durch die Erinnerung
verbundene Folge von Erfahrungen...*

Lieber wäre uns aber vielleicht eine Erweiterung in einen
Relativsatz:

*eine Folge von Erfahrungen, die durch die Erinnerung
miteinander verbunden sind...*

Der deutsche Bedarf nach strukturellen Erweiterungen (oder
Verkürzungen) ist uns im Prinzip aus den vorangegangenen
Fällen von unveränderten Verben im Englischen bekannt.
Natürlich sichern analoge Übertragungen von Strukturen zwischen Englisch und Deutsch selbst bei ganz leicht verständlichen Fällen keine wirklich angemessene Sprachverwendung.
Auch wenn wir Batesons suggestives Bild:

*... the guidelines for order ... are written on the surface
of waters.*

sofort verstehen, würden wir die analoge Version:

*Die Leitlinien für Ordnung sind auf die Oberfläche von Wasser
geschrieben...*

noch gründlich umgestalten, um daraus einen vergleichbar
gelungenen Satz im Deutschen zu machen. Hierfür sind aber
Überlegungen nötig, die wir zugunsten der »Anknüpfungspunkte« noch eine ganze Weile ausklammern müssen – auch
wenn uns diese mitunter, wie gleich zu sehen sein wird, selbst
Schwierigkeiten bereiten können.

*The cat has been drowned in butter. Is it necessary to answer
all questions. A person is constituted by experiences.
Considering the limitations of memory, men shouldn't be
protected from reality.*

Probleme mit dem Spiegelbild

Der schwierigere Fall hängt mit der anderen komplexen Verbform zusammen, in der das Vergangenheitspartizip Verwendung findet, mit dem Perfekt. Das Perfekt wird nicht nur als veränderte, sondern – in Verbindung mit Hilfsverben – auch als unveränderte Form verwendet.

Pragmatically, the theory was useful, however mistaken it may have been theoretically.

sagt Russell, und daraus wird im Deutschen:

Pragmatisch war die Theorie nützlich, wie falsch sie auch immer theoretisch/in theoretischer Hinsicht gewesen sein mag.

Wenn wir einmal den Unterschied zwischen *sein* und *haben* ignorieren (und die lexikalischen Unterschiede zwischen *however/wie auch immer* und *mistaken/falsch*), bleibt uns *it may have been mistaken*, was wörtlich soviel ist wie: **es mag sein gewesen falsch,* und damit sind die unveränderten Ergänzungen zu *may* im Englischen das genaue Spiegelbild zu: *es mag falsch gewesen sein*. Das erinnert uns irgendwie an den grundsätzlichen Richtungsunterschied VO/OV, und in der Tat, wenn wir in der deutschen Fassung noch das veränderte Verb in seine Grundposition am Ende des Satzes bringen:

weil du dich geirrt haben kannst

haben wir insgesamt die entgegengesetzte Abfolge zum englischen:

as you may have been mistaken.

Der Unterschied ist zwar, anders als die aspektuellen Weltsichten, äußerlich und einfach zu beschreiben. Bei der Anwendung machen uns aber die Fertigbauteile des Deutschen ziemlich zu schaffen. Wenn wir dann noch die Möglichkeitsform mit und ohne Bedingungssatz in unsere sprachlichen Bemühungen mit einbeziehen: *hätte falsch sein können, dürfte falsch gewesen sein, braucht nicht falsch gewesen sein* und so weiter, wird der Zaun unserer eigenen Sprache immer höher.

Pooh und Piglet, die im dichten Nebel in einen Graben springen, um sich vor Tigger zu verstecken, hören ihn plötzlich ganz in ihrer Nähe:

»Hallo!« said Tigger, and he sounded so close suddenly that Piglet would have jumped if Pooh hadn't accidentally been sitting on most of him.

Hallo, sagte Tigger und klang plötzlich so nahe, daß Piglet aufgesprungen wäre, wenn Pooh nicht zufällig größtenteils auf ihm gesessen hätte.

Im Nebensatz *if Pooh hadn't accidentally been sitting on most of him* steht die Verlaufsform der Vorvergangenheit, im übergeordneten Satz das *would* mit dem Perfekt der Gegenwart *Piglet would have jumped* zum Ausdruck einer vergangenen Möglichkeit. So kommt das Perfekt nun gleich noch einmal doppelt ins Bild. Und weil anstelle des *would* auch irgendein anderes Hilfsverb auftreten kann, läßt sich die Spiegelbild-Problematik der komplexen Verbformen ganz schnell vervielfältigen. Die Einzelfälle haben es in sich, weil die Möglichkeit an der ersten Verbform hängt, was eben vielfach im Deutschen und Englischen nicht dasselbe heißt:

Du hättest es ihm sagen sollen.
You should have told him.

Du hättest es ihm nicht sagen dürfen.
You shouldn't have told him.

Du hättest es ihm nicht zu sagen brauchen.
You needn't have told him.

oder mit der Ersatzform

You wouldn't have had to tell him.

Strukturell gesehen ist die Umkehrung eine einfache Sache, aber von Spiegelbildern kann man sich nun einmal nur bei entsprechender Konzentration losmachen. Da werden wir uns wohl noch eine Weile mit etwas einfacheren möglichen Welten begnügen. Oder wir hängen die Grammatik für eine Weile an den Nagel und pauken die Entsprechungen zwischen Deutsch und Englisch wie Vokabeln. Das ist ohnehin das beste für einen großen Teil der englischen Hilfsverben mit ihren lückenhaften Beständen, die immer wieder andere Verben als Ersatz erfordern, so daß der ganze Bereich aus deutscher Perspektive buntscheckig wie ein Bauerngarten erscheint:

must / müssen,
must not / nicht dürfen,
be to / sollen,
be not to / nicht dürfen,
don't have to / nicht brauchen,
could / konnte, könnte, durfte
should / sollte, dürfte,

und dann die noch komplexeren Formen:

need not have to / hätte nicht müssen, brauchen

und so weiter. Auf ein paar Vokabeln mehr soll es uns schließlich nicht ankommen.

VI
Die Welt der Nomen

- *Ähnlichkeiten und Erbschaften*
- *Bestimmt oder unbestimmt*
- *Das strukturelle Umfeld*
- *Randbereiche*
- *Mengenmäßig*
- *In Teilen*
- *Fragen der Einstellung*
- *Alle oder jeder*

Ähnlichkeiten und Erbschaften

Das Verb ist der Dreh- und Angelpunkt des Satzes, aber ohne seine Ergänzungen kann es keinen Satz bilden. Und Ergänzungen können selbst auch Ergänzungen haben, eigene Monde sozusagen, die den Bedingungen ihres jeweiligen Planeten gehorchen. Bisher war unser Scheinwerfer vor allem auf die Welt der englischen Verben gerichtet, auf die grammatischen Eigenschaften, die von eigenen Formen des Verbs getragen werden: Verlaufsform, Zukunft, Perfekt, Möglichkeit, Passiv, oder von besonderen Verben: den Hilfsverben *do* (Negation, Frage, Emphase), *can, must* usw. In ihrer veränderten Form sind sie alle autonome Elemente aus dem grammatischen Kernbereich von Sätzen, auch wenn die Hilfsverben unter ihnen normalerweise nicht alleine stehen können. Mit den unveränderten Verben, die unabhängig von veränderten Verben verwendet werden, sind wir nun aber schon über die eigentliche Domäne des Verbs hinausgeraten. Fälle wie

Considering the limitations of language ...
... knowing is seeing.

haben die Verwendung von Verben als freie oder als feste Ergänzungen illustriert. Wie das Beispiel von *limitations* zeigt, werden die Bedingungen für etwaige Ergänzungen vom verbalen Kopf diktiert; *the limitations of language* ist das Objekt zum Partizip *considering,* nicht anders als es dies in einer veränderten Version wäre:

... when we consider the limitations of language.

Aber das Objekt besteht ja seinerseits selbst aus einem Kopf: *limitations,* der durch eine Ergänzung näher bestimmt wird: *of language.* Diesmal ist der Kopf allerdings kein Verb, sondern ein Nomen, auch wenn wir die verbale Herkunft dieses Nomens noch gut erkennen können: *limit – limitation.* Über die Anatomie von Wörtern haben wir uns ja schon einmal verständigt. Nachzutragen wäre jetzt, wo es uns um die syntaktischen Eigenschaften von Wörtern geht, daß das vom Verb abgeleitete Nomen einen Teil des Ergänzungspotentials des Verbs erbt. Die Ergänzung zu *limit* in

to know only three words of English limits language

entspricht der Ergänzung in

the limitations of language.

Aber auch Nomen, die nicht von einem Verb abstammen, bekommen Ergänzungen, die an verbale Verhältnisse erinnern:

The surface of waters

ist natürlich die Oberfläche, die Wasser hat;

the problems of life

sind die Probleme, die das Leben stellt, etc.
Wenn die Ergänzungen nicht ihrerseits wieder verbale Köpfe enthalten, die sich weiter ausbauen lassen, ist die Zahl der festen und freien Ergänzungen zu nominalen Köpfen eher bescheiden. Da müssen wir schon von unseren besonderen Sätzen zu den sprachlichen Verknotungen von Pressemitteilungen übergehen, um die Menge der Ergänzungen hochzutreiben. In:

… at a meeting yesterday in Brussels of the economics ministers…

hat *meeting,* dem man das Verb *meet* noch ansehen kann, neben einer Zeit- und einer Ortsbestimmung noch so etwas wie ein logisches Subjekt zu bieten. Unsereins würde da aber vielleicht eine verbale Fassung bevorzugen:

When the economics ministers met in Brussels yesterday ...

Wie dem auch sei, die Ähnlichkeiten zwischen nominalen und verbalen Strukturen können nicht darüber hinwegtäuschen, daß es zwischen den syntaktischen Eigenschaften von Nomen und Verben wesentliche Unterschiede gibt, und trotz vergleichbarer Verhältnisse vieles im Englischen anders ausfällt als im Deutschen. Einiges, das wissen wir schon, entfällt einfach im Englischen – zum Beispiel die Fälle oder das grammatische Geschlecht; anderes, wie Zahl und Bestimmtheit der Elemente, von denen die Rede ist, Artikel, Zahlform und Mengenangaben, findet sich in beiden Sprachen und erfordert wegen seiner unterschiedlichen Verwendungsbedingungen besondere Aufmerksamkeit. Beginnen wir mit einer formal leichter überschaubaren Kategorie, auch wenn sie im Verein mit der Zahlform das Universum wieder einmal anders aufteilt.

Bestimmt oder unbestimmt

Wörter wie *grandmother, conversation, rain, daylight, courage, memory* stehen bereit, um uns auf Dinge dieser Art Bezug nehmen zu lassen. Wir können mit ihnen auf die durch die Bedeutung der Wörter erfaßten Elemente »referieren«, auf Gespräche mit Großmüttern eben, Mut bei Regen oder die Erinnerung an Tageslicht... Aber die Referenz steckt in den Wörtern nur als Möglichkeit. In manchen Sprachen, wie zum Beispiel dem Russischen, genügt die Verwendung der Wörter im Zusammenhang, um diese Möglichkeit zu aktivieren. Im Deutschen und Englischen ist dies mit dem Gebrauch einer eigenen grammatischen Kategorie verbunden, deren wichtigster Träger der Artikel ist. In der Regel nötigt uns der Akt der Bezugnahme eine Unterscheidung in zwei Arten auf:

definit (bestimmt) und indefinit (unbestimmt). Hierfür steht uns dann der Artikel im Deutschen und Englischen in zwei Ausgaben zur Verfügung. Ich kann auf *ein* Gespräch oder *das* Gespräch, **a conversation** oder **the conversation,** Bezug nehmen, und damit auf ein noch nicht erwähntes oder bereits bekanntes Ereignis. Das Prinzip der definiten oder indefiniten Bezugnahme ist in beiden Sprachen dasselbe.

Dennoch gibt es zahlreiche Fälle, die im Englischen anders verwendet werden als im Deutschen, und dies geht vor allem auf das Zusammenspiel der Kategorie der Bestimmtheit mit dem Konzept der Zählbarkeit zurück, das nicht einmal bei konkreten Gegenständen einheitlich gehandhabt wird. Zählbare Elemente wie **grandmother** kommen in der Regel einzeln vor und werden unbestimmt mit **a grandmother** eingeführt und bestimmt mit **the grandmother** weitergeführt. Mit dem bestimmten Artikel können wir uns auch auf mehrere beziehen: **the grandmothers** – vorausgesetzt, wir können die Großmütter als bereits eingeführt betrachten. Die unbestimmte Referenz erfolgt dagegen durch Weglassen des Artikels. Da sind **grandmothers** und *Großmütter* gleich.

Unbestimmte *Großmütter* in der Mehrzahl bleiben zählbar, ob ich davon Gebrauch mache oder nicht, aber schon unter den konkreten Dingen ist vieles nicht mehr zählbar – oder als nicht-zählbar konzipiert –, und da kommen dann wieder die verschiedenen Einteilungen der Welt zum Vorschein, die im Wortschatz einer Sprache festgeschrieben sind. *Wasser*, zum Beispiel, denken wir uns als unzählbar und artikellos in der unbestimmten Verwendung, also **plants need water** / *Pflanzen brauchen Wasser* – in der englischen Welt nicht anders als in der deutschen. Aber dann sind wir schon den **guidelines for order ... written on the surface of waters** begegnet, mit ihren zählbaren »Wassern«, und je mehr Vorkommen konkreter oder abstrakter Wörter wir vergleichen, um so mehr erweisen sich Nomen wie *Großmutter* als Vertreter einer Minderheit.

Mehr noch, wenn wir uns fortlaufende englische Texte ansehen, scheinen uns die Fälle, in denen kein Artikel verwendet wird, die deutschen Möglichkeiten weit zu überbieten. Die Männer, die im Wettlauf gegen den Regen ... *switched on headlights / die Scheinwerfer anmachten,* oder die Bedingung, unter der *courage can make men humane / Mut die Menschen human machen kann* – immer wieder begegnen wir Wörtern mit unbestimmter Bezugnahme zu Konzepten, die wir uns aus der deutschen Perspektive bestimmt denken.

Wie schwierig es auch sein mag, sich die englische Sicht, die letztendlich von den idiosynkratischen Möglichkeiten jedes einzelnen Nomens bestimmt wird, anzueignen – die Neigungen des Deutschen zum Artikel und des Englischen zur artikellosen Form lassen sich leicht erklären. Die Tatsache, daß die Form der Nomen beziehungsweise nominalen Wortgruppen im Englischen kaum grammatische Eigenschaften anzeigt, hat insbesondere den ständigen Begleiter des Nomens, den Artikel, so entbehrlich gemacht, daß er in vielen Fällen einfach nicht verwendet wird. Andrerseits ist es gerade der Artikel, an dem wir im Deutschen immer noch Fall und Geschlecht ablesen können, und der uns deshalb als Träger von grammatischen Informationen nicht so leicht abhanden kommen kann.

Eine Ausnahme zu dieser Tendenz gibt es aber doch. Und da sie eine klar formulierbare Bedingung hat, sollten wir sie noch vor allen anderen Fällen zur Kenntnis nehmen. Nach *sein, werden* u. ä. werden auch zählbare Nomen im Deutschen ohne Artikel gebraucht. Wir sagen zum Beispiel:

Gestern bin ich Großmutter geworden.

und sehen *Großmutter* als Eigenschaft, nicht anders als *kalt* in:

Es ist wieder kalt geworden.

– was ja irgendwie verständlich scheint. Aber gerade diesen Schritt geht das Englische nicht mit. Bei zählbaren Nomen ist der Artikel Vorschrift:

He wants to become a poet.

Vermutlich gibt es hierfür auch eine Erklärung, aber da der Unterschied klar beschreibbar und, verglichen mit anderen Möglichkeiten, eher problemlos ist, suchen wir nicht erst lange nach einer Erklärung, sondern prägen uns den Unterschied einfach als die eine Ausnahme zur gegenläufigen Haupttendenz des Englischen und Deutschen ein.

Da unser Ausgangspunkt das Deutsche ist und unser Gefühl für die Weglaßbarkeit des Artikels in unserer eigenen Sprache verankert ist, werden wir jetzt den Gegenfall ausklammern und uns für den Anfang erst einmal an eine relativ einfache Devise halten: wo der Artikel im Deutschen weglaßbar ist, muß er im Englischen weggelassen werden. Wir können im Deutschen über *Liebe im allgemeinen* oder *die Liebe im allgemeinen* sprechen – im Englischen ist das eben nur *love in general.* Nicht anders ist das mit *Kunst, Fortschritt, Mode, Schönheit, Wahrheit, Sprache, Literatur und Politik.* Daß in diese Reihe auch Wörter wie *Industrie* gehören, macht es nicht gerade einfach, für sie einen gemeinsamen Nenner zu finden. Irgendwie sind das alles abstrakte Konzepte, aber das unterscheidet sie noch nicht von *Möglichkeit, Problem, Aufgabe, Idee, Jahrhundert, Krise, Welt* und anderen, die im Deutschen und im Englischen nicht auf den Artikel verzichten können.

Soweit in beiden Sprachen gleich entschieden wird, brauchen wir nicht nach dem unterscheidenden Merkmal zu suchen – aber da sind eben all die anderen Fälle, die im Deutschen mit und im Englischen ohne den Artikel verwendet werden. Woran können wir uns halten?

Das strukturelle Umfeld

Daß es *listen to the radio* aber *watch television* heißt, *be at school* aber *turn off the television* und *play the piano,* gehört zu den Eigenschaften der englischen Lexik, die wir mit Hilfe von Erklärungen nachvollziehen, aber nicht vorhersagen können – ebensowenig wie unsere deutschen Konzepte: *Radiohören, Klavierspielen* und *in die Schule gehen.* Rein theoretisch haben wir die Möglichkeit, zwischen einer gegenständlichen und einer funktionalen Betrachtung zu unterscheiden: *go to church* (in ihrer wesentlichen Funktion), wegen des Gottesdienstes, oder *go to the church* aus anderen Gründen, etwa zum Zwecke der Besichtigung. Aber ob eine Sprache von dieser Möglichkeit Gebrauch macht oder nicht, ist eine Sache des Zufalls. Im Deutschen müssen wir so oder so in *die Kirche gehen;* und schon *the university* (die Universität) kann auf den Artikel auch im Englischen nicht verzichten. Wenn dann auch noch Bälle ohne, Musikinstrumente aber auch mit Artikel »gespielt« werden: *play football,* aber *play the guitar,* erscheint schließlich jeder Generalisierungsversuch hoffnungslos.

Ein paar grammatische Planken, oder sollten wir sagen: Surfbretter, lassen sich aber doch ausfindig machen in diesem Meer scheinbarer Beliebigkeit. Artikellose Konzepte, im wesentlichen also Stoffnamen und nicht-zählbare Abstrakta, werden durch strukturelle Ergänzungen gewissermaßen konzeptuell vereinzelt und müssen dann im Deutschen und Englischen den bestimmten Artikel bekommen. Auch wenn wir die Thematik allgemein halten, wird aus *love in general* / *Liebe im allgemeinen:* ***the love of a mother*** / *die Liebe einer Mutter;* aus *language in general* / *Sprache im allgemeinen:* ***the English language*** / *die englische Sprache im besonderen*; aus *life in general* / *Leben im allgemeinen:* ***the nine lives of a cat*** / *die sieben Leben einer Katze* etc.

Allzuweit kommen wir allerdings mit dieser Regel nicht, da strukturelle Ergänzungen nicht automatisch einen Artikel bedingen. So heißt es im Englischen: ***the love of a mother,*** aber ***love of money,*** und da wir im Deutschen hier den Artikel beibehalten: *die Liebe zum Geld,* droht uns der syntaktische Halt schon wieder verlorenzugehen. Die Ergänzungen haben allerdings verschiedene Rollen innerhalb des Sachverhalts, auf den sie Bezug nehmen. In *love of a mother* kommt der Mutter die Rolle des Subjekts, in *love of money* Geld die Rolle des Objekts zu. Dies bedeutet in der Rollenhierarchie von Ergänzungen im Fall von *a mother* eine größere und im Fall von *money* eine geringere Distanz gegenüber dem Verb. Man könnte sich vorstellen, daß näher benachbarte Konzepte miteinander zu einer neuen Einheit verschmelzen können, also trotz Getrenntschreibung auf dem Weg zu einer neuen lexikalischen Einheit sind. Während wir anscheinend im Deutschen zwischen Syntax und Lexik strenger getrennte Verhältnisse haben: *auf dem Klavier spielen* auf der einen Seite und *Klavierspielen* auf der anderen, ist der Übergang zwischen beiden Bereichen im Englischen eher fließend und fällt die Unterscheidung zwischen einer syntaktischen Fügung und einem Kompositum wesentlich weniger streng aus.

In einer Sprache, die den Artikel nur für seine eigenen grammatischen Funktionen nutzt, als Element der unbestimmten oder bestimmten Bezugnahme eben: *a/the language, languages/the languages,* in einer solchen Sprache ist die Schwelle für artikellose Konzepte sichtlich niedriger als in einer Sprache wie der unseren, die dem Artikel auch noch die Differenzierung von Fall und Geschlecht aufbürdet.

To be a nice person it is necessary to be protected
from crude contact with reality.

hieß es bei Russell, und *contact* ist trotz seiner Ergänzungen auf beiden Seiten: *contact with reality, crude contact with reality* artikellos. Da können wir im Deutschen nicht mithalten, schon weil es *Kontakt/Berührung mit d e r Wirklichkeit* heißen muß, aber auch weil wir die verdeckt unbestimmte Form *vor unmittelbarem Kontakt/vor direkter Berührung mit der Wirklichkeit* lieber durch die offen unbestimmte Fassung ersetzt sehen:

... ist es nötig, vor einer direkten Berührung mit der Wirklichkeit geschützt zu werden.

Da haben wir sie wieder, die andere Sicht auf die Welt. Im Englischen ist *contact* im Sinne von *Berührung* ein nichtzählbares Nomen, womit der unbestimmte Bezug eben artikellos erfolgen muß. Daß die Ergänzungen daran nichts ändern, sondern nur ein komplexeres nicht zählbares Konzept entstehen lassen, zeigt die Durchlässigkeit des lexikalischen und syntaktischen Wissens für unser Verständnis von der Welt, das aber seinerseits ganz offensichtlich auch von sprachlichen Vorgaben gesteuert wird.

... all perception of difference is limited by threshold.

sagt Bateson, und das heißt eben wörtlich:

*Alle Wahrnehmung von Unterschied ist begrenzt durch Schwelle.

Die wörtliche Übersetzung weist uns nur allzu deutlich auf die unterschiedlichen Schwellen bei der sprachlichen Konzipierung der Welt hin. Für eine grammatisch akzeptable Version brauchen wir im Deutschen Artikel:

Jede Wahrnehmung eines Unterschieds ist durch eine Schwelle begrenzt.

Da sind wir schon froh, wenn wir auch einmal auf eine Übereinstimmung der Wahrnehmungsschwellen treffen:

In the end, there will always be a difference...
Am Ende wird es immer einen Unterschied geben.

selbst wenn Bateson uns hiermit sozusagen artikelmäßig klassisch auf den abschließenden Unterschied hinweist.

Randbereiche

Die Kategorie des Nomens grenzt in ihren verschiedenen Verwendungen auch an andere Kategorien, in einer Version konkurriert sie sogar direkt mit dem Artikel.

Yesterday's discoveries are today's commonplaces.

sagt Koestler und nutzt mit der Zeitangabe einen der wenigen Fälle, wo das besitzanzeigende »s« an ein unbelebtes Nomen angehängt wird.
Wenn Sie jetzt das deutsche

*Die Entdeckungen von gestern sind die Gemeinplätze
von heute.*

schnell noch mal ins Englische zurückübersetzen, dann steht vor *yesterday's discoveries* und *today's commonplaces* hoffentlich kein Artikel. Die englische Struktur ist ja mehr von der Art:

Peters Hut war früher Pauls Hut.

und dafür würden Sie doch auch keinen Artikel nehmen. In *Peters Hut / Peter's hat, yesterday's discoveries* vertritt das besitzanzeigende Nomen den bestimmten Artikel. Ob *the discoveries, these discoveries* oder *yesterday's discoveries* – in allen drei Fällen wird auf bestimmte Entdeckungen Bezug genommen, nicht anders als mit *der Hut, dieser Hut, Peters Hut* auf einen bestimmten Hut. Hier können wir uns nun einmal wirklich an der Syntax, dem besitzanzeigenden *'s*, festhalten, auch wenn uns der direkte Anknüpfungspunkt in der eigenen Sprache fehlt und deshalb unter Umständen sogar noch der Artikel aus der adjektivischen Version: *die heutigen Gemeinplätze* in die Quere kommen kann.

Nomen können auch, wie wir schon wissen, im Randbereich zu den Verben verwendet werden, besonders wenn sie von Verben abstammen. Das ergibt dann gelegentlich im Englischen eine solche Häufung artikelloser Nomen, daß es uns im Deutschen direkt den Atem verschlägt. Wenn Russell feststellt:

... the test of scientific truth is patient collection of facts, combined with bold guessing as to laws binding the facts together.

kommen wir mit jedem fehlenden Artikel mehr ins Staunen. Wörtlich steht da ja so etwas wie

Der Nachweis von wissenschaftlicher Wahrheit ist geduldige Sammlung von Fakten kombiniert mit mutigem Erraten hinsichtlich Gesetzen, die Fakten zusammenbinden.

Es sind neben den Gesetzen, den *laws,* vor allem die Nomen mit ihrem direkten oder indirekten verbalen Anteil: *collection, guessing,* die durch ihre nähere Bestimmung nach unserem deutschen Empfinden nicht mehr unbestimmt sind. Mit entsprechenden strukturellen Verkürzungen und Erweiterungen für die unveränderten Verben können wir aber doch relativ nah am artikelarmen Original bleiben:

Der Nachweis wissenschaftlicher Wahrheit besteht im geduldigen Sammeln von Fakten und in mutigen Hypothesen über die Gesetze, die diese Fakten verbinden.

Mit Ausnahme von *Wahrheit,* die wir auch im Deutschen zusammen mit ihrem Adjektiv ohne Artikel verwenden können, sind die artikellosen Formen des Originals in der deutschen Version entweder durch Mehrzahl legitimiert oder durch bestimmte Formen ersetzt worden.

Da haben wir nun einmal, anders als bei den Partizipien, der Verlaufsform und dem *do,* eine Kategorie, die im Deutschen und Englischen über weite Strecken dieselben Verwendungsbedingungen hat. Wir müssen ganz gezielt nach artikellosen Formen Ausschau halten, damit uns Beispiele wie die von Bateson und Russell ins Netz gehen. Doch wer schon einmal versucht hat, einen abstrakteren englischen Text zu formulieren, weiß, daß das Problem mit dem fehlenden, dem »Nullartikel«, keinesfalls selten ist, und daß die Gesichtspunkte, unter denen das Englische auf die Welt mit oder ohne Artikel Bezug nimmt, noch viel vertrackter sind, als die, die uns zum Beispiel die Aspektunterscheidung abverlangt.

Da die Wahl zwischen Nomen mit oder ohne Artikel aber ganz wesentlich zum Charakter des Englischen beiträgt und Wör-

terbücher für all die vielen Verwendungsmöglichkeiten nur
bedingt hilfreich sein können, werden Sie von nun an immer
auch ein besonderes Augenmerk auf artikellose Nomen haben.
*Patient collection of facts combined with bold guessing as to
rules binding the facts together* – das ist schließlich auch der
Weg, auf dem wir dem Englischen gezielt näher kommen.
Und:

Reference depends on knowledge at the time of utterance.

sagt Austin,

Referenz hängt vom Wissen zum Zeitpunkt der Äußerung ab.

Eben.

Mengenmäßig

Sobald wir es mit einem zählbaren Konzept zu tun haben,
können wir in der Regel zwischen einer Bezugnahme in der
Einzahl oder Mehrzahl wählen. Dabei verpflichtet uns die
Mehrzahl nicht nur dazu, dem Nomen das passende Morphem anzuhängen, sondern auch die richtige Paßform des
Verbs zu wählen, und das ergibt im englischen Präsens, wie
Sie schon wissen, eine Art Kippschaukel: in der Einzahl steht
das *-s* beim Verb, in der Mehrzahl beim Nomen. Einfacher
kann man es sich wirklich nicht mehr machen.

Aber natürlich ist das maximale Sparprogramm nicht ganz
ohne Ausnahme zu haben. Da gibt es etwa ein Dutzend germanischer Wörter – darunter so grundlegende Wörter wie
*Männer, Frauen, Kinder, Zähne und Mäuse: **men, women,
children, teeth** und **mice**.* Alles idiosynkratisches Wissen, über
einzelne Wörter eben. Auch die Handvoll Nomen, die ihr auslautendes *-f* in der Mehrzahl stimmhaft werden lassen, wie
half – halves *(Hälfte)*, müssen einzeln gelernt werden, wegen
Wörtern wie ***chief****,* die in der Mehrzahl stimmlos bleiben:
chiefs*.*

Ein bißchen mehr Generalisierung bieten die romanischen Endungen, deren Mehrzahl dem griechischen oder lateinischen Original treu geblieben ist: *corpus – corpora, bacillus – bacilli, crisis – crises, criterion – criteria, datum – data, index – indices, alga – algae* [dʒi]! Gelegentlich gibt es aber auch hier eine zweite, anglisierte Variante, die dann mitunter sogar eine andere Bedeutung trägt: *formulae* zum Beispiel sind Formeln, *formulas* Formulierungen. Womit wir mit unseren Generalisierungsversuchen schon wieder am Ende sind.

Bei den Komposita kommt nun aber doch auch eine grammatische Bedingung ins Spiel, wenn sie unter Umständen das Morphem für die Mehrzahl nicht erst am Wortende anhängen. Das passiert nämlich immer dann, wenn sie einen nominalen Bestandteil haben, der nicht am Ende des Worts steht. Während die *Vergißmeinnichte* ganz regelmäßig *forget-me-nots* ergeben, müssen die *Vorübergehenden* zu *passers-by* werden. Wörter mit *man,* wie zum Beispiel *Englishman,* bekommen allerdings die unregelmäßige Form ihres nominalen Kopfs: *Englishmen* (was aber wiederum bei den *Germans* oder *Romans,* die sichtlich nicht zusammengesetzt sind, entfällt).

Lästige Ausnahmen gibt es aber nicht nur bei der Mehrzahlbildung selbst. Es gibt Wörter, die zählbar sind und doch nur in der Einzahl verwendet werden (sogenannte Singularia tantum), die ihre Verben dann in der Einzahl oder auch in der Mehrzahl, oder überhaupt nur in der Mehrzahl verlangen. Manchmal existieren sie auch noch in einer zweiten, regelmäßigen Variante mit anderer Bedeutung. Das Wort für Leute, *people,* ist so ein Wort, das Ihnen schon bekannt ist: Es setzt die Kippschaukel außer Kraft, weil es ein Verb in der Mehrzahl braucht – *people* als *Volk* ist dagegen regelmäßig. *Schafe* wiederum lassen uns die Wahl zwischen einem Verb in der Einzahl und einem Verb in der Mehrzahl: *one sheep is, two sheep are...* nicht anders: *species (Art, Arten).* Vergleichbares kennen wir im Deutschen nur bei den Nationalitäten: *der/die Schweizer, der/die Japaner* – im Englischen: *the Swiss* und *the Japanese.*

Aber schon bei *Informationen, Ratschlägen* und *Fortschritten* schränkt uns das Englische unerbittlich ein auf die Einzahl, indem es die für uns doch so offensichtliche Zählbarkeit ausblendet: ***information, advice, progress***. Vereinzelungen lassen sich hier nur auf eine ziemlich umständliche Weise erzielen: ***a piece of information*** *(ein »Stück« Information)*.

Etwas leichter haben wir es in dieser Hinsicht bei den nominalisierten Adjektiven, die, auf zählbare Konzepte bezogen, nur mit einem Verb in der Mehrzahl verwendbar sind. Wenn wir aus ***the poor*** *(die Armen)* eine Teilmenge herausnehmen wollen, machen wir das Nomen wieder zum Adjektiv und ergänzen es um einen passenden nominalen Kopf: ***the poor man*** zum Beispiel.

Daß es bei all den willkürlichen Beschränkungen auch noch Nomen gibt, die nur in der Mehrzahl existieren (sogenannte Pluralia tantum), kann uns nun schon nicht mehr überraschen. Da es sich meist um Bezeichnungen von Dingen handelt, die aus zwei oder mehr Teilen bestehen, können wir die Festschreibung der Mehrzahl sogar irgendwie verstehen. Ob ***scissors, glasses*** oder ***braces***, *Scheren, Brillen* oder *Hosenträger* – das mehrteilige Konzept ist anschaulich, auch wenn wir im Deutschen die Dinge als ein Ganzes wahrnehmen.

Wenn es dann einmal ausdrücklich um ein einzelnes Stück geht, kann das Englische dies nur über eine Art konzeptueller Schleife herstellen: ***a pair of scissors***. Ist das Konzept mehrteilig, wie zum Beispiel bei ***news***, können wir es wieder mit ***a piece of*** zählbar machen: ***a piece of news*** wie ***a piece of information*** – der Ausweg aus der mengenmäßigen Beschränkung ist uns schon bekannt.

Und auch sonst haben die auf die Mehrzahl festgelegten Nomen alle kombinatorischen Eigenarten der Singularia tantum. Sie können ohne Umschreibung entweder nur mit der Mehrzahl oder nur mit der Einzahl, oder aber mit beidem verwendet werden – wobei letzteres unter Umständen wieder mit einem Bedeutungsunterschied verbunden ist. Während ***this means is*** und ***these means are*** einfach nur für *das/die*

Mittel stehen, bezeichnen Wörter auf *-ics* mit dem Singular das allgemeine Konzept: *politics is difficult,* und mit dem Plural den einzelnen Fall: *his politics are questionable.* Daß es neben den Pluralia tantum auch oft gleichlautende reguläre Nomen gibt, wie die normalen *Minuten* gegenüber den zum *Protokoll* geronnenen *minutes,* erwarten wir ohnehin.

Da sich die Dinge dieser Welt in so unterschiedliche Konzepte bündeln lassen, kommt die einfache Kippschaukel des englischen Numerus immer wieder einmal aus dem Takt. Aufs Ganze gesehen haben wir es aber glücklicherweise doch nur mit gelegentlichen Ausnahmen zu tun. Besondere Sätze brauchen wir hierfür jedenfalls gar nicht erst zu bemühen. Und unser Vergnügen an der Leichtigkeit des Englischen lassen wir uns durch die mengenmäßigen Eigenarten auch nicht nehmen.

In Teilen

Das kennen wir schon aus unserer eigenen Sprache: *the cat, die Katze, a cat, eine Katze* kann ein einzelnes Exemplar oder die ganze Gattung meinen; die Mehrzahl kann sich immer nur auf alle Elemente beziehen: *Cats love birds, the cats are in the garden* – wobei *alle* im definiten Fall unter Umständen auch nur zwei Katzen heißen kann. Genaueres entnehmen wir dem Kontext.

Aber dann sind wir natürlich keinesfalls auf den bloßen Artikelgebrauch eingeschränkt und können die Elemente, von denen die Rede ist, mengenmäßig auch genauer fassen. *There are two / some / a few / a lot of cats ... in the house.* Und hier begegnen wir wieder einigen der konzeptuellen Unterscheidungen des Englischen, die wir schon aus anderen Zusammenhängen kennen. Daß Zählbarkeit dabei eine wichtige Rolle spielt, liegt auf der Hand. Daß aber auch explizite und implizite Negation einen Einfluß auf Mengenangaben hat, ist eher überraschend. Beginnen wir mit der erwartbaren Unterscheidung.

Wir erinnern uns an das trotz der **limitations of language** bemerkenswerte Gespräch und fragen uns noch einmal: ***How much English did he know?*** oder auch ***How many words of English did he know?*** was bei drei Wörtern eben nur heißen kann: ***He knew only little English*** oder ***He knew only few words of English.*** Die Alternative zwischen *viel* und *wenig* wird durch die englische Einteilung der Welt in zählbar und nicht zählbar weiter aufgespalten, in *many* und *few* gegenüber *much* und *little.* »Kein Problem«, sagen wir uns, auch wenn wir diese Aufteilung der Welt erst noch gezielt üben müssen.

Nebenbei müssen wir allerdings noch lernen, daß es *few* auch in Verwendung mit dem unbestimmten Artikel *a few* gibt, was dieselbe geringe Menge bezeichnet, aber aus *wenigen* Elementen *einige* macht, die geringe Menge also positiv präsentiert. Da wird dem bescheidenen Wörtchen *a* eine ganze Menge Umkehrkraft aufgebürdet. Aber schließlich ist das bei *wenig Englisch* und *ein wenig Englisch* auch nicht anders. (Dennoch – Achtung: bei letzterem ist das Englische auf eine andere Angabe festgelegt. Dazu kommen wir gleich.)

Insgesamt spielt die negative oder positive Sicht auf die verschiedenen Teilmengen im Englischen eine ziemlich gewichtige Rolle. Die Unterscheidung in positive und explizit oder implizit negative Kontexte gehörte ja zu den wesentlichen Ordnungsprinzipien des verbalen Baukastens. Und die formale Konsequenz haben Sie auch schon längst verinnerlicht: alles was eine negative Perspektive in sich birgt, braucht im verbalen Bereich ein Hilfsverb – notfalls eben das *do.* Nimmt man die Welt aber erst einmal durch ein solches Negativpositiv-Raster wahr, dann ist es vielleicht gar nicht so erstaunlich, wenn der Unterschied auch auf andere Bereiche abfärbt. Und da die Welt der Verben und die Welt der Nomen einander in bestimmten Aspekten angepaßt werden müssen (Stichwort »Kippschaukel« zum Beispiel), ist die Ausdehnung der Negativ-positiv-Polarität aus dem verbalen in den nominalen Bereich hinein eben prinzipiell möglich. Schließlich ist ja die Verneinung selbst nicht auf den verbalen Bereich eingeschränkt, sondern läßt sich in den nominalen Bereich verschieben. Der Wechsel macht sich allerdings immer »mengenmäßig« bemerkbar.

Being fine today doesn't Mean Anything.

sagt Eeyore, der schon an die *blizzards* von morgen denkt;

It has no sig –

significance würde er sagen, wenn ihm das Wort einfiele, aber auch so hat er die Negation bereits in den nominalen Bereich verschoben und nicht wie im ersten Satz das Verb verneint. *It has no significance* ließe sich jedoch verbal umschreiben: *it does not have any significance* – und da haben wir eine Alternative, die uns im Deutschen nicht zur Verfügung steht, weswegen wir uns nun die Bedingung für das eingeschobene *any* extra ansehen müssen.

Geht es um eine größere Menge, sind Deutsch und Englisch noch vergleichbar, wenn auch im Englischen die Unterscheidung in zählbar oder nicht-zählbar hinzukommt: *He doesn't have many friends. He doesn't have much money. Er hat nicht viele Freunde. Er hat nicht viel Geld.* Aber dann haben wir im Deutschen nur noch die nominale Verneinung *Er hat keine Freunde,* was wir im Englischen analog ausdrücken können: *He has no friends,* aber auch verbal: *He doesn't have a friend* oder gar *He doesn't have any friends.* Das erste ist zunächst einfach die Verneinung von *He has a friend.* Aber dann verneint es auch wie die zweite der verbalen Versionen eine Mengenangabe, über die wir noch gar nicht gesprochen haben: *He has some friends. Er hat einige/ein paar Freunde.* Und das *some* paßt auch zu unzählbaren Nomen: *He has some money. Er hat etwas/ein wenig Geld.* Da spielt nun plötzlich der Unterschied zwischen zählbar und nicht-zählbar im Deutschen eine Rolle und im Englischen nicht.

In Teilen

Dafür ist bei *some* die Unterscheidung zwischen einer positiven und einer negativen Umgebung um so spürbarer. *He doesn't have any friends. He doesn't have any money.* Explizite und auch nur implizit mitgedachte Negation verlangt *any* anstelle von *some*.

Being fine today doesn't Mean Anything.

verneint also *being fine today means something* – eine für Eeyore unbegründete Hoffnung, zum Beispiel, es könnte morgen auch noch schön sein.

Einem vergleichbaren Fall sind wir ja schon einmal vor längerer Zeit begegnet:

... you can't help respecting anybody who can spell TUESDAY...

Durch die verneinte Möglichkeit von *can't help* wird aus *respect somebody – can't help respecting anybody.* Klar doch.

Fragen der Einstellung

Weil wir schon dabei sind, können wir auch noch eine Warnung Eeyores kommentieren, die eher am Rand des Positivnegativ-Rasters liegt, aber irgendwie auch dazugehört. Wie Sie sich vielleicht erinnern, war

I shouldn't be surprised if it hailed a good deal tomorrow.

Eeyores Ausgangspunkt gewesen, und daß er sich auf den schweren Hagelschlag nicht einfach nur mit *much,* sondern mit *a good deal* bezieht, ist seinem Charakter und der englischen Grammatik zuzuschreiben.

Für die Verwendung von *much/many* ist nämlich in der Regel ein negativer Rahmen notwendig: ***He doesn't have many friends but he knows a lot of people.*** In positiven Aussagen werden *much* und *many* durch *a lot of/a good deal of* und ähnliches ersetzt. Nun impliziert zwar der *if*-Satz eine negative Perspektive, aber Eeyore wäre nicht Eeyore, wenn er den anvisierten Hagel nicht für höchst wahrscheinlich hielte. Die subjektive Einstellung, die übermittelt werden soll, kann die positive oder negative Richtung eines Satzes umpolen.

Im gewöhnlichen Leben sind wir zu einem solchen polaren Richtungswechsel unter Umständen schon aus Höflichkeit verpflichtet. Mit

Would you like some tea?

drängen wir die negative Möglichkeit der Frage zurück und machen ein durchweg positives Angebot.

Alle oder jeder

Any kann auch ohne Verneinung auftreten. Dann ist jedes beliebige von allen möglichen Elementen gemeint.

Anybody can be a writer.

sagt Saroyan, und das heißt im Deutschen natürlich

Jeder kann Schriftsteller sein.

Oder bei unzählbaren Elementen wie in Bellows Satz

He was a big man, too big for anything but the truth.

... zu groß für irgend etwas anderes als die Wahrheit / für alles, außer der Wahrheit.

Damit sind wir nun im Bereich von *jeder* und *alles* angelangt, was sich ja auch mit der Verneinung von Teilen gar nicht vermeiden läßt. Schließlich verneint *no friend* nicht nur irgendeinen Freund, sondern auch alle möglichen. Und da stehen wir dann auch schon vor der nächsten Unterscheidung, die für englische Mengenangaben nötig ist.

Mit dem Blick auf besondere Sätze, die vom Deutschen aus gesehen immer wieder auf *alles* oder *jeden* referieren, stellen wir nämlich fest: *any* konkurriert mit *all, every* und *each*. Während sich *any* wie in

Anybody can be a writer.

auf jede beliebige Teilmenge von allen bezieht, geht es mit *every,* wie zum Beispiel in

... every period over-emphasizes some particular aspects of experience... (Koestler)

um jedes Element von allen. Jede Zeit – und da wird keine ausgelassen – betont einen bestimmten Aspekt von Erfahrung übermäßig. Daß *any,* anders als *every,* auch zutrifft, wenn es nicht um alle geht, zeigt uns zum Beispiel das Gertrude-Stein-Zitat aus *Blue Highways:*

In the United States, there is more space where nobody is than where anybody is.

wörtlich:

In den Vereinigten Staaten gibt es mehr Platz, wo niemand ist, als Platz, wo jemand ist.

Jeder als Möglichkeit muß eben nicht unbedingt *jeder* heißen. *Anybody* ist jeder beliebige, aber nicht wirklich jeder.
Wenn wir jedoch bei Koestler lesen:

If we had to concentrate on each movement we made, there would be no room for thought.

ist wirklich wieder *jedes Element* gemeint, wobei *each* nicht nur das vollständige Ganze, sondern jede einzelne Bewegung betont.

Natürlich können wir auf eine Menge auch nur als auf ein Ganzes blicken: *all his friends,* alle seine Freunde, seine *ganzen Freunde; **all the money,** das ganze Geld* – zählbar oder nicht, ***all*** erfaßt eine Menge in ihrer Gesamtheit. Unter Umständen auch nur ein einzelnes Element in seiner Gesamtheit: ***all that year.*** Und wenn das Konzept etwas abstrakter wird und die Sache nicht mehr so ohne weiteres teilbar scheint, können wir im Deutschen wieder nicht so gut mit den englischen Möglichkeiten mithalten. Da spricht Bateson von denjenigen,

... who lack all idea that it is possible to be wrong.

also von Leuten, die sich nicht vorstellen können, daß man sich irren kann. Falls wir näher an der englischen Fassung bleiben wollen, wird es wohl so etwas wie »jede Vorstellung« sein müssen – nicht anders als in dem Satz über »jede Wahrnehmung«, den wir schon kennen und immer wieder bestätigt finden:

... all perception of difference is limited by threshold.

Some und *any,* *much* und *many,* *every* und *each,* positiv–negativ, zählbar–unzählbar, zusammen oder einzeln, wir können Mengen auf vielerlei Weisen zusammenzählen, zerlegen, sortieren oder bewerten, und die Umrechnung in die Maße und Gewichte der verschiedenen Sprachen läßt sich nicht in jedem Fall einem Rechenautomaten übertragen. Aber mit jedem Fall können wir unseren Blick für die anderen Wahrnehmungsschwellen weiter schärfen.

VII
Vertretungsweise

- *Strukturstöpsel*
- *Inseln*
- *Im Vertreter-Spiegel*
- *Notwendig oder zusätzlich*
- *Das verdeckte Objekt*
- *Die gestrandeten Präpositionen*
- *Doppelanschluß*

Referenten, die schon eingeführt sind oder die wir als bekannt unterstellen, nehmen wir durch einen bestimmten nominalen Ausdruck wieder auf, oder durch ein Fürwort – eine grammatische Kurzform mit erstaunlichem Leistungsvermögen. Da Deutsch und Englisch hier weitgehend gleich verfahren, macht uns der Truffaldino-Effekt blind für den erstaunlichen Kraftakt, den zum Beispiel das kleine Wörtchen *he* leistet in unserem Satz:

... *you can't help respecting anybody who can spell TUESDAY, even if he doesn't spell it right.*

Es ist klar, daß *he anybody* wieder aufnimmt, und *it Tuesday*. Aber *anybody* alleine ist noch nicht derjenige, vor dem wir Respekt haben – dies wäre ja schlechthin jeder –, *anybody* muß erst noch durch die Bedeutung des Nebensatzes näher bestimmt werden, um das Objekt unseres Respekts zu erfassen. *Anybody who can spell Tuesday* ist das, was mit *he* wieder aufgegriffen wird: ein nominaler Kopf mit einem ganzen Nebensatz als Ergänzung. Und wenn Eeyore meint: *It has no significance,* dann nimmt er mit *it* das satzartige Subjekt aus seiner vorangegangenen Äußerung wieder auf: *Being fine today*... Im Deutschen ist dies sogar ein ganzer Subjektsatz: *Daß es heute schön ist*... Natürlich können wiederaufgenommene Referenten auch mit wesentlich geringerem Aufwand eingeführt werden. Das *it* in dem Satz über Owls Schreibkunst greift zum Beispiel nur den Namen für einen Wochentag auf.

Fürwörter und ihre Vorgänger beziehen sich auf dieselben Dinge. Dies kann natürlich auch von nominalen Wortgruppen gelten, die nicht auf Fürwörter verkürzt sind: *Vor dem Gesetz steht ein Türhüter. Zu diesem Türhüter kommt...* Wann die eine, wann die andere Möglichkeit genutzt wird, ist eine spannende Frage, die in den Bereich der Stilistik hineinführt. Klar ist, daß wir referentielle Mißverständnisse vermeiden wollen. Und hier spielen dann doch wieder grammatische Bedingungen mit.

Das Englische ist weniger »empfindlich« als das Deutsche, wenn es um nominale Wiederholungen geht. Und das hat seinen guten Grund. Theoretisch kommen in einem Text ja immer mehrere nominale Wortgruppen als Vorgänger in Frage, vorausgesetzt, sie stimmen mit dem Fürwort in den einschlägigen Eigenschaften (Zahl und Geschlecht) überein. Im Deutschen sorgt das grammatische Geschlecht (*das Wort, die Phrase, der Satz* – Sie wissen schon) für eine weitgehende Einschränkung der möglichen Vorgänger (das weibliche Pronomen *sie* kann sich nur auf *die Phrase* beziehen). Im Englischen, das nur das natürliche Geschlecht unterscheidet, fehlt dieser Filter (zu *it* passen **the word, the phrase, the sentence** gleich gut). Und natürlich kann er nicht aus dem Deutschen importiert werden – wie schwer es uns auch immer fallen mag, das weibliche Geschlecht einer *Nase,* zum Beispiel, aufzugeben.

Fürwörter, mit denen wir den referentiellen Aufwand kurzhalten können, gibt es in verschiedenen Ausprägungen. Ein halbes Dutzend etwa lassen sich nach den Bedingungen für ihre Verwendung unterscheiden, wobei im Deutschen und Englischen im wesentlichen dieselben Klassen im Spiel sind. Ein Teil der Fürwörter kann selbst referieren: persönliche **(I, you, he, we...)**, hinweisende Fürwörter **(this, that, these, those)**, ein Teil referiert über das Element, das sie vertreten: rückbezügliche **(myself...)**, besitzanzeigende **(my, mine...)**, bezügliche Fürwörter **(who, which...)**, Platzhalter wie **there**, Stützwörter wie **one...** Eine Klasse für sich bilden die Fragewörter **(what, who...)**, die ihre Referenz erfragen. Ein Blick zurück auf die Welt der Verben sagt uns, daß wir auch die

Ersatzform *do* für die Hilfsverben zur Klasse der Vertreter zählen können. Da wir sie aber schon betrachtet haben, beschränken wir uns jetzt auf den pro-nominalen Bereich.

Mit geringen Ausnahmen finden sich also im Deutschen und Englischen die gleichen Typen von Stellvertretern. Zu den gleichen Bedingungen gehört dabei auch die Möglichkeit, einen Bezug »verdeckt« wieder aufzunehmen, durch Stellvertreter, die mitgedacht sind, aber an der Oberfläche unsichtbar bleiben. Diese Möglichkeit nutzen wir in beiden Sprachen bei unveränderten Verben und im Englischen in einem speziellen Typ von Relativsätzen sowie bei zahlreichen Verben, die im Deutschen mit rückbezüglichen Wörtern verwendet werden. Wir sagen: *Die Tür öffnet sich,* was im Englischen ***The door opens,*** ergibt, und englische Sätze von der Art ***The book sells well*** werden im Deutschen zu *Das Buch verkauft sich gut.* Das *sich* kommt uns in den deutschen Sätzen nur deshalb nicht merkwürdig vor, weil es unsere eigene Sprache ist, die uns dies abverlangt.

Wenn wir die rückbezüglichen Fälle und die Häufigkeit unveränderter Verben in englischen Texten abwägen, dann erscheint uns der Bedarf für Stellvertreter im Englischen geringer als im Deutschen. Im nicht-finiten Bereich ist dies natürlich nur eine Folge der englischen Neigung zu unveränderten Verbstrukturen, die wir uns schon mit dem grammatischen Parameter einer Sprache mit relativ fester Wortstellung erklärt hatten. Mit dem unveränderten Verb entstehen neue Stellen für Mitspieler, von denen jedoch das Subjekt verdeckt bleibt. Die etwas umständliche Form des strukturellen Anbaus: zwei Schritte vor, einen zurück, gilt natürlich auch für unveränderte Verbergänzungen im Deutschen – nur daß das Englische davon viel öfter Gebrauch macht.

Die Bereitschaft, Vertreter einzusparen, wird sogar bei einer Handvoll veränderter Verben sichtbar. Während wir es im Deutschen unter Umständen gerade mal zu *Ich weiß* bringen, ist das Englische bei ***know, forget, remember, tell, try...*** auf die Form ohne *it* festgelegt. Aus *Du hättest es mir recht-*

zeitig sagen sollen wird deshalb *You should have told me in time.*
Natürlich müssen wir uns an die größere Leichtigkeit erst wieder gewöhnen und den lexikalisch vorgeschriebenen Wegfall der Vertreter bei diesen und den rückbezüglichen Verben Wort für Wort üben. Die einzige wirklich grammatische Bedingung für verdeckte Vertreter, die wir im Deutschen nicht haben: eine besondere Klasse von Relativsätzen, müssen wir uns noch für eines der nächsten Kapitel aufheben.

Strukturstöpsel

Daß es zur Möglichkeit, Pronomen einzusparen, auch gegenläufige Fälle gibt, kann uns nicht überraschen.

Our universe is the one containing our observation.

sagt Updike und muß nach dem bestimmten Artikel das Stützwort *one* verwenden, weil das Englische Artikel nicht für sich alleine verwenden kann. Das Stützwort brauchen wir aber auch nach Adjektiven. *Die blauen* müssen zum Beispiel im Englischen zu *the blue ones* werden. Was wir im Deutschen durch die Form des Adjektivs unterscheiden können: *Die blaue, die blauen* (*Kugeln* zum Beispiel), braucht im Englischen ein eigenes Wort: *the blue one, the blue ones.* Gelegentlich hat die flexionsarme Leichtigkeit eben auch ihren Preis.

Die Bedingungen für den Gebrauch von *one* sind immerhin klar umrissen. Das läßt sich leider für die zweite Vertretungsspezifik, das eingeschobene *there,* nicht behaupten. Während das *one* nur den nominalen Kopf nach einem Artikel oder Adjektiv vertritt, erweitert *there* die Satzstruktur um eine Position, die in der Bedeutungsstruktur der Wörter gar nicht vorgesehen ist. *There* führt in der Regel das unbestimmte Subjekt ein, das durch dieses *there* in eine spätere Position im Satz verschoben wird, die meist der neuen, wichtigen Information im Satz zugedacht ist. Das deutsche *es gibt* funktioniert in dieser Hinsicht ähnlich:

There will always be a difference.

Es wird immer einen Unterschied geben.

Das *es* und das *there* vertreten beide das Subjekt, das erst später im Satz aufgeführt ist. Im Deutschen kommen wir allerdings auch öfters ohne die stellvertretende Ankündigung aus:

An der Wand hingen viele Bilder.
Hinter dem Haus war ein Garten.

There were a lot of pictures on the wall.
There was a garden behind the house.

Aber dann heißt es im Englischen gelegentlich auch:

A large rose-tree stood near the entrance of the garden.
(Carroll)
Neben dem Eingang stand ein hohes Rosenbäumchen.

und die Bedingungen für die Verwendung des *there* sind keinesfalls so eindeutig, wie wir uns das wünschen würden.
Vielleicht entsteht unser Eindruck von der größeren Gewichtigkeit des *there* aus dem Kontrast zum unscheinbaren *es*, das uns ohnehin in so vielen Funktionen begegnet, daß eine mehr schon gar nicht mehr auffällt. Anzumerken wäre aber vielleicht doch, daß die Richtung der Vertretung von *there (is)* und *es (gibt)* entgegengesetzt zu der aller übrigen Vertreter verläuft. Das vertretene Element geht seinem Vertreter nicht voraus, sondern folgt ihm. Aber das macht es im Deutschen und Englischen – so wie *there* und *es* hier auch im Deutschen und Englischen keine eigene Referenz haben, geschweige denn

eine eigene Bedeutung. Beide sind nichts anderes als strukturelle Stöpsel, die dem Element, das sie vertreten, eine bessere Position sichern. Über Zusammenhänge, die die analogen Möglichkeiten in der Verwendung doch wieder auseinanderdividieren, können wir erst nachdenken, wenn das grammatische Pflichtprogramm abgeschlossen ist.

Abgesehen von einigen Quisquilien im Bereich von Besitzanzeigen, werden wir uns im weiteren vor allem die rückbezüglichen Wörter genauer ansehen, nicht zuletzt weil sie einen für das Englische ganz untypischen Reichtum an morphologischen Formen aufweisen.

Inseln

Grammatische Endungen haben im Englischen nur noch auf ein paar einsamen Inseln überlebt, wovon die Kippschaukel zwischen Nomen und Verb in der Gegenwart das markanteste Beispiel ist. Aber auch in Sachen Fälle läßt sich noch eine Insel ausmachen: das wegen seines Apostrophs im Deutschen so beliebte besitzanzeigende *'s*. Es entspricht unserem apostrophlosen (!) *s*, wie zum Beispiel in *Pauls Hut:* **Paul's hat,** und alterniert bei unbelebten Bezugnahmen mit dem *of*-Genitiv: ***the entrance of the garden.***

Da ist nun schon so gut wie nichts an grammatischen Endungen übriggeblieben, aber dann muß es ausgerechnet noch einmal *s* sein, das ohnehin schon für die Kippschaukel zweimal gebraucht wird. Graphisch läßt sich das besitzanzeigende *s* immerhin noch vom Mehrzahl-*s* unterscheiden – und lassen sich sogar Mehrzahl und Besitz so miteinander verbinden, daß wir den Fall wenigstens im Schriftbild von den einfachen Mehrzahl- und Besitz-Fällen unterscheiden können: ***a cat's place*** und ***a cats' place.*** Da erspart sich das Englische sogar noch das besitzanzeigende *s* und zeigt den Fall nur durch das

Apostroph an – hören kann man den Unterschied ohnehin nicht. Es sind nur ein paar unregelmäßige Mehrzahlbildungen, bei denen das besitzanzeigende *s* von der Endung für die Mehrzahl unterscheidbar wird – vor allem weil es die Endstellung durchhält, während das Mehrzahl-*s* seinen nominalen Ansatzpunkt schon früher im Wort haben kann; *the passers-by's dogs* bringen es so auf eine für das Englische doch schon recht ungewöhnliche Häufung von grammatischen Endungen.

Zu den Besonderheiten der englischen Besitz-Verwendung gehört übrigens auch die überraschende Konvention, den nominalen Kopf bei Geschäftsbezeichnungen wegzulassen, die auf den prototypischen Inhaber verweisen. Im Englischen kaufen wir unser Brot nicht *beim Bäcker,* sondern *at the baker's.* Das verwundert uns angesichts des Stützwort-Bedarfs nach Artikel und Adjektiv schon etwas. Aber dann befinden wir uns ja auf einer Insel, auf der eben noch allerlei Reste aus grammatisch expliziteren Perioden herumliegen.

Da passen die Besonderheiten aus ein paar anderen Bereichen auch noch ins bunte Bild. Wenn bei uns jemand einfach *die Hände in die Taschen steckt,* ist er im Englischen grammatisch dazu verpflichtet, *to put his hands in his pockets.* Und mengenmäßig nimmt es das Englische dann besonders genau. Wenn da einige *den Kopf schütteln* oder *den Hut abnehmen,* so geht das nur in der Mehrzahl: *they took off their hats* und *they shook their heads.* Wer hat, der hat, möchte man sagen. Da macht das Englische eben mal keine Abstriche.

Im Vertreter-Spiegel

Das Englische, das ja außer dem Besitz-Rest keinen Fall unterscheidet, hat nicht nur diesen Fall und diverse Objektsfälle zu den verschiedenen persönlichen Fürwörtern, sondern unterscheidet auch noch alle rückbezüglichen Wörter nach Zahl,

Person und Geschlecht. Wo wir uns im Deutschen – ausgenommen das *sich* in der dritten Person – mit dem Objektsfall begnügen: *ich/mich, wir/uns* und so weiter, leistet sich das Englische eine erstaunlich aufwendige Differenzierung: *I/me/myself, we/us/ourselves* und so weiter. Die morphologische Vielfalt verführt dann auch zu allerlei Verwendungen jenseits der eigentlichen rückbezüglichen Funktion, und da es hier Unterschiede zum Deutschen gibt, müssen wir uns die englischen Vertreter aus dieser Gruppe noch genauer ansehen.

Die Spiegelfunktion des rückbezüglichen Vertreters ist im Deutschen und Englischen ähnlich. Wenn ein Referent und sein Vorgänger im selben Satz stehen, dann brauchen wir in beiden Sprachen das rückbezügliche Element. *Er kann ihn sehen/He can see him* erlaubt keine Identität zwischen den Referenten von Subjekt und Objekt. *He can see himself/Er kann sich sehen* hat notwendigerweise denselben Bezug.

Wenn in der Mehrzahl die Bezugnahme über Kreuz verläuft, dann sind die beiden deutschen Möglichkeiten *einander* und *sich* im Englischen auf eine eingeschränkt: *one another* oder auch *each other*. *Sie bewarfen sich mit Kissen* muß deshalb zu *They were throwing pillows at each other* werden. Das Konzept der »Über-Kreuz-Beziehung« kennen wir schon, es muß uns nur noch im richtigen Moment einfallen.

Im Deutschen gebrauchen wir aber rückbezügliche Vertreter auch oft, wenn gar keine Spiegelfunktion vorliegt. Das sind dann die »unechten« Rückbezüglichen, jene Fälle, in denen keine wirkliche Bezugnahme erfolgt. Daß wir im Deutschen sagen, *die Türe öffnet sich, der Vorhang hebt sich, die Katze versteckt sich,* ist vor allem ein Problem für die anderen, die unsere Sprache lernen. Das Englische hat dieses Problem nicht: *the door opens, the curtain rises, the cat is hiding*.

Leider ist aber die Unterscheidung zwischen echten und unechten Rückbezüglichen nicht ganz so eindeutig.

Think of all the possibilities ... before you settle down to enjoy yourselves.

sagt Eeyore, und was da im Deutschen durchweg rückbezüglich ist: *sich niederlassen/sich bequem machen, sich amüsieren/sich unterhalten,* geht im Englischen einmal mit, einmal ohne ein entsprechendes Fürwort: *enjoy oneself, settle (down).* Daß *sich benehmen: behave oneself,* rückbezüglich, *sich fragen: wonder,* nicht rückbezüglich ist, ist ebensowenig vorhersagbar wie die ganzen unechten Rückbezüglichen im Deutschen. Zum Glück kommen aber die englischen Ungereimtheiten, anders als die deutschen, nur ganz selten vor. Und das ist uns, nicht zuletzt wegen des formalen Aufwands, den uns das Paradigma der Rückbezüglichen abverlangt, sehr willkommen.

People don't just throw words around in the North.

heißt es in *Blue Highways,* und daß die Leute im Norden nicht gerade mit Worten um sich werfen, paßt mit seiner vertretungslosen englischen Fassung ganz gut in unser Bild vom »leichten« Englisch. Da hat es nun schon einmal ein formenreiches Paradigma, wendet es aber lieber nicht so oft an. Allerdings ist da noch das deutsche *selbst,* das seine Vertreterrolle kontrastiv zu anderen Möglichkeiten ausspielt: *Ich habe es ihm selbst gesagt.* Hierfür steht im Englischen der rückbezügliche Vertreter: *I told him myself.* Damit kommen dann noch zusätzliche Möglichkeiten mit ins Bild, wie etwa die hintersinnige Frage

Who am I to be myself?

mit der Saroyan den Vorwurf abwehrt, er beschäftige sich nur mit sich selbst.

Wer bin ich, um ich selbst zu sein?

Die Frage ist schon ohne den Besitz-Anteil vertrackt genug. Sie wird auch in der leicht geklonten Form des Deutschen mit der doppelten *ich*-Form nicht einfacher. Wenn wir aber einmal von dem hübschen Denkknoten absehen, den die rhetorische Frage und der finale Infinitiv um das Ich als Subjekt und Objekt von Reflexion und Intention schlingt, und uns auf den formalen Sprachvergleich beschränken, dann wirkt der Unterschied zwischen den beiden Fassungen wirklich überraschend. Im Deutschen wird die *ich*-Form einfach wiederholt, im Englischen wird sie von einer grammatisch veränderten (!) Form abgelöst.

Ohne die raffinierte Verdoppelung durch die Frage handelt es sich eigentlich nur um die tautologische Aussage *I am myself.* Das würden wir auch im Unterschied zu Saroyan gar nicht in Frage stellen wollen und jetzt schon mühelos bis in die Mehrzahl durchkonjugieren: *We are ourselves.* Bei all der Formenarmut des Englischen könnte uns die Handvoll grammatischer Morpheme gelegentlich sogar direkt Spaßmachen.

Notwendig oder zusätzlich

Über eine wichtige Gruppe von Vertretern haben wir noch nicht gesprochen: über die *wh*-Wörter. Welche Vertreter das sind, können wir dem *wh*-Element entnehmen: *who, which, what, whose, why, whether* ... bezügliche und Fragewörter – eben alle, die mit *wh-* beginnen. (Aus der Reihe tanzt da nur das *how,* aber das beginnt immerhin im Deutschen mit *w*: *wie,* wie *wer, welcher, was, wessen, warum, ob*... na ja, eine Ausnahme muß es eben immer geben.)

Bezügliche und Fragewörter nutzen weitgehend dasselbe Inventar, und die Ähnlichkeiten zwischen unseren Sprachen sind noch recht gut erkennbar. Auch die Voranstellung der Fragewörter an den Satzanfang halten wir für selbstverständlich: *Which countries have you seen? Welche Länder hast du gesehen?* Die Inversion von Subjekt und Hilfsverb ist natürlich nur eine Sache der direkten Frage, schon in der indirekten Frage entfällt sie: *Ich möchte wissen, welche Länder du ge-*

*sehen hast. **I would like to know which countries you have seen.*** Desgleichen im Relativsatz: *Er zählte die Länder auf, die er gesehen hatte.* ***He listed the countries which he had seen.*** Aber natürlich ist die schöne Einheitlichkeit nur für einen Teil der Fälle zu konstatieren. Daß das Deutsche auch und sicher sogar öfter den Artikel als bezügliches Fürwort benutzt, kann uns gleichgültig sein. Aber den englischen Unterschied zwischen belebt *who* und unbelebt *which* sollten wir nicht vergessen.

Außerdem gibt es noch ein paar Besonderheiten der bezüglichen Fürwörter im Englischen, die an ihre grammatische Funktion im Relativsatz gebunden und damit nicht so unmittelbar an unsere Weltkenntnis anzuschließen sind. Das ist zum einen die Alternative zum satzverknüpfenden *that,* das in vielen Fällen anstelle des Fürwortes verwendet wird. Zum anderen ist es die Alternative zum verdeckten Vertreter, also die Verwendung von Relativsätzen ohne einen sichtbaren Vertreter. Und zum dritten ist es der Umgang mit Präpositionen aus der unmittelbaren Umgebung des Fürwortes. Zwischen diesen verschiedenen Eigenarten bestehen allerdings enge Zusammenhänge. Dieselbe funktionale Trennlinie spielt nämlich in allen drei Fällen eine entscheidende Rolle: die Unterteilung in einschränkende und nicht-einschränkende Relativsätze.

... it is a thing which you can easily explain twice
before anybody knows what you are talking about.

erklärt Owl – der sein Wissen gern unter die Leute bringt – und schränkt durch den Nebensatz nach *thing* die Menge der Dinge ein, von denen im Hauptsatz die Rede sein könnte:

Es ist eine Sache, die man leicht zweimal erklären kann, bevor irgend jemand weiß, wovon man spricht.

Da haben wir einen Relativsatz von der einschränkenden Art, der die Dinge, auf die sich sein »Kopf« (*a thing*/*eine Sache*) an sich beziehen könnte, auf diejenigen einschränkt, die der Relativsatz näher beschreibt. Ohne den Nebensatz würde der Hauptsatz gar keinen Sinn machen. So ein Fall war uns doch gerade schon einmal begegnet: *anybody who can spell Tuesday*. Ohne den Relativsatz würde *you can't help respecting anybody* wenig Sinn machen. Also einschränkende Relativsätze sind notwendige Relativsätze, ohne die uns der Hauptsatz nichts – oder auch etwas ganz anderes – sagt.

Der englische Relativsatz beginnt mit einem Vertreter, der hier ohne Komma an den Kopf anschließt – eben weil es sich um einen einschränkenden Relativsatz handelt, dessen enge Beziehung zum Kopf auf diese Weise auch graphisch verdeutlicht wird.

Die Kommaregel ist aber nur ein Aspekt der formalen Besonderheiten von einschränkenden Relativsätzen im Englischen. Wesentlich komplexer sind die Bedingungen, nach denen der jeweils passende Vertreter gewählt wird. Was wir schon wissen: *who* für belebte, *which* für unbelebte Referenten, und das besitzanzeigende *whose* konsequenterweise nur für belebte Referenten. Nur dann ist da noch das *that,* das wie ein hinweisender Vertreter aussieht, aber auch wie ein Verknüpfungselement, wie wir sie zum Beispiel in *von der Art, daß...* nutzen. Da das *that* aus dem Relativsatz unveränderlich ist (also zum Beispiel keine Mehrzahl bilden kann), nimmt man heute meist an, daß es ein Verknüpfungselement ist.

There are, indeed, things that cannot be put into words.

sagt Wittgenstein:

Es gibt, in der Tat, Dinge, die man nicht mit Worten ausdrücken kann.

Und da haben wir also nun *things which* und *things that* und würden uns die Sache gerne vereinfachen und vielleicht auf das *that* beschränken – um so mehr, wenn wir hören, daß *that* auch für Personen taugen soll. Aber so einfach ist das

nicht. Da gibt es nämlich noch die nicht-einschränkenden Relativsätze, und die schließen *that* schlechterdings aus. Wir brauchen also *which, who* etc. auf jeden Fall.
Aber was sind nicht-einschränkende Relativsätze?
Sehen wir uns einmal ein besonders schönes Exemplar näher an:

... we must at all costs avoid over-simplification,
which one might be tempted to call the occupational disease
of philosophers if it were not their occupation.

sagt der Philosoph Austin.

Wir müssen um jeden Preis Simplifizierungen vermeiden,

sagt er und spottet über sein eigenes Fach:

Simplifizierungen, die man versucht sein könnte, die Berufskrankheit von Philosophen zu nennen, wenn sie nicht ihre Profession wäre.

Im Unterschied zu *a thing* aus Owls Satz handelt es sich bei *over-simplification* nicht um eine Menge von möglichen Elementen, die durch den Relativsatz eingeschränkt wird. Der Hauptsatz könnte problemlos ohne den Relativsatz verwendet werden:

... we must at all costs avoid over-simplification ...

Daß man Simplifizierung die Berufskrankheit von Philosophen nennen könnte, ist nur eine zusätzliche Information, klarer Fall eines nicht-einschränkenden Relativsatzes. Wenn es Ihnen nicht gleich aufgefallen ist: die nicht-einschränkende Funktion wird auch graphisch angezeigt, durch das Komma vor dem Relativsatz:

... we must at all costs avoid over-simplification, which
one might be tempted to call the occupational disease
of philosophers ...

Notwendig oder zusätzlich   149

Der zweite Grund gegen eine Verallgemeinerung des *that* ist von ganz anderer Art und hat wieder etwas mit den beeindruckenden Möglichkeiten des Englischen zu tun, seine Satzstrukturen zu reduzieren. Da wir hierfür aber noch einen weiteren Aspekt betrachten müssen, sollten wir vielleicht erst einmal eine Zwischenbilanz ziehen. Einschränkende Relativsätze sind notwendige Ergänzungen, nicht-einschränkende Relativsätze zusätzliche Ergänzungen zu einem nominalen Kopf. Einschränkende Relativsätze können durch Vertreter oder durch *that,* nicht-einschränkende nur durch Vertreter eingeleitet werden.

Das verdeckte Objekt

*... it is certainly the best I can do with the language
I know ...*

sagt Saroyan, und daß sich die drei Sätze dieses Satzes wie einer lesen, liegt am Wegfall der Vertreter in *(that) I can do* und *(which) I know.* So dicht zusammenziehen können wir das im Deutschen nicht:

*Es ist sicher das Beste, was ich mit der Sprache tun kann,
die ich kenne.*

Nun könnten wir auf diese Reduktionsmöglichkeit verzichten und das *that* (oder *which*) auch in solchen Sätzen beibehalten, aber damit würden wir uns doch wirklich einer der klassischen Optionen des Englischen für konzise, elegante Strukturen berauben.

*... it is certainly the best I can do with the language
I know ...*

ist nun einmal eine besonders »englische« Form, einen komplexen Gedanken auf knappstem Raum zu präsentieren.

Zwei Bedingungen müssen erfüllt sein, damit der englische Vertreter wegfallen kann: es muß sich um einen einschränkenden Relativsatz handeln und der Vertreter muß die Funktion eines Objekts haben. Die erste Bedingung ist, auf den Relativsatz bezogen, satzextern und betrifft, wie wir schon wissen, die (einschränkende oder nicht-einschränkende) Bedeutung des Relativsatzes für den nominalen Kopf, an den er anschließt. Die zweite Bedingung ist, bezogen auf den Relativsatz, eine satzinterne Bedingung. Das Relativpronomen muß das Objekt des Relativsatzes präsentieren.

Daß ich am Satzanfang nicht nur das Subjekt, sondern auch zum Beispiel ein Objekt verwenden kann, haben wir schon an den vorangegangenen Beispielen vorgeführt bekommen:

A thing which you can easily explain...

Die Möglichkeiten bestehen natürlich auch im Deutschen, aber hier greifen wir einfach automatisch nach dem passenden Fall für den Vertreter. An die englische Option, gerade den Vertreter im Objektsfall fallenzulassen, müssen wir uns deshalb erst noch gewöhnen.

Allerdings dürfen wir dabei nicht aus den Augen verlieren, daß der Wegfall des Vertreters nur für das Objekt einschränkender Relativsätze möglich ist. Die nicht-einschränkenden Relativsätze müssen jeden Vertreter ausbuchstabieren, auch den, der das Objekt des Relativsatzes bezeichnet. Dies war zum Beispiel der Fall im Satz über die Simplifizierungen, die ja durch den anschließenden Relativsatz nicht eingeschränkt wurden.

...we must at all costs avoid over-simplification, which one might be tempted to call the occupational disease of philosophers...

Hier kann das *which* weder durch *that* ersetzt, noch fallengelassen werden.

Das Gegenteil war der Fall in unserer sophistischen Feststellung:

... it is a thing which you can easily explain twice before anybody knows what you are talking about.

wo anstelle des Vertreters *that* oder die Nullvariante zugelassen wären.

Da *which* in allen Fällen möglich ist, könnten wir ja jetzt versucht sein, uns am *which* festzuhalten; aber um die Entscheidung einschränkend oder nicht-einschränkend kommen wir auch so nicht herum. Da ist ja immer noch die Kommasetzung: einschränkend ohne, nicht-einschränkend mit Komma. Und selbst in der mündlichen Verwendung von Relativsätzen bleiben die beiden Typen unterscheidbar. Einschränkende Relativsätze bilden eine Einheit mit ihrem Kopf. Der Vertreter *which* in *it is a thing which...* schließt direkt an *a thing* an, während *which* in Austins Satz durch eine Pause von seinem Kopf getrennt ist. Das Komma zwischen dem Vertreter und seinem Kopf trennt zwei relativ unabhängige Gedanken voneinander – egal, ob der Nebensatz, wie in unserem Fall, zusätzlich angehängt ist oder schon an einer früheren Stelle in den Hauptsatz eingeschoben ist.

Und wenn wir schon einmal wegen Interpunktion oder Intonation den einschränkenden vom nicht-einschränkenden Relativsatz unterscheiden müssen, dann können wir natürlich auch den Spareffekt der Nullversion nutzen. Ja, selbst das *that* hat dem *which* noch voraus, daß es keine Unterscheidung gegenüber *who* erfordert.

Und dann gibt es noch einen gewichtigen Grund dafür, daß wir die Doppelbestimmung: Objekt und einschränkend, beherrschen. Objekte werden oft von Präpositionen regiert, und Vertreter, die die Funktion eines Präpositionalobjektes haben, stehen im Englischen unter Verwendungsbedingungen, für die die einschränkende und nicht-einschränkende Unterscheidung ebenfalls ausschlaggebend ist.

Die gestrandeten Präpositionen

Wenn der Gegenstand unserer Frage durch ein Objekt mit einer Präposition erfaßt wird, haben wir im Deutschen zwei Möglichkeiten:
Woran denkst du? oder: *An was denkst du? / An wen denkst du?*
In beiden Fällen wandert die Präposition zusammen mit dem Objekt in die Anfangsposition. Die Präposition gibt ebenso wie das Objekt ihre Grundwortstellung im Prädikat auf. Daß die Präposition mit dem Fragewort mitgeht, halten wir natürlich für selbstverständlich – so wie uns unsere Sprache nun einmal geprägt hat.

Aber auch im Deutschen gibt es Fälle, die einer Präposition sehr ähnlich sehen und doch in der Grundposition verbleiben. In dem Satz *Er macht nie die Türe hinter sich zu.* erscheint die Vorsilbe *zu* getrennt von ihrem Stamm *machen* an der Stelle, an der sie im Nebensatz zusammen mit dem Stamm verwendet wird: *weil er nie die Türe zumacht.* Die Verschiebung des veränderten Verbs an die zweite Stelle, die im deutschen Hauptsatz obligatorisch ist, macht die Vorsilbe nicht mit.

Vergleichbares geschieht im Englischen mit der Präposition des Objekts, wenn das Objekt an eine frühere Stelle im Satz verschoben wird. *I'm thinking of somebody* und *I'm talking about something* werden in der direkten Frage zu *Who are you thinking of* und *What are you talking about,* und im indirekten Fragesatz zum Beispiel zu *Nobody knows what you are talking about.* Dasselbe gilt für den Relativsatz.

Die »gestrandeten« Präpositionen sind allerdings nur ein Markenzeichen für einschränkende Relativsätze. Nicht-einschränkende nehmen die Präposition mit an den Anfang und sind damit ihrem deutschen Gegenstück viel ähnlicher. (Auch haben nicht-einschränkende Relativsätze einen eigenen Objektsfall: *whom you saw / at whom you were looking* – aber den

schenken wir uns, zumindest für unseren aktiven Gebrauch des Englischen: derlei Sätze kommen ja nicht so oft außerhalb von Grammatiklehrbüchern vor.)
Zurück zu den einschränkenden Relativsätzen. Hier lassen sich nun auch bei den Präpositionalobjekten (unter Umständen auch bei anderen präpositionalen Ergänzungen) die Vertreter einsparen:

... by the time you're in command of the language, you're off in the jungle everybody's in ...

sagt Saroyan und zeigt uns damit wieder die strukturellen Verdichtungstricks des Englischen: *... by the time (that/when) you..., the jungle (which) ... in.*

Das Deutsche, das die Vertreter nicht weglassen kann, wirkt da eben immer etwas fußgängerischer – oder muß seine Zuflucht überhaupt zu anderen Paraphrasen nehmen:

Zu der Zeit, wo du die Sprache beherrschst / wenn du die Sprache dann beherrschst, bist du schon auf dem Weg in den Dschungel, in dem sich jeder befindet.

Gelegentlich entscheiden sich aber auch englische Autoren für einen einschränkenden Relativsatz mit Vertreter und vorangestellter Präposition. Sie kürzen die Struktur dann vielleicht auf andere Weise, zum Beispiel durch einen Infinitiv, wie in Austins Schlußarabeske:

I have as usual failed to leave enough time in which to say why what I have said is interesting.

Wörtlich:

Ich habe wie gewöhnlich versäumt, genügend Zeit zu lassen, in der zu sagen (wäre), warum, was ich gesagt habe, interessant ist.

Der Satz beeindruckt uns vor allem durch seine verschachtelte Struktur, bei der die relativische Unterordnung nur eine von

mehreren Unterordnungen ist: *in which ... why ... what ...*
Das Objekt zu *say* ist ein indirekter Fragesatz: *why it is interesting,* dessen Subjekt wiederum ein Satz mit einem vorangestellten *wh*-Wort: *what I have said is interesting...* ist.
Daß der Relativsatz tatsächlich einschränkend ist, können wir uns nur an seiner Bedeutung klarmachen. Die Form selbst ist, abgesehen vom fehlenden Komma, die Form eines nichteinschränkenden Relativsatzes, also ungewöhnlich explizit, und das dürfte wohl etwas mit der Verschachtelung zu tun haben, vor der eine Art struktureller Neuanfang zum Luftholen ganz willkommen ist. So ganz für den Alltag ist die spröde Figur ja auch nicht gedacht. Unsereins würde vielleicht überhaupt auf den Relativsatz verzichten und sich mit dem Infinitiv des Zwecks: *enough time to say...* begnügen.

Immerhin, wir können den Originalsatz, ausgenommen die besonderen Möglichkeiten des englischen Infinitivs, noch im Deutschen nachzeichnen. Es gibt aber einen anderen Typ von Schachtelsätzen, Relativsätze mit weiteren Satzeinbettungen, der sich mit beneidenswerter Leichtigkeit über die Grenze zwischen Relativsatz und Objektsatz hinwegsetzt. Und das können wir im Deutschen nun gar nicht mehr.

Doppelanschluß

Wenn es bei Bateson heißt:

The rules of the universe that we think we know
are deep buried in our processes of perception.

dann ist die wörtliche Übersetzung des Relativsatzes ins Deutsche ungrammatisch.

*Die Regeln des Universums, die wir glauben wir kennen...

Was da im Deutschen quersteht, ist der Hinweis auf unsere Einstellung. *Die Regeln des Universums, die wir kennen,* bereiten uns ja keine Probleme. Wenn wir den Hinweis auf die Meinung auch unterbringen wollen, steht uns mit veränderten Verben nur eine umständliche Struktur mit Relativsatz und Objektsatz zur Verfügung: *von denen wir glauben, daß wir sie kennen* oder eine infinitivische Verkürzung: *die wir zu kennen glauben.*

Die Regeln des Universums, die wir zu kennen glauben, sind tief in unsere Wahrnehmungsprozesse eingebettet.

Die Möglichkeiten des Englischen, den Satz: *Wir glauben, daß wir die Regeln des Universums kennen* mit einem Doppelschritt des Objekts an die Spitze beider Sätze relativisch anzuschließen,

The rules of the universe that we think we know...

haben wir im Deutschen nicht.

Wenn dann das englische Original auch einen Infinitiv verwendet, wird aus der raffinierten Steckfigur des Englischen ein ziemlich verknotetes Stück Struktur im Deutschen.

Yet we, that is, even philosophers, set some limits to the amount of nonsense that we are prepared to admit we talk.

sagt Austin gleich zu Beginn seines berühmten Buches. Aus dem kurzen Einstellungssatz *we think* im vorigen Beispiel ist hier eine komplexe Struktur mit Partizip und Infinitivergänzung geworden: *we are prepared to admit (that we talk nonsense).* Für den relativischen Anschluß wird das Objekt – verdeckt – über den Objektsatz hinweg an die Spitze des komplexen Relativsatzes geschoben:

we talk nonsense –
the nonsense that we talk –
the nonsense that we admit we talk –
the nonsense that we are prepared to admit we talk...

Da hilft uns auch die Infinitivversion im Deutschen nicht mehr:

Doch wir, das heißt selbst die Philosophen, setzen der Menge des Unsinns Grenzen, den zu äußern wir zuzugeben bereit sind.

Also dann lieber wieder:

setzen der Menge des Unsinns ... Grenzen / halten den Unsinn, von dem wir gerne zugeben, daß wir ihn äußern, in Grenzen.

oder vielleicht noch besser – gewissermaßen durch Zerschlagung des Gordischen Knotens:

halten den Unsinn, den wir – zugegebenermaßen – äußern, in Grenzen.

Da steht anstelle der drei Unterordnungen des Originals, die mit dem Relativsatz nach *nonsense* beginnen, nur noch ein Relativsatz mit einem Adverb. Daß das Adverb etwas steif wirkt, soll uns angesichts der trockenen Vorlage nicht stören. Vielleicht hätte Austin auch im Englischen den Satz mit einem Adverb verkürzen können, aber dann hätte er uns ja um ein besonders schönes Demonstrationsstück für englische Schachtelsätze gebracht. Adverbien anstelle von verbalen Ergänzungen und Relativsätzen – da gerät unsere Beschreibung der englischen Besonderheiten aus der deutschen Perspektive ins Beliebige. Scheinbar. Denn der systematische Vergleich adverbieller Möglichkeiten in beiden Sprachen steht ja noch aus. Und über stilistisch bevorzugte Paraphrasen haben wir überhaupt noch nicht gesprochen. Davon trennt uns jetzt immer noch ein letztes grammatisches Thema. Eben die adverbiellen Möglichkeiten des Englischen.

VIII
Trabanten

- *Kennzeichnungspflicht*
- *Mit und ohne*
- *Steigerungen*
- *Die Hierarchie der Umstände*
- *Positionen*
- *Besondere Anfänge*
- *Ikebana mit Sätzen*

Um die Welt der Verben und um die Welt der Nomen kreisen als Trabanten vor allem Adjektive und Adverbien, durch die die Kernelemente einer Äußerung noch genauer bestimmt werden. Sie teilen ihre modifizierende Funktion mit Wortgruppen und Sätzen. Wir werden uns das ganze Spektrum ansehen, konzentrieren uns zunächst aber vor allem auf die Wortart der Adverbien.

Kennzeichnungspflicht

Adverbien unterscheiden sich von Adjektiven vor allem durch die Nachsilbe *ly,* die aus einem Adjektiv ein Adverb macht: *careless – carelessly, easy – easily, simple – simply...* und so weiter. Die Regel ist einfach genug – auch wenn es noch ein paar Ausnahmen zu berücksichtigen gibt. Aber natürlich müssen wir an die Nachsilbe denken, wenn wir es mit einem Adverb zu tun haben, und die Entscheidung, ob etwas als Adjektiv oder als Adverb verwendet wird, erfordert für den Anfang ein zusätzliches Maß an grammatischer Konzentration. Adjektive bestimmen Nomen näher, Adverbien Verben, verbale Wortgruppen oder Sätze.

Im Deutschen kann man Adjektive, die zusammen mit ihrem Nomen verwendet werden, an der morphologischen Abstimmung mit dem Nomen erkennen. *Ein klarer Gedanke, der klare Gedanke, mit einem klaren Gedanken* und so weiter. Aber schon Adjektive, die ihr Nomen vom Prädikat aus bestimmen, wie zum Beispiel *seine Gedanken sind klar und einfach,* bleiben morphologisch unverändert wie Adverbien. *Er äußert sich nicht immer klar und einfach* liefert keinen morphologischen Anhaltspunkt für den Wechsel vom Adjektiv zum Adverb. Wenn Sie jetzt zwischen den einander entsprechenden Trabanten aus den beiden Versionen keinen Unterschied entdecken können, vergleichen Sie doch noch einmal die Verben, an die sich *klar und einfach* anschließt. Das Verb *sein* hat keine andere Funktion als die von *klar und einfach* erfaßten Eigenschaften auf das Subjekt zu beziehen. Demgegenüber ist das Verb *äußern* selbst der Bezugspunkt für *klar und einfach.* Im ersten Fall liegt ein prädikativer Gebrauch eines Adjektivs vor, durch den die Beziehung zwischen dem Subjekt und seinen Eigenschaften zum Gegenstand einer Aussage gemacht wird; im zweiten Fall wird die Art und Weise, in der sich das Subjekt äußert, näher bestimmt, *klar und einfach* als Adverbien, adverbiell, gebraucht. Im Deutschen wird der Wechsel formal nicht angezeigt, im Englischen sind wir zur Kennzeichnung von Adverbien durch *ly* verpflichtet.

Everything that can be thought at all can be thought clearly.

sagt Wittgenstein,

Alles was überhaupt gedacht werden kann, kann klar gedacht werden.

und er fügt hinzu:

Everything that can be put into words can be put clearly.

Alles, was sich aussprechen läßt, läßt sich klar aussprechen.

Als Begleiter zu *denken* und *aussprechen* ist *klar* in beiden Fällen ein Adverb und folglich mit *ly* zu verwenden. Wenn man uns die Entscheidung schon abgenommen hat und wir die Form mit dem *ly* bereits vorgeführt bekommen, ist die Sache kinderleicht. Wenn wir aber vorab darüber nachdenken müssen, sind wir gar nicht mehr so sicher, ob zum Beispiel *sich sorglos setzen* im Englischen ein Fall mit *ly* ist. Sorglos ist ja derjenige, der sich setzt, nicht der Akt des Setzens. Und doch heißt es bei Milne:

It was the only place in the forest where you could sit down carelessly, without getting up again almost at once and looking for somewhere else.

Da geht es eben doch um die Art und Weise, wie man sich setzt, unabhängig davon, daß damit auch eine Haltung des Subjekts erfaßt wird.

Bei mehrsilbigen Wortstämmen fordert uns das zusätzliche *ly* besonders heraus. Es braucht wirklich eine gewisse Überwindung, um aus *pragmatisch* und *theoretisch* **pragmatically** und ***theoretically*** zu machen. Sie erinnern sich?

Pragmatically, the theory was useful, however mistaken it may have been theoretically.

lautete einer der besonderen Sätze von Russell, über den wir schon einmal in einem anderen Zusammenhang nachgedacht haben.

Noch widerspenstiger erscheinen uns mehrsilbige Adverbien als Begleiter zu Adjektiven. Im Vergleich zur kurzen deutschen Form: *leicht erkennbar* ist ***readily detectable*** nur mit erhöhter Aufmerksamkeit zu produzieren – es sei denn, man ist ohnehin englischer Muttersprachler und obendrein Sprachphilosoph.

... since our emotions and wishes are not readily detectable by others, it is common to wish to inform others that we have them.

sagt Austin, ein Ausspruch, der uns mit seinem ***readily detectable*** leicht wie ein Zungenbrecher vorkommt. (Die infinitivische Fortsetzung – etwa: *ist es üblich, anderen mitteilen zu wollen*... verstärkt den Eindruck allerdings noch einmal auf der syntaktisch-strukturellen Ebene.)

Mit und ohne

In einigen Fällen scheint das Englische selbst den zusätzlichen Aufwand lästig zu finden. Gelegentlich kann nämlich ein Adverb auch ohne *ly* verwendet werden. Wenn Milne Owls Schreibkünste mit *even if he doesn't spell it right* relativiert, dann hat er mit *right* eine solche Möglichkeit genutzt. Auch *low, long, far, fast* und *straight* können gleichermaßen als Adjektive und Adverbien dienen – ganz zu schweigen von *much* und *little*. Manchmal werden Adverbien auch nicht vom Adjektiv abgeleitet, sondern haben ihre eigene Form wie *well*, das das Adverb zu *good* ist. Und dann gibt es noch die Klasse der Adjektive, die selbst schon auf *ly* enden und sich nur durch Umschreibungen adverbialisieren lassen. Zum Beispiel *friendly: a friendly smile*, aber *she smiled in a friendly way*.

Ein Dutzend Adverbien oder so existiert sogar in beiden Fassungen, mit und ohne *ly* – verbindet damit aber jeweils eine andere Bedeutung, meist aus einem gänzlich anderen Bereich: *to play fair* gegenüber *to play fairly well*, *to arrive late* gegenüber *they have arrived only lately*, *to work hard* und *to work hardly ever*... Alle diese lexikalischen Idiosynkrasien halten wir lieber gleich fest, damit wir uns dann ohne Wenn und Aber auf die gewöhnliche Adverbialisierungsendung *-ly* und damit natürlich auch auf die Unterscheidung zwischen adjektivischer und adverbieller Verwendung konzentrieren können.

Hierher gehört übrigens auch noch die subtile Differenzierung, die im Englischen mit einer Gruppe von Verben aus dem Wahrnehmungsbereich verbunden ist. Anders als das Handlungsverb *sit down* bezeichnen Wahrnehmungsverben wie *look, feel, sound, smell* oft eine entsprechende Eigenschaft ihres Subjekts und werden dann ordnungsgemäß von Adjektiven näher bestimmt und nicht von Adverbien. Einem solchen Fall waren wir schon vor einer Weile in

He sounded so close suddenly.

begegnet. Es war Tigger, der ganz in der Nähe zu hören war, so nahe,

that Piglet would have jumped if Pooh hadn't accidentally been sitting on most of him.

Daß es so nah klang, ist ein Ereignis, das eben unerwartet und plötzlich eintreten kann, so wie es auch zufällig zu bestimmten Situationen kommen kann – was uns beide Male zum typischen Gebrauch von Adverbien mit *ly* wie *suddenly, accidentally* zurückbringt.

Steigerungen

Vielleicht sollten wir an dieser Stelle gleich einen Blick auf die Besonderheiten werfen, die mit dem quantitativen Aspekt der Trabanten verbunden sind. Wenn ich von jemandem sage:

He moves as graciously as an elephant,

dann vergleiche ich den Grad seiner Grazie quantitativ mit dem eines Elefanten. Ich könnte natürlich auch einfach seine Bewegung mit der eines Elefanten vergleichen:

He moves like an elephant,

womit dann aber der Gedanke an Grazie und die Möglichkeiten ihrer Graduierung nicht mehr direkt ausgedrückt sind. Ist das Ergebnis eines quantitativen Vergleichs asymmetrisch, stehen im Deutschen und Englischen eigene grammatische Formen für Adjektive und Adverbien bereit, die in einem Teil der Fälle sogar gleich ausfallen.

... it was a much nicer day than he had thought it was.

gibt den höheren Grad von *nice* ebenso mit der Endung *-er* an, wie wir dies für den *schöneren Tag* schon aus unserer eigenen Sprache gewöhnt sind. Auch für den höchsten Grad, *the highest degree,* sind wir mit der entsprechenden Endung bereits gut bekannt.

Aber dann geht das Englische natürlich wieder seine eigenen Wege und benutzt die Endungen nur für einen Teil der Adjektive und für Adverbien gar nicht. Im wesentlichen sind es nur einsilbige Adjektive, die die sogenannte »synthetische« Steigerung haben. Bei den zweisilbigen Adjektiven kommt noch eine Handvoll hinzu – vor allem solche, die wie zum Beispiel *easy* auf *-y* enden. Alle anderen Adjektive und grundsätzlich alle Partizipien und Adverbien müssen »analytisch« gesteigert werden, durch *more* und *most: more beautiful, most fascinated, more clearly* und so weiter.

Nun müssen wir uns an den Unterschied zwischen Adjektiven und Adverbien ohnehin gewöhnen, und da das *-ly* die Zahl der Silben immer um eine heraufsetzt, können wir den Unterschied zwischen analytischer und synthetischer Steigerung unserem Gefühl für Rhythmus überlassen: ein Schlag verträgt noch eine morphologische Zugabe, alles andere braucht ein eigenes Standbein. Die zweisilbigen Ausnahmen nehmen wir uns, wie alles Idiosynkratische, wieder extra mit dem Wortschatz vor.

Ein paar unregelmäßige Steigerungen gibt es aber natürlich auch. Unter ihnen ist dann wieder auf jene Doppelformen zu achten, die verschiedene Bedeutungen transportieren. *Nearest, next* – das *naheliegendste,* das *nächste; latest, last* – das *jüngste* oder das (wirklich) *letzte; farthest, furthest* – das allgemein oder das lokal *weiter weg* liegende; *my elder brother* oder *the older brother* – das von innen oder von außen gesehene Familienmitglied. Alles lexikalisches Einzelwissen, das wir wie *good, better, best, bad, worse, worst, little, less, least* mit jedem Wort gesondert erwerben müssen.

Was die strukturelle Einbettung betrifft, so verläuft sie aus der deutschen Perspektive etwas verwirrend, da dem symmetrischen *so ... wie* im Englischen das *as ... as,* und dem unsymmetrischen *als* das *than* entspricht. Auch in Verbindungen wie *ein Drittel so viel* – **a third as much** oder *dreimal so hoch wie im vorigen Jahr* – **three times as high as last year,** und sogar in **as simple a question as that** – *in einer so einfachen Frage* begegnet uns das **as**.

Bleibt noch anzumerken daß die höchste Steigerung mal mit, mal ohne Artikel verwendet wird, wobei der Artikel mit einer Wahl zwischen mehreren Vergleichsgrößen assoziiert ist: **He jumped the highest** aber **The sun is highest at noon.** Oder wir verbinden den Artikel mit der einfachen Steigerung: **the earlier, the better** – *je früher desto besser* und liegen mit *earlier,* jedem Anschein zum Trotz, goldrichtig, denn was wäre das *early* ohne sein *-ly!* Und was wäre – bei aller Leichtigkeit – eine Sprache ohne Ausnahmen!

Die Hierarchie der Umstände

Adverbien bezeichnen Umstände. Aber zur Bezeichnung von Umständen eignen sich auch nominale Wortgruppen mit oder ohne Präpositionen und unveränderte verbale Wortgruppen bis hin zu Sätzen. Der Name für die gemeinsame grammatische Funktion: »Adverbiale« verweist auf die für diese Funktion typische Wortklasse, die Adverbien, ist aber nicht mit ihnen zu verwechseln. Auch die hierin angedeutete Beziehung zu den Verben erfaßt die grammatische Funktion von Adverbialen nicht ganz. Wie wir an Fällen wie **readily detectable** schon gesehen haben, werden Adverbien auch zur näheren Bestimmung von Adjektiven gebraucht, und schließlich bestimmen Adverbien auch Adverbien näher: **very much** ist so ein Fall, der Ihnen schon längst bekannt ist.

Daß bei dieser Menge von Bezugspunkten in einem Satz mehrere Adverbiale auftreten können, ist selbstverständlich; daß sie zueinander in hierarchischen Beziehungen stehen, ist weniger offensichtlich. Warum zum Beispiel sollten Bestimmungen der Zeit Bestimmungen des Ortes dominieren? Ort und Zeit erscheinen uns doch als gleich wichtig. Aber die Hierarchie zwischen den Umständen richtet sich nicht so sehr nach unseren Vorstellungen von der Welt als vielmehr nach den syntaktischen Bezugspunkten der verschiedenen Adverbialklassen. Daß diese dann letztendlich auch irgendwie konzeptuell verankert sind, erschließt sich zumindest nicht auf den ersten Blick.

Ortsbestimmungen zum Beispiel gehören vielfach zu den unmittelbaren und notwendigen Ergänzungen von Verben. *Er wohnt auf dem Lande. Er fährt in die Stadt. Er steht am Fenster.* Ohne ihre Orts- und Richtungsangaben wären diese Sätze unvollständig oder würden etwas anderes bedeuten: *Er wohnt. Er fährt. Er steht.* Demgegenüber sind Zeitbestimmungen: *Er wohnt neuerdings auf dem Land. Er fährt morgen in die Stadt. Er steht stundenlang am Fenster,* grammatisch gesehen, entbehrliche Ergänzungen. Zeitbestimmungen beziehen sich aber nicht nur auf das Verb selbst, sondern auf das Verb mit seiner jeweiligen lokalen Ergänzung. Das heißt *stundenlang* modifiziert nicht *stehen,* sondern *am Fenster stehen,* und dies ist es, was die Zeitbestimmung hierarchisch über der Ortsbestimmung einordnet. *Am Fenster stehen* ist eine *stehen* einschließende, also übergeordnete Wortgruppe.

Andere Adverbiale haben ihre Position noch über der Zeitbestimmung oder zwischen den anderen Adverbialen. Nehmen wir zum Beispiel den Fall: *Tatsächlich steht er oft stundenlang gebannt am Fenster.* Im äußersten Ring, der alle anderen Adverbiale einschließt, geht es um die Äußerung als Ganzes, von der hier gesagt wird, daß sie in der Tat zutrifft. Die Häufigkeit, die durch *oft* bezeichnet wird, gilt dagegen nur von der Menge des Ereignisses, von dem die Rede ist. Adverbiale, wie *gebannt,* bezeichnen schließlich nur noch die Art und Weise eines Vorgangs und sind, selbst wenn sie die Haltung des Subjekts einbeziehen, mehr im inneren Bereich der syntaktischen Hierarchie, noch unterhalb von Zeitbestimmungen angesiedelt.

Wenn wir das Verb als Bezugspunkt für die Adverbiale betrachten, dann entspricht in der linearen Abfolge der geringste Abstand gegenüber dem Verb dem niedrigsten hierarchischen Rang, der größte Abstand dem höchsten. Dies gilt im Prinzip für Englisch und Deutsch gleichermaßen, aber da die Grundposition des Verbs in einer SOV-Sprache am rechten Rand, in einer SVO-Sprache am linken Rand der verbalen Wortgruppe lokalisiert ist, erhalten wir theoretisch eine spiegelbildliche Anordnung der deutschen und englischen Adverbialhierarchie – zum Beispiel Zeit vor Ort im Deutschen und Ort vor Zeit im Englischen: *Er fährt morgen nach München.* **He is going to Munich tomorrow.**

Allerdings kann die Grundreihenfolge, vor allem im Deutschen, durch bestimmte semantische und diskursive Bedingungen abgewandelt werden, was das Spiegelbild dann häufig wieder außer Kraft setzt. Dabei entstehen in deutschen und englischen Sätzen sogar oft parallele Abfolgen. So kann die Umkehrung von Zeit und Ort in der Grundreihenfolge zum Beispiel durch eine kontrastive Voranstellung der Zeitbestimmung an den Satzanfang wieder aufgehoben werden: *Morgen fährt er nach München.* **Tomorrow he is going to Munich.**

Wann eine bestimmte Position gewählt werden muß und unter welchen Bedingungen sie aufgegeben wird, gehört schon wegen der Menge der adverbiellen Klassen, die zu vergleichen sind, bis heute zu den am wenigsten erforschten Unterschieden in der Verwendung von Deutsch und Englisch.

Positionen

Prinzipiell können Adverbiale im Deutschen und Englischen am Satzanfang, am Ende oder in der Mitte stehen. Der Parameter der strukturellen Beweglichkeit schränkt aber im Englischen die Anfangs- und Mittelpositionen wesentlich stärker ein als im Deutschen. Die Linksverzweigung des Deutschen verstärkt die Tendenz deutscher Adverbiale zur Mitte und zum Anfang des Satzes, die Rechtsverzweigung des Englischen die englischer Adverbiale zum Satzende. Je mehr Adverbiale in einem Satz verwendet werden, um so deutlicher wird dies.

It was the only place in the forest where you could sit down carelessly, without getting up again almost at once...

Es war die einzige Stelle im Wald, wo man sich unbesorgt hinsetzen konnte, ohne fast sofort wieder aufstehen zu müssen...

Die Adverbiale *carelessly, again, almost at once* stehen im Englischen rechts vom Verb, *unbesorgt, fast sofort, wieder* im Deutschen links davon. Das Adverbial der Häufigkeit *again/wieder* steht in beiden Fällen näher beim Verb. Das Verb bildet den innersten Kern, der von immer mehr adverbiellen Schalen eingeschlossen wird: *[[sit down] carefully], [[[getting up] again] at once]* (die Richtung der Verschachtelung wird von den eckigen Klammern angezeigt). Die alternative Ausrichtung *[unbesorgt [hinsetzen]], [sofort [wieder [aufstehen]]]* wird allerdings vom Gradadverb *almost/fast* gebrochen, da dieses seinen Bezugspunkt nicht im Verb, sondern in der Zeitbestimmung *at once/sofort* hat, und in solchen Fällen zwischen Deutsch und Englisch weitgehend Übereinstimmung herrscht: *[almost [at once]] – [fast [sofort]]*.
Wenn wir es nicht sehr genau nehmen, könnten wir Anfangs- und Endstellung einfach auf die Grenzen eines Satzes (oder Teilsatzes) beziehen. Die Mitte setzt sich dann je nach Zahl der Verben und ihrer Ergänzungen aus verschiedenen Möglichkeiten zusammen. Hier bietet uns das Englische in Abhängigkeit von der Komplexität des verbalen Ausdrucks eine beeindruckende Fülle von Stellungen:

(Frequently) he (frequently) has (frequently) been (frequently) invited by famous people (frequently).

Im Deutschen können wir da mit unserem aufgespaltenen verbalen Rahmen nicht mithalten:

(Oft) ist er / Er ist (oft) von berühmten Leuten (oft) eingeladen worden.

Weder die Position zwischen dem Subjekt und dem finiten Verb (die zweite Position im Hauptsatz) noch die Position zwischen den unveränderten Verben am Ende des Satzes stehen im Deutschen für adverbielle Einschübe zur Verfügung. Wenn Bateson sagt

... zero, in context, can be meaningful ...

nutzt er für das präpositionale Adverbial die zweite Position im Satz, die im deutschen Hauptsatz strikt dem veränderten Verb vorbehalten ist. Oder wenn es in *Blue Highways* heißt

No place, in theory, is boring of itself.

bleibt uns im Deutschen nur der Anfang oder eine Position nach dem veränderten Verb:

Null kann im Kontext bedeutungsvoll sein.
Theoretisch ist kein Platz an sich langweilig.

Daß auch im Englischen die Position am Satzanfang genutzt werden könnte, wissen wir schon aus einem Satz, den wir bei Russell gelesen haben:

Pragmatically, the theory was useful, however mistaken it may have been theoretically.

Pragmatisch war die Theorie nützlich, wie falsch sie auch immer als Theorie gewesen sein mag.

(Da *theoretisch nicht wirklich* bedeutet, hier aber von den Eigenschaften einer Theorie die Rede ist, wurde das Adverb gegen ein präpositionales Adverbial ausgetauscht – eine lexikalisch bedingte Veränderung, die die Frage der Position nicht tangiert. Daß es zwischen struktureller Länge und Position doch einen Zusammenhang gibt, ist ein Aspekt, dem wir uns später noch ausführlich widmen werden.)

Während *theoretically* im Englischen am Satzende steht, folgt dem präpositionalen Adverbial im Deutschen noch die ganze komplexe Verbform, ein Unterschied, der sich aber automatisch aus den Stellungsregeln für deutsche und englische Verben ergibt. Ende und Mitte des Satzes sind also schon aus diesem Grund nicht gleich.

Besondere Anfänge

Genau genommen ist auch die Position am Satzanfang nicht gleich. Rechts vom Adverbial steht im Deutschen das veränderte Verb, im Englischen aber erst noch das Subjekt. Der Unterschied scheint nicht der Rede wert zu sein, hat jedoch zur Folge, daß das englische Adverbial noch vor dem Satz steht, auf den es sich bezieht, während das deutsche Adverbial direkt in den Satz einbezogen ist. Die relative Autonomie der englischen Adverbiale am Satzanfang wird in der Regel auch durch ein Komma angezeigt.

Hierzu, zur syntaktischen Autonomie der Anfangsposition von Adverbialen, gibt es nur eine Ausnahme. Verneinung und Adverbial bilden gelegentlich, wie in *never,* zusammen eine Einheit, und dann zieht das an den Anfang gestellte Adverbial das Hilfsverb hinter sich her, noch vor das Subjekt, so daß sich – abgesehen von der Stellung des Vollverbs – der englische Satz plötzlich wie ein deutscher Satz liest:

Never will there be a night like that again.

Nie wird es eine Nacht wie diese wieder geben.

Wie im Deutschen ist das verneinte Adverbial in dieser Position am Anfang des Satzes hervorgehoben gegenüber seiner neutralen Stellung nach dem Hilfsverb:

There will never be a night like that again.

Die Inversion von Subjekt und Hilfsverb unterliegt der Negativ-positiv-Polarität, die wir schon aus anderen Zusammenhängen kennen. Sie betrifft eine Handvoll von negativen Adverbialen, denen man allerdings die Negation nicht immer ansieht: *not only, hardly, scarcely, barely*... Wie immer, wenn das Hilfsverb zum Anker für eine offene oder verdeckte Negation wird, wird *do* nötig, wenn kein anderes Hilfsverb verfügbar ist:

Never did he expect a night like that.

Aber dann kann das Englische eben auch hier noch die Stellung unmittelbar nach dem (Vertreter für das) Subjekt nutzen. Der besondere Satz von Saroyan heißt nämlich:

There never will be an American night like that again.

und dieser gewissermaßen hinausgeschobene Anfang bleibt dem Deutschen wegen der Verb-Zweitstellung prinzipiell verwehrt.

Ganz allgemein beginnen wir unsere Sätze gerne mit einem Adverbial. Adverbiale setzen den zeitlichen oder örtlichen Rahmen, in dem ein Ereignis angesiedelt ist – das macht sich gut für den Anfang. Im Deutschen wie im Englischen. Daran gemessen ist es erstaunlich, wieviel weniger Sätze im Englischen als im Deutschen tatsächlich mit einem Adverbial beginnen. Nicht selten ist dabei das, was wir im Deutschen adverbiell formulieren, im Englischen ein Subjekt. Tatsächlich läßt sich dies mit der relativen Unbeweglichkeit der englischen Wortstellung begründen.

Daß im Englischen auf das Adverbial am Satzanfang erst einmal das Subjekt folgen muß, stellt eine grundsätzlich andere Verwendungsbedingung dar, die sich bis in die kombinatorischen Eigenschaften von Verben hinein auswirkt.

... every period over-emphasizes some particular aspects of experience ...

steht bei Koestler, und das läßt sich im Deutschen am besten durch einen Wechsel vom Subjekt zum Adverbial mittels Passivierung ausdrücken.

In jeder Phase werden bestimmte Aspekte der Erfahrung überbetont.

Theoretisch könnten wir im Englischen auch sagen:

In every period, some particular aspect of experience is overemphasized.

Aber da bekommen wir eine unschöne Häufung von nominalen Wortgruppen am Satzanfang, deren syntaktische Beziehungen zueinander und zum Rest des Satzes sich wesentlich weniger leicht erschließen lassen als in der klassischen Konstellation des Originals. Ganz unbekannt ist uns der strukturelle Typ des englischen Originalsatzes ja nicht: ohne das *über* vor dem *betonen* können wir die Zeitangabe auch im Deutschen in ein Subjekt kleiden:

Jede Phase betont bestimmte Aspekte der Erfahrung.

Die Übertragung von *jemand betont* auf *etwas betont* ist eine Erweiterung der kombinatorischen Möglichkeiten eines Verbs, die Deutsch und Englisch gleichermaßen nutzen. Daß das Englische von dieser Art der Bedeutungsübertragung generell mehr Gebrauch macht als das Deutsche, leuchtet ein, eben weil sich jedes andere Satzglied im Englischen die Stellung am Anfang mit dem Subjekt teilen muß.

Ikebana mit Sätzen

Beim Nachdenken über die Stellung von Adverbialen in ihrem Verhältnis zu den Bezugselementen und anderen Trabanten im Satz kann man sich leicht an Vexierbilder erinnert fühlen. So viele verschiedene, kurze und lange Strukturen und semantische Teilklassen gilt es zu unterscheiden. Da sind wir für die etwas pastoseren Zusammenhänge, wie sie mit den adverbiellen Teilsätzen gegeben sind, geradezu dankbar – um so mehr, als wir hier große Ähnlichkeiten mit den Satzverknüpfungsregeln unserer eigenen Sprache vorfinden.
Die beiden grundsätzlichen Verknüpfungsarten der Neben- und Unterordnung sind im Deutschen und Englischen gleichermaßen verfügbar. Ihre symmetrische Verwendung in parallelen Strukturen macht komplexe Sätze gut durchschaubar. Wenn Russell sagt:

Protestants like to be good and have invented theology
in order to keep themselves so, whereas Catholics like
to be bad and have invented theology in order to keep
their neighbors good.

nutzt er für die plastische Gegenüberstellung der beiden parallelen Strukturen eine Verknüpfung durch **whereas** / *während*. Für die ganze Figur, aber auch für die darin enthaltenen Neben- und Unterordnungen von Wortgruppen, stehen uns im Deutschen vergleichbare Verknüpfungsmittel zur Verfügung:

Protestanten sind gerne brav und haben die Theologie
erfunden, um so zu bleiben, während die Katholiken gerne
schlecht sind und die Theologie erfunden haben, damit
ihre Nachbarn brav bleiben.

Auch andere Steckfiguren sind leicht durchschaubar, da sie uns schon aus unserer eigenen Sprache vertraut sind. Zu den prototypischen Satzanfängen gehören im Deutschen und

Englischen kausale Nebensätze – einem davon sind wir gerade begegnet:

... since our emotions and wishes are not readily detectable by others, it is common to wish to inform others that we have them. (Austin)

Die Kunst des Ikebana kommt hier vor allem im Hauptsatz mit seinen Infinitivergänzungen zum Zuge. Davon war schon die Rede.

Since kann auch Adverbiale der Zeit einleiten – es ist die Beziehung zwischen den Bedeutungen der beteiligten Sätze, die darüber entscheidet.

Sie erinnern sich doch:

It's been years since I was really able to concentrate.

Daß der Temporalsatz nicht durch Komma abgetrennt ist, liegt vor allem an seiner Stellung nach dem übergeordneten Satz. Allerdings haben wir es hier auch gar nicht mit einem klassischen Adverbialsatz zu tun, sondern mit dem Nebensatz eines Spaltsatzes – aber diesen Steckfiguren, über die wir zum Teil auch im Deutschen verfügen, kommt eine besondere Rolle zu in jenem Bereich des Englischen, der über die Grammatik im eigentlichen Sinne hinausführt und deshalb hier noch ausgespart bleiben soll.

Bedingungssätze sind uns ebenfalls gut bekannt.

Hier ein eindrucksvolles Exemplar mit eingebautem Vergleichssatz:

If we could change our moods as quickly as we can jump from one thought to another we would be acrobats of emotion. (Koestler)

Wenn wir unsere Stimmungen so rasch wechseln könnten, wie wir von einem Gedanken zum anderen springen können, wären wir Gefühlsakrobaten.

Temporalsätze, vor oder nach ihren Bezugssätzen, wie oben, und:

Think of all the possibilities ... before you settle down to enjoy yourselves. (Milne)

Gelegentlich ein einschränkender Adverbialsatz, der von *though, although / obwohl* eingeleitet wird:

We're all different though we may pretend otherwise. (Proulx)

Wir sind alle verschieden, obwohl / auch wenn wir uns anders geben mögen.

oder eine bunte Mischung – mit Relativsatz, Beiordnung, Temporalsatz, direkter Rede und raffiniert verschränkter Chronologie:

... he was still a little anxious about Tigger, who was a Very Bouncy Animal, with a way of saying How-do-you-do, which always left you ears full of sand, even after Kanga had said, »Gently, Tigger dear,« and had helped you up again. (Milne)

Auch das würden wir kaum anders zusammenbinden im Deutschen.
Aber natürlich treffen wir mitunter auf artistische Figuren – vor allem im Zusammenhang mit verkürzten Sätzen –, die bei uns ein anderes Arrangement erfordern:

Our impulses, when not positively destructive or injurious to others, ought if possible to have free play. (Russell)

Verstehen können wir das ja, aber weder können wir den Adverbialsatz im Deutschen so verkürzen, noch unmittelbar nach dem Subjekt des Hauptsatzes einschieben. Ausformuliert und umgestellt wird daraus:

Wenn unsere Impulse nicht ausgesprochen destruktiv oder für andere schädlich sind, sollten sie möglichst freien Spielraum haben.

Auch gut. Aber weniger kunstvoll.

Auch Satzanfänge können Überraschungen bieten, wenn da zum Beispiel noch vor dem Subjekt im Englischen Trabanten zuhauf stehen. So bei Austin:

In real life, as opposed to the simple situations envisaged in logical theory, one cannot always answer in a simple manner whether it is true or false.

Die Abfolge

Im wirklichen Leben, im Gegensatz zu den einfachen von der Logik-Theorie vorgesehenen Situationen, kann man nicht immer in einer einfachen Form sagen, ob etwas wahr oder falsch ist.

sehen wir im Deutschen doch lieber aufgeteilt in

Anders als in den einfachen von der Logik-Theorie vor-gesehenen Situationen kann man im wirklichen Leben nicht immer in einer einfachen Form sagen, ob etwas wahr oder falsch ist.

Die Aufnahmekapazität der verbalen Wortgruppe ist im Deutschen größer als im Englischen. Auch lassen sich in diesem Rahmen Ergänzungen zum Zweck der Hervorhebung leichter umordnen, weswegen das *wirkliche Leben* noch vor den übrigen Adverbialen in der Mitte Platz findet. Im Englischen ist dagegen gerade hier der Platz für weitere Ergänzungen beschränkt, und da die Ortsangabe nach dem Fragesatz nur Verwirrung stiften würde: *whether it is true or false in real life,* bleibt für das entsprechende Adverbial nur noch der Anfang des Satzes. Mit diesen Überlegungen befinden wir uns aber bereits jenseits der Grammatik, im stilistischen Bereich, in dem die effiziente Nutzung grammatischer Möglichkeiten geregelt wird. Dennoch – welche Teile wie zu einer wirkungsvollen Figur zusammengesteckt werden können, ist auch immer eine Frage der grammatischen Möglichkeiten, und die Antwort damit oft von Sprache zu Sprache verschieden.

IX
Die andere Leichtigkeit

- *Sprachverarbeitung*
- *Schwerpunkte*
- *Voranstellung*
- *Explizitheit*
- *Mehr Sätze*
- *Spaltsätze*
- *Pseudo-Spaltsätze und ähnliches*

Die Leichtbauweise des Englischen hat ihren Preis. Gelegentlich war davon schon die Rede, wenn es um die geringere Beweglichkeit der Satzglieder ging oder den größeren Bedarf an unveränderten Verben als strukturelle Bezugspunkte oder die Besonderheiten in der Verwendung oder Nicht-Verwendung von Fürwörtern. Von den gleichen grammatischen Möglichkeiten, die im Deutschen und Englischen vorhanden sind, macht einmal die eine, ein andermal die andere Sprache mehr Gebrauch. Ähnlichkeiten zwischen den Systemen zweier Sprachen bedeuten nicht notwendigerweise Ähnlichkeiten im Gebrauch dieser Möglichkeiten. Aber die Unterschiede, die hier festzustellen sind, sind nicht zufällig. Sie ergeben sich aus den grundlegenden Unterschieden zwischen den beiden Sprachsystemen und universellen Prinzipien des Sprachgebrauchs. Über die grundlegenden Unterschiede zwischen Deutsch als SOV- und Englisch als SVO-Sprache, über die Bewegungsbeschränkungen des Englischen, über den Bedarf an Vollverben als strukturelle Anker für Ergänzungen und dergleichen mehr haben wir schon einige Beobachtungen zusammengetragen, von den Prinzipien des Sprachgebrauchs war bisher noch keine Rede.

Nun wird Sprache unter so vielen verschiedenen Bedingungen und mit so vielen verschiedenen Zielstellungen verwendet, daß der Gedanke an bestimmte Prinzipien der Verwendung fast vermessen erscheint. Und doch gibt es einige grundsätzliche Annahmen, mit denen sich schon ein beträchtlicher Teil der Erscheinungen des Sprachgebrauchs erfassen läßt. Hierzu gehört das von den Spezialisten für Sprachgebrauch formulierte »Prinzip für Optimale Relevanz«, das unser natürliches Streben nach einem ausgewogenen Verhältnis zwischen Aufwand und Nutzen betrifft. Die angestrebte Balance ist dabei ebenso ein Maßstab für neutrale Formen des Sprachgebrauchs wie für markierte Verwendungen. Letztere äußern sich als Verstöße gegen das Prinzip, die absichtlich oder versehentlich erfolgen können. In der Regel wissen wir ziemlich genau, wann das eine und wann das andere vorliegt. Eine Definition der Trennlinie ist aber bisher wohl von niemandem ernsthaft versucht worden.

Aber auch die Bestimmung der beiden Größen, die zueinander in ein ausgewogenes Verhältnis gebracht werden sollen, ist allenfalls in groben Umrissen verfügbar. Ein wichtiger Ansatzpunkt für beides, das heißt für Aufwand und Nutzen, ist das, was wir bereits wissen, wenn uns eine Äußerung erreicht. Wenn alles, was sie enthält, bekannt ist, ist sie in der Regel den Aufwand nicht wert, den wir betreiben müssen, um sie zu verstehen. Aber auch wenn uns nichts von dem bekannt ist, was sie beinhaltet, haben wir diesen Aufwand vergeblich betrieben, da Verstehen immer Anknüpfungspunkte voraussetzt. Ganz allgemein gilt natürlich, je weniger wir wissen, um so mehr Aufwand müssen wir treiben, um zu verstehen; je mehr wir wissen, um so weniger Nutzen hat für uns das Verstandene. Diese einfache Rechnung wird jedoch durch einen entscheidenden Faktor aufgebrochen, der ins Zentrum unserer Betrachtungen zurückführt. Der Aufwand, der zum Verstehen einer Äußerung notwendig ist, hängt nicht nur von der Bekanntheit ihres Inhalts ab, sondern richtet sich auch nach der Art und Weise ihrer sprachlichen Verpackung. Daß uns eine Sprache, die wir nur zum Teil beherrschen, mehr abverlangt als unsere eigene Sprache, ist offensichtlich. Aber auch ganz unabhängig vom Grad der Beherrschung einer Sprache lassen sich bestimmte Formulierungen leichter verstehen als andere. Beispielsweise brauchen wir in der Regel weniger Aufwand für das Verstehen kürzerer Strukturen als für lange, für einfache Strukturen weniger als für verschachtelte, für neutrale Strukturen weniger als für markierte. Aber dann können wir schon kaum mehr vorhersagen, wie sich die Kombinatorik dieser Faktoren auswirkt, ob eine lange neutrale Struktur leichter zu verstehen ist als eine kurze markierte. Und wenn wir erst einmal die verschiedenen grammatischen Optionen gegeneinander abwägen, wird die Rechnung immer weniger überschaubar. Die Beurteilung des Verhältnisses zwischen Aufwand und Nutzen in einer fremden Sprache ist unserer Intuition schließlich gar nicht mehr zugänglich. Dennoch – ein paar grundsätzliche Überlegungen können auch hier noch weiterhelfen.

Sprachverarbeitung

Mit dem Verstehen sprachlicher Strukturen befaßt sich – in naturwissenschaftlicher Strenge – die Psycholinguistik. Die Rede ist da von Prinzipien oder Strategien der Verarbeitung sprachlicher Strukturen zum Zwecke der Sprachwahrnehmung oder Spracherzeugung. Um überprüfbare Annahmen zu erhalten, werden Experimente mit minimal variierten Versuchsdaten durchgeführt. Die Beweislage läßt zwar bis heute noch keine klaren Entscheidungen zwischen alternativen Modellen treffen, einige Annahmen eignen sich jedoch ganz gut zur Erklärung der Unterschiede, die wir beim Gebrauch verschiedener Sprachen beobachten können.
Wir brauchen bloß anzunehmen, daß es Bedingungen gibt, unter denen gleiche Mittel nicht den gleichen Verarbeitungsaufwand erfordern. Dies könnte zum Beispiel schon der Fall sein, wenn dieselbe Wortfolge unter verschiedenen Bedingungen verwendet wird. Daß die grundlegenden grammatischen Unterschiede in Bezug auf Wortstellung und Beweglichkeit im Deutschen und Englischen verschiedene Bedingungen darstellen, haben wir uns im Laufe unserer Betrachtungen wiederholt klargemacht. Aber die grammatischen Unterschiede sind

eine Sache und ihre stilistischen Konsequenzen eine andere. Wenn Koestler feststellt

... geometrical forms must represent the height of irrelevance in canine eyes.

so haben wir, grammatisch gesehen, ähnliche Möglichkeiten im Deutschen – ausgenommen natürlich die Stellung des Verbs:

Geometrische Formen müssen den/einen Höhepunkt an Bedeutungslosigkeit in den Augen eines Hundes darstellen.

Da aber Koestler in seiner Polemik gegen die Pavlovsche Konditionierung schon lange über den Hund und gerade noch über seine Leistung bei der Unterscheidung von Ellipsen gesprochen hat, hätte er den Satz im Deutschen anders formuliert:

In den Augen eines Hundes müssen geometrische Formen einen Höhepunkt an Bedeutungslosigkeit darstellen.

oder auch:

Geometrische Formen müssen in den Augen eines Hundes einen Höhepunkt an Bedeutungslosigkeit darstellen.

Nun könnte uns die Informationsverteilung im Deutschen gleichgültig sein, wenn es ums Englische geht, aber die Art und Weise, wie wir einen Gedanken in Sprache kleiden, wird stark von den unreflektierten Gewohnheiten unserer eigenen Sprache bestimmt. Hätten wir den englischen Satz selbst formulieren müssen, wären die *canine eyes* kaum dorthin gelangt, wo sie im englischen Original stehen. Vom Englischen aus gesehen, sind dagegen die deutschen Positionen für das lokale Adverbial weniger normal als die Endstellung. Grammatisch ausgeschlossen sind sie allerdings nicht, ebensowenig wie die Endstellung im Deutschen ausgeschlossen ist.

Wenn aber die unterschiedliche Präferenz im Deutschen und Englischen nicht grammatisch geregelt ist, muß es noch andere Bedingungen für den Gebrauch von Sprache geben, die in der einen Sprache diese, in der anderen Sprache jene Version nahelegen. Und hier kommt nun eben das Prinzip der Optimalen Relevanz ins Spiel. Was in der einen Sprache eine optimale Verteilung von Information sein kann, braucht dies in der anderen Sprache nicht zu sein. Nach dem Relevanzprinzip ist eine Information dann optimal verteilt, wenn die hierfür benutzten sprachlichen Formen optimal verarbeitbar sind, wir also besonders schnell verstehen können, was sie transportieren. Die Anordnung der Elemente ist dabei nicht weniger wichtig als ihre übrigen grammatischen Eigenschaften. Wir können sogar davon ausgehen, daß die Reihenfolge der Elemente im Satz eine eigene Bedeutung trägt. Sie signalisiert uns nämlich etwas über die Wichtigkeit der Informationselemente im Verhältnis zueinander und zum Äußerungskontext. Dieser Aspekt der Sprachverwendung firmiert unter dem Etikett »Informationsstruktur«. Was man sich darunter vorstellt, soll unser nächstes Thema sein.

Schwerpunkte

Der Schwerpunkt – wir können auch Höhepunkt oder Fokus sagen – ist das wichtigste Element eines Satzes. Der Schwerpunkt ist gewissermaßen der Nettogewinn, den wir mit einer Äußerung verbuchen können. In der Regel ist der Schwerpunkt das, was an einer Information neu ist, und zu dem, was bereits bekannt ist, hinzukommt. In Koestlers Satz über den Hund ist das Neue ganz offensichtlich *the height of irrelevance,* da es das bereits eingeführte Verhältnis zwischen Hund und geometrischen Formen neu bestimmt. Es ist das Objekt zusammen mit seinem Prädikat, das den Fokus des

Satzes gegenüber den restlichen Informationen, dem Hintergrund des Satzes, bildet.
Wenn wir den Satz lesen (laut oder still), kommt dies durch eine entsprechende Akzentsetzung zum Ausdruck. Ausspracheregeln sorgen dafür, daß der Akzent auf das letzte betonbare Nomen im Objekt fällt. Gelegentlich, wie in diesem Fall, kann sich der Akzent sogar auf zwei Elemente verteilen:

... geometrical forms must represent the HEIGHT
of IRRELEVANCE *in canine eyes.*

Daß es das Objekt ist, das akzentuiert wird, und nicht etwa die darauf folgende Adverbialbestimmung, ist nicht nur eine Sache der Bewertung der Informationselemente im Kontext, es ist vor allem auch eine Sache unserer grammatisch gesteuerten Fokus-Erwartung. Theoretisch sind wir zwar frei, jedes Element im Satz durch einen besonderen Akzent hervorzuheben – und beim freien Sprechen machen wir davon auch immer wieder Gebrauch –, aber wenn wir lesen, legen wir den Akzent automatisch auf die dem Verb zunächst stehende Ergänzung. Wenn es keine solche Ergänzung gibt, ist das Verb selbst Träger des Akzents.

Go away, I'm THINKING.

heißt es bei Owl.
Daß die grammatische Erwartung mit der kontextuellen Interpretation übereinstimmt, halten wir für selbstverständlich. Daß dies aber nicht unbedingt der Fall sein muß, entdecken wir ganz schnell, wenn wir die zum Englischen analogen Strukturen in unserer eigenen Sprache betrachten. Auch im Deutschen erfolgt die kontextuelle und grammatische Bestimmung des Fokus nach denselben Kriterien. Das Ergebnis der grammatischen Bestimmung kann aber anders ausfallen, da wir ja eine alternative Ausrichtung des Verbs und seiner Ergänzungen haben. Während im Englischen die erste Ergänzung rechts vom Verb steht, steht sie im Deutschen links

vom Verb, und wenn wir nun in unserem Beispiel das Lokaladverbial unmittelbar vor dem Verb finden, verleitet uns diese Position dazu, den Schwerpunkt des Satzes auf das Lokaladverbial zu legen:

Geometrische Formen müssen einen Höhepunkt an Bedeutungslosigkeit in den Augen eines HUNDES darstellen.

Natürlich haben wir immer noch die Möglichkeit, unsere kontextuelle Interpretation einzubringen und den richtigen Schwerpunkt mit dem Objekt des Satzes, dem *Höhepunkt an Bedeutungslosigkeit* zu identifizieren. Dies stellt jedoch einen Verarbeitungsnachteil gegenüber einer Version dar, in der der kontextuelle Fokus von vornherein mit der grammatischen Erwartung übereinstimmt, einer Version also, in der das Objekt am Ende des Satzes steht:

In den Augen eines Hundes müssen geometrische Formen einen HÖHEPUNKT an BEDEUTUNGSLOSIGKEIT darstellen.

Daß die Fokuserwartung am Verb festgemacht ist, kommt nicht von ungefähr, bedenkt man die Bedeutung des Verbs für die gesamte Satzstruktur und die Zuverlässigkeit seiner Lokalisierung – innerhalb der Verbalgruppe des Englischen am linken Rand und am rechten Rand der Verbalgruppe im Deutschen.
Im Hauptsatz mit nur einer Ergänzung kann übrigens der Unterschied zwischen Deutsch und Englisch verschwinden.

Different times need different metaphors

sagt Sophie Freud, was ebenso wie:

Verschiedene Zeiten brauchen verschiedene Metaphern

den nominalen Kopf des Objekts am Ende des Satzes fokussiert.

Voranstellung

Abweichungen von der normalen Reihenfolge, also der Reihenfolge, die durch die Bedeutung des verbalen Kopfs festgelegt ist, verändern die Fokusinterpretation.

Fortunate are those whose talents, skills, and opportunities match their aspirations.

sagt Sophie Freud an anderer Stelle und verwendet die Voranstellung des Adjektivs *fortunate/glücklich*, um damit noch einen zusätzlichen Fokus zu markieren. Das machen wir im Deutschen nicht anders:

Glücklich sind diejenigen, deren Begabungen, Fertigkeiten und Chancen ihren Ansprüchen entsprechen.

Der Fokusträger beim Verb *ihren ANSPRÜCHEN entsprechen/ match their ASPIRATIONS,* das Objekt des Relativsatzes, der das Subjekt näher bestimmt, steht neben dem Verb, weil das prädikative Adjektiv aus seiner Grundposition von dort weg an den Anfang des Satzes bewegt worden ist.

Diejenigen, deren Begabungen, Fertigkeiten und Chancen ihren Ansprüchen entsprechen, sind glücklich.

Wenn wir annehmen, daß das vorangestellte Satzglied seinen Fokus mitgenommen hat, und jetzt die typische Fokusposition für das nachgerückte Satzglied frei ist, erhalten wir einen Satz mit zwei Schwerpunkten – im Englischen nicht anders als im Deutschen.
Wenn wir uns den Kontext dazu ansehen:

People ... vary in their values, standards, life-goals, and their capacity to meet them.

dann finden wir unsere Interpretation bestätigt. Wir wissen, daß die Aufzählung *talents, skills and opportunities* im Satz über die glücklichen Leute das Konzept *capacity* wieder aufgreift, daß also das Subjekt des Relativsatzes schon gegeben ist. Aber daß die Leute Glück haben, bei denen all dies ihren Ansprüchen entspricht, ist neu, da es mit der vorangegangenen Äußerung noch nicht angesprochen wurde.

Fortunate are those whose talents, skills, and opportunities match their aspirations.

Glücklich sind diejenigen, deren Begabungen, Fertigkeiten und Chancen ihren Ansprüchen entsprechen.

(Daß wir diesen Gedanken vielleicht selbst schon öfters gehabt haben, tut übrigens nichts zur Sache. Schwerpunkte definieren sich nur relativ zu ihrem eigenen Kontext.)
Voranstellungen müssen jedoch nicht in jedem Fall eine doppelte Fokussierung bedingen, was wir uns an der deutschen Fassung des folgenden Beispiels klarmachen können. Mit dem Satz:

We need, after all, a great deal of unreasonable optimism to approach the road of life.

erklärt S. Freud, warum es schwierig ist, zu große Erwartungen an Mutterglück einzudämmen. Da mit dem Gedanken daran schon ein wichtiger Abschnitt aus unserem »Lebensweg« gegeben ist, Optimismus aber bei allen nicht ohne weiteres vorauszusetzen ist, liegt der Fokus kontextuell auf dem Objekt und nicht auf seiner Zweckbestimmung.

We need, after all, a great deal of unreasonable optimism to approach the road of life.

An der Abfolge Objekt vor Infinitiv läßt sich das vom englischen Satz ablesen, aber nicht von einer parallelen Version im Deutschen, wo die Fokuserwartung dem Infinitiv am Ende des Satzes zu viel Relevanz zuschreiben würde:

Wir brauchen ja eine ordentliche Portion Gratis-Optimismus, um uns auf das Leben einzulassen.

Diese Reihenfolge präsentiert den Infinitiv in der Fokusposition und verlangt damit von uns eine zusätzliche Anstrengung, um den eigentlichen Fokus vor dem Infinitiv zu erkennen. Der zusätzliche Verarbeitungsaufwand ist zu vermeiden, wenn der Infinitiv am Anfang des Satzes steht:

Um uns auf das Leben einzulassen, brauchen wir ja eine ordentliche Portion GRATIS-Optimismus.

Die Position am Satzanfang wird diesmal nicht als fokussierend empfunden, sondern lediglich als Rahmensetzung – nicht viel anders, als es bei *im allgemeinen* oder *in der Regel* der Fall wäre. Dies hängt damit zusammen, daß derlei Adverbiale im linksverzweigenden Deutschen normalerweise noch vor den festen Ergänzungen stehen und nur unter bestimmten Bedingungen – wie zum Beispiel dem besonderen strukturellen Gewicht, das ein satzartiges Adverbial wie ein erweiterter Infinitiv hat – an die Peripherie verschoben werden. Aber dann eben, wenn sie wie in diesem Fall gar nicht den Fokus des Satzes tragen, nicht nach rechts außen in die Fokusposition, sondern an den Satzanfang. Unfokussiert wie sie sind, machen sie sich dort dann auch nicht so bemerkbar wie die mit ihrem Fokus vorangestellten festen Ergänzungen. (Ähnliches gilt natürlich – spiegelbildlich – auch fürs Englische, weswegen sich Voranstellungen auch im Englischen mehr oder weniger deutlich bemerkbar machen.)

Das Wichtige für uns ist, daß wir zur besseren Verarbeitbarkeit im Deutschen nicht-fokussierte Ergänzungen aus der Endposition nehmen und an passender Stelle früher im Satz, häufig am Satzanfang, unterbringen müssen. Dies ist im Englischen nicht nur nicht nötig, sondern auch nicht zu empfehlen. Da wir im Englischen immer noch das Subjekt vor dem Verb brauchen, erfordert jedes zusätzliche Satzglied vor dem Subjekt auch einen zusätzlichen Verarbeitungsaufwand, für den es dann eben auch einen besonderen Grund geben müßte. Ein zusätzlicher Fokus könnte Grund genug sein, aber den haben wir nun in dem Satz über den Optimismus gerade

nicht. Anders als im Deutschen sind wir jedoch mit der Position am rechten Rand für den Infinitiv gut bedient, da er dort ja nicht automatisch einen Fokus zugeschrieben bekommt.
Im ersten Beispiel war unsere Fokussierung durch Voranstellung problemlos durchgegangen. Das veränderte Verb des Satzes *fortunate are those* erlaubt eine Umstellung von Subjekt und prädikativer Ergänzung, wodurch das vorangestellte Satzglied nicht zusätzlich zum Subjekt, sondern an seiner Stelle zu verarbeiten ist. Da sind die englischen und deutschen Bedingungen wieder vergleichbar.

Explizitheit

Ob wir etwas mit einem Wort oder einer Wortgruppe, einer Wortgruppe oder einem Satz ausdrücken, hängt natürlich ebenso wie die Frage der Wortstellung von den Bedingungen für optimale Verarbeitbarkeit ab. Wir können sie außer acht lassen und damit – gewollt oder ungewollt – bestimmte Effekte erzielen. Wir haben ja immer die Wahl, unsere Sprache so oder so zu gebrauchen. Aber in einer fremden Sprache müssen wir unseren Blick für die anderen Verarbeitungsbedingungen erst einmal schärfen, um gezielt wählen zu können. In den Grammatikbüchern steht über diese Zusammenhänge herzlich wenig, wenn man einmal von den äußeren Unterschieden zwischen Fürwörtern und voll ausbuchstabierten nominalen Wortgruppen, unveränderten Verbgruppen und Teilsätzen, einfachen Wörtern und grammatischen Streckformen absieht. Wann das eine, wann das andere verwendet wird, ist in den meisten Fällen nicht einmal als Frage formuliert. Und daß es hierfür in den verschiedenen Sprachen verschiedene Bedingungen gibt, ist schon gleich gar kein Thema.
Ausgerüstet mit dem Prinzip für Optimale Relevanz und dem Bewußtsein, daß leichte Verarbeitbarkeit in verschiedenen

Sprachen unterschiedlichen Bedingungen unterliegt, können wir nun aber vielleicht auch auf einen gewissen Geländegewinn in dieser *terra incognita* hoffen.

Zunächst einmal gehen wir von der einfachen Überlegung aus, daß eine kürzere Ausdrucksform einer längeren vorzuziehen ist, solange keine besonderen Gründe dagegen sprechen. Normalerweise bedeuten längere Formen einen größeren Verarbeitungsaufwand, der im Hinblick auf das Prinzip für Optimale Relevanz eigens legitimiert werden müßte.

Die simpelste Form der Legitimation ist die lexikalische »Lücke«: wenn das passende Wort fehlt, ist die explizitere Form oft nicht vermeidbar. Wenn dann noch die unterschiedlichen Bedingungen für Wortstellung hinzukommen, kann eine Lücke deutsche und englische Satzstrukturen ziemlich weit voneinander entfernen.

None of us is more than a minute from death at any time.

läßt Saroyan seinen Arzt sagen, und aus unserer deutschen Perspektive scheint die Verallgemeinerung auf jede beliebige Zeit der Schwerpunkt des Satzes zu sein. Im vorangegangen Absatz hat uns Saroyans Arzt aber gerade darauf hingewiesen, daß sich besondere Untersuchungen, bei Kopfschmerzen etwa, von vornherein erübrigen, da ohnehin jeder immerzu am Sterben sei:

Everybody's dying.

Der Schwerpunkt von

None of us is more than a minute from death at any time.

liegt in diesem Zusammenhang eindeutig auf der winzigen Zeitspanne *[not] more than a minute*. Alles andere gehört schon zum Hintergrund unseres Wissens, über das wir mit dem Kontext verfügen.

Wenn wir diese Interpretation im Deutschen ausdrücken wollen, können wir nicht die Reihenfolge des Englischen beibehalten. Sie wäre im Deutschen stark markiert und würde den Schwerpunkt auf die Angabe zur Häufigkeit beschränken:

Keiner von uns ist mehr als eine Minute vom Tod entfernt zu irgendeiner Zeit.

Nur die neutrale Abfolge drückt aus, was im Englischen gesagt wird:

Keiner von uns ist zu irgendeiner Zeit mehr als eine Minute vom Tod entfernt.

Aber so ist die deutsche Fassung noch unnötig explizit, da uns für die Angabe zur Häufigkeit mit dem Adverb *jemals* noch eine kürzere und damit leichter verarbeitbare Struktur zur Verfügung steht:

Keiner von uns ist jemals mehr als eine Minute vom Tod entfernt.

Für das *jemals* in diesem Satz gibt es im Englischen keine lexikalische Entsprechung, weswegen wir um die präpositionale Erweiterung nicht herumkommen. Die Fokusregeln erzwingen überdies die Stellung nach dem Schwerpunkt des Satzes:

None of us is more than a minute from death at any time.

Mehr Sätze

Aber auch wenn beide Sprachen über dieselben lexikalischen Mittel verfügen, können diese sich unterschiedlich gut verarbeiten lassen. In einer Sprache mit »freier« Wortstellung lassen sich leichter Adverbiale in den Satz einbauen als in einer Sprache mit »fester« Wortstellung. Hier weicht man dann oft auf Teilsätze aus. Die mehrfach verschachtelten

Satzstrukturen, die dabei im Englischen entstehen können, haben wir gelegentlich schon zur Kenntnis genommen. An Stelle von *likely, normally, usually* finden sich Sätze wie *it is likely,* etc. – wie zum Beispiel in Austins anspruchsvoller Sentenz:

... since our emotions and wishes are not readily detectable by others, it is common to wish to inform others that we have them.

Das wird im Deutschen, auch durch den obligatorischen Platzhalter *darüber* für den präpositionalen Objektsatz, eine schwer durchschaubare Struktur:

Da unsere Emotionen und Wünsche für die anderen nicht so leicht erkennbar sind, ist es üblich, die anderen darüber informieren zu wollen, daß wir sie haben.

Mit einem Adverb (und ein wenig mehr Variation bei den Stellvertretern) sind wir besser bedient:

Da unsere Emotionen und Wünsche für die anderen nicht so leicht erkennbar sind, wollen wir ihnen normalerweise zu verstehen geben, daß wir sie haben.

Aber warum nutzt das Englische nicht auch seine adverbiellen Verkürzungsmöglichkeiten? Der feine semantische Unterschied zwischen *it is common* und *normally* kann kaum den größeren Verarbeitungsaufwand für die explizitere Struktur rechtfertigen. Die geringere Adverbialfreudigkeit des Englischen mag aber schon die kurzfristige Abfolge von *readily detectable ... normally* als unnötig aufwendig empfinden. Lieber mehr Sätze, ist die Devise. Schließlich erfordert *it is* wirklich keinen allzu großen Verarbeitungsaufwand, und infinitivische Ergänzungen erfreuen sich ohnehin größerer Beliebtheit im Englischen.

Und dann gibt uns die größere Explizitheit ja auch Gelegenheit für besonders raffinierte Steckfiguren. Wo bliebe die Pointe am Schluß von Austins

*Yet we, that is, even philosophers, set some limits
to the amount of nonsense that we are prepared to admit
we talk.*

in der adverbiellen Kurzfassung:

*Yet we, that is, even philosophers, set some limits
to the amount of nonsense that we, admittedly, talk.*

Spaltsätze

Die andere Leichtigkeit läßt uns die gleichen sprachlichen Möglichkeiten weniger oder öfter nutzen. Dabei verdienen gerade jene sprachlichen Mittel unsere besondere Aufmerksamkeit, die die Informationsstruktur eines Satzes verdeutlichen. Neben den neutralen Fokuspositionen und Fokussierungen durch Umstellung gibt es noch besondere syntaktische Fokussierungsmittel, über die Englisch und Deutsch zum Teil gleichermaßen verfügen, die sie aber dann doch wieder zum Teil unterschiedlich verwenden. Hierzu gehören vor allem anderen die sogenannten Spaltsätze.
Ohne sie wäre so manche Passage weitaus weniger verständlich. Auf

... zero, in context, can be meaningful ...

folgt bei Bateson ein Spaltsatz, der uns auf die Bedeutung des Rezipienten für den Kontext hinweist:

and it is the recipient of the message who creates the context.

*Null kann im Kontext bedeutungsvoll sein, und es ist
der Empfänger der Botschaft, der den Kontext kreiert.*

Ohne den Spaltsatz

*Null kann im Kontext bedeutungsvoll sein, und der Empfänger
der Botschaft kreiert den Kontext.*

ist die Bedeutung des Empfängers für diesen Schöpfungsakt kaum auszumachen. Indem wir den zweiten Satz »aufspalten« und dem Empfänger der Botschaft einen eigenen Teilsatz gönnen, geben wir ihm deutlich mehr Gewicht, als ihm als Subjekt des einfachen Satzes zukommt. Deutsch und Englisch folgen da, wie es scheint, denselben Regeln: was der Hauptsatz des Spaltsatzes identifiziert, wird hervorgehoben.

Zur Illustration des Zusammenhangs zwischen Kontext und Bedeutung führt Bateson ein nicht ganz alltägliches Beispiel an. Er stellt die Frage *What is an elephant's trunk? (Was ist ein Elefantenrüssel?)* und beantwortet sie damit, daß dies – wie jedermann wisse – die Nase des Elefanten sei. Denn:

... it is the context of the trunk that identifies it as a nose... It is the context *that fixes the meaning.*

also:

Es ist der Kontext, der einen Rüssel als Nase identifiziert... Es ist der Kontext, *der die Bedeutung festlegt.*

Wenn wir einmal von dem Unterschied zwischen dem deutschen Vertreter *(der)* und dem englischen Verknüpfungselement *(that)* absehen, mit dem wir schon aus den Relativsätzen vertraut sind, scheinen Deutsch und Englisch in der Konstruktion von Spaltsätzen weitgehend ähnlich. Das hervorgehobene Element wird durch eine Form von *sein/be* und ein bedeutungsleeres Fürwort *(it/es)* eingeleitet, der Rest mit einem Relativsatz (im Englischen auch durch *that*) angehängt. Aber dann lesen wir bei Oliver Sacks

... it is only through language that we enter fully into our human estate and culture...

und eine analoge deutsche Struktur

Es ist erst durch die Sprache, daß wir unsere menschliche Daseinsweise und Kultur ganz erlangen.

erscheint uns wenig geglückt. Grammatisch ließe sich der Schaden vielleicht noch beheben:

Es ist erst die Sprache, durch die wir unsere menschliche Daseinsweise und Kultur ganz erlangen.

Aber genau genommen würden wir im Deutschen hier lieber keinen Spaltsatz haben:

Erst durch die Sprache erlangen wir unsere menschliche Daseinsweise und Kultur ganz.

Schließlich wird die *Sprache* ja schon durch die Voranstellung der präpositionalen Wortgruppe und die Kontrastbedeutung von *erst* hervorgehoben. Im Deutschen brauchen wir hier keinen Spaltsatz.
Im Unterschied zu den vorigen Beispielen, die alle das Subjekt hervorheben, haben wir mit ***through language*** eine adverbielle Präpositionalphrase in der Position am Satzanfang, und das ist, wie wir schon wissen, im Deutschen und Englischen nicht dasselbe. Während das Subjekt am Satzanfang in seiner Grundposition steht (und deshalb zur Hervorhebung auch im Deutschen einen Spaltsatz gebrauchen kann), muß das Adverbial aus seiner Grundposition im Satzinneren an den Satzanfang bewegt werden. Ohne den Spaltsatz stünde das Adverbial im Englischen dort noch vor dem Subjekt:

Through language we enter fully into our human estate and culture.

Das ist, wir wissen es schon, im Englischen grammatisch angespannt und würde sich auf jeden Fall viel besser in einem Spaltsatz machen:

... it is through language that we enter fully into our human estate and culture ...

Aber dann fehlt uns noch das *only,* und mit dem *only* zusammen wäre die Voranstellung grammatisch legitim, wenn auch nur um den Preis des Ersatzhilfsverbs:

Only through language do we enter fully into our human estate and culture.

Dies ist jetzt eine so stark markierte Form der Fokussierung, daß sie alles andere in den Hintergrund rückt. Die Richtungsangabe am Ende des Satzes ist jedoch keinesfalls als Hintergrund vorausgesetzt, sondern ein fokussierter Bestandteil in dieser Aussage über Sprache. Und da man sich diesen Fokus ohne Spaltsatz nur aufgrund des Inhalts klarmachen kann, bevorzugt das Englische dann doch auch hier wieder – und zusätzlich zum *only* – die besondere Form der Hervorhebung durch einen Spaltsatz.

Es ist die Aufspaltung in zwei Teilsätze, die uns die nötigen Verarbeitungsbedingungen schafft. Da jeder Teilsatz eine grammatische Fokusposition zur Verfügung stellt, können wir auch zwei Schwerpunkte ausdrücken:

... it is only through LANGUAGE *that we enter fully into our human* ESTATE *and* CULTURE...

Zusätzliche Fokussierungsmittel, wie das *only* in diesem Beispiel (oder die graphische Hervorhebung durch den Wechsel von *kursiv* und recte im zweiten Satz über den Elefantenrüssel), helfen uns überdies, die Hervorhebung von bereits gegebenen Elementen leichter zu erkennen:

... It is the CONTEXT *that fixes the meaning.*

Ohne diese formalen Indikatoren zählen bereits gegebene Elemente – wie zum Beispiel *context* im ersten Satz – automatisch als Hintergrund:

...it is the RECIPIENT *of the message who* CREATES *the context.*

Pseudo-Spaltsätze und ähnliches

Es gibt weitere Spaltsatztypen, wie zum Beispiel die sogenannten Pseudo-Spaltsätze mit *what,* von denen es wiederum mindestens zwei Ausformungen gibt: *what I mean is this* (für *I mean this*) oder umgestellt *this is what I mean.* Beide Sätze heben das *this* aus *I mean this* durch die Verteilung der Information auf zwei Teilsätze hervor. Anstelle des *this* findet sich auch *that* und anstelle des *what* andere Fragewörter.

... that's where I headed.

heißt es in *Blue Highways*

oder

So that was how I ended up on the Thumb of Michigan.

Da könnten wir nun im Deutschen sagen

Das war es, wo ich hinfuhr

oder

Das war es also, wie ich am Thumb of Michigan landete

aber wir sagen es nicht, sondern

Und da fuhr ich hin

oder

So landete ich also am Thumb of Michigan.

Es ist wieder ein Adverbial, das hier in einer Vertretungsform als *da* (Richtung) oder *so* (Art und Weise) am Satzanfang steht und damit gegenüber seiner normalen Position

Ich fuhr da hin. Ich landete so am Thumb of Michigan.

hervorgehoben ist. Adverbialpositionen am Satzanfang, noch vor dem Subjekt im Englischen ... aber das kennen wir jetzt schon.

Eine Variante des Pseudo-Spaltsatzes nutzt *all* anstelle von *what*. Milne läßt Pooh, der ein Gedicht machen möchte, räsonieren, daß Gedichte nicht zu den Dingen gehören *which you get,* sondern daß es Dinge sind *that get you:*

And all you can do is to go where they can find you.

Da ist das *what* des Spaltsatzes nun auf *all (alles, was)* ausgeweitet: *what you can do / all you can do...* was den ersten Fokus auf *all* plaziert:

ALL *you can do is...*

Anstelle des hinweisenden Fürworts findet sich hier überdies ein ganzer Satz beziehungsweise seine infinitivische Verkürzung:

all you can do is you can go... / all you can do is to go where they can find you.

Im Deutschen brauchen wir noch ein Vertretungsadverb für den abschließenden Nebensatz in einer analogen Struktur:

Alles, was man tun kann, ist dorthin gehen, wo sie einen finden können.

Diese läßt uns aber den Fokus auf *alles* nicht erkennen. *Das ist alles, was man tun kann* heißt natürlich dasselbe wie *Man kann nur das tun* beziehungsweise *Man kann nichts anderes tun,* und es ist diese zweite Version mit *nichts* ANDERES *tun,* die dem fokussierten ALL *you can do is...* am nächsten kommt:

... kann man nichts anderes tun als dorthin gehen, wo sie einen finden können.

Wenn so das *nur gehen* zur besseren Hervorhebung in *nichts anderes tun können als gehen* »aufgespalten« wird, ist der Schritt zum Englischen ***all you can do is to go…*** nicht mehr allzu weit.

Die andere Leichtigkeit scheint nun allerdings – gegen die Leichtigkeit unserer eigenen Sprache gehalten – das »Leichte, das so schwer zu machen ist«. Aber natürlich sind Strukturen mit ***it is … that / this is wh- … / wh- … is … / all … is,*** kinderleicht, vorausgesetzt, wir kommen gegen den Truffaldino-Effekt aus unserer eigenen Sprache an. Und da müssen wir eben dann doch die unterschiedlichen Bedingungen für optimale Informationsstrukturen im Auge behalten. Voranstellungen im Deutschen, Spaltsätze im Englischen – das erfaßt immerhin schon einen großen Teil der anderen Leichtigkeit für syntaktische Hervorhebung im Deutschen und Englischen.

X
Da capo

▶ *Texte*

▶ *Die Welt der Ereignisse*

▶ *Zustände*

▶ *Dinge als Koordinaten*

▶ *Abstrakta*

▶ *Diskurswelten*

Ehe wir über dem Konzept der anderen Leichtigkeit die Leichtigkeit des Englischen aus den Augen verlieren, sollten wir das sprachliche Wissen, das bei den besonderen Sätzen Regie geführt hat, noch einmal Revue passieren lassen. Daß es zahlreiche kleine und rasch wechselnde Bilder waren, die für die Darstellung der Welt der Verben und Nomen und ihrer Trabanten nötig waren, ist Ausdruck der Komplexität sprachlichen Wissens im allgemeinen und damit auch immer schon Bestandteil unserer sprachlichen Intuition. Zeit, Aspekt, Möglichkeit, Passiv, Hilfsverben, Vollverben, Infinitive und Partizipien, Artikel, Zahlformen, Stellvertreter, Adjektive, Adverbien, Präpositionen, Verknüpfungsmittel und Partikel – wie mühsam uns der bewußte Umgang mit all diesen sprachlichen Kategorien fallen mag, sie sind uns allemal schon intuitiv durch den Gebrauch unserer eigenen Sprache vertraut.

Und hierauf, auf unser Wissen im Deutschen bezogen, ist die Leichtigkeit des Englischen zweifach begründet. Erstens: das Englische nutzt weitgehend dieselben Kategorien, hat aber ihre formale Kennzeichnung auf ein Minimum reduziert. Was im Deutschen noch vielfach durch Veränderung der Wortform ausgedrückt werden muß, ist im Englischen fast völlig weggefallen. Mit den Lautformen ist aber auch ein Teil der morphologisch gesicherten Beweglichkeit von Satzgliedern verlorengegangen. Fälle werden im Englischen durch strukturelle Konstellationen ausgedrückt, soweit nicht ohnehin Präpositionen verwendet werden. Die morphologische Leichtigkeit hat aber ihren Preis nicht nur auf der lexikalischen Seite bei den vielen Präpositionen, sondern auch in der Syntax, wo das Verb als Kern von Konstellationen mehr gefragt ist. Das

Ersatzhilfsverb *do,* die vielen Sätze mit *be,* einschließlich der Spaltsätze, und die vielfältigen Einsatzgebiete der unbeugsamen Verben – sie alle verstärken ganz offensichtlich die strukturellen Möglichkeiten des Vollverbs. Mit Ausnahme des Ersatzhilfsverbs handelt es sich dabei jedoch immer um sprachliche Mittel, die uns schon aus unserer eigenen Sprache bekannt sind, nur im Englischen öfters anzuwenden sind als im Deutschen.

Anders sieht es aus mit dem zweiten großen Unterschied zwischen unseren Sprachen, der Rechts- und Linksköpfigkeit der verbalen Wortgruppen und den daraus resultierenden Spiegelbildern. Die unterschiedliche Richtung der Verbergänzungen und die unterschiedliche Beweglichkeit der Satzglieder im Deutschen und Englischen zusammen bedingen die andere Leichtigkeit: die unterschiedlichen Eigenschaften von Anfangs-, Mitte- und Endpositionen im Satz, die anderen Verwendungsbedingungen für Stellvertreter, für Wörter, Wortgruppen oder Teilsätze, die Bevorzugung anderer Perspektiven bis hin zu den lexikalisierten Möglichkeiten für mehr semantische Rollen im Subjekt. Von all dem war ja im letzten Kapitel ausführlich die Rede.

Aber natürlich sind die Besonderheiten, die das Englische auf der Folie des Deutschen hat, nicht auf die grammatischen Parameter der Gerichtetheit und Beweglichkeit und ihre Auswirkungen beschränkt. Andere wichtige Unterschiede, die vor allem grammatikinterne Trennlinien ziehen, sind die Negativ-Positiv-Polarität, an der das *do,* die lexikalische Opposition von *some* und *any* und die Subjekt-Hilfsverb-Umstellung hängen, oder der versteckte Gebrauch von Vertretern für den Objektsfall in einschränkenden Relativsätzen. Da wir nicht gewohnt sind, diese Dinge zu unterscheiden, verdienen sie für eine Weile zusätzliche Aufmerksamkeit; ebenso wie die Möglichkeit gestrandeter Präpositionen in Fragen, Relativsätzen und Passiv oder die rudimentären Wortformen für Besitz, der Singular-Plural-Kippschalter zwischen Verb und Nomen und die Kennzeichnungspflicht für Adverbien.

Ein besonderes Maß an Empathie erfordern nur zwei grammatische Kategorien, die die Welt der Ereignisse und die Welt der konkreten und abstrakten Gegenstände anders unterteilen, als wir dies aus unserer eigenen Sprache gewohnt sind. Es sind dies im Bereich der Verben die Verlaufsform und im Bereich der Nomen das Konzept der Unzählbarkeit, das im Englischen viel mehr als die uns vertraute Klasse der Stoffnamen umfaßt.

Mit all diesen Eigenschaften haben wir uns nun aber schon einmal mehr oder weniger eingehend befaßt, haben sie uns an den besonderen Sätzen klargemacht und versucht, sie uns über die besonderen Sätze einzuprägen. Und bei so kurzen Exemplaren wie *Go away, I'm thinking* oder *Anybody can be a writer. No place, in theory, is boring of itself* oder *Yesterday's discoveries are today's commonplaces* ist uns das sicher gut gelungen. Die eigentliche Herausforderung sind natürlich die komplexeren Exemplare und überhaupt die freie Anwendung des gesamten Wissens über die englische Sprache, mit dem wir nun ausgerüstet sind. Einen Schritt in diese Richtung werden wir jetzt gleich noch versuchen.

Texte

Besondere Sätze können für sich alleine stehen. Sie sind, wenn wir es so wollen, autonom. Aber in der Regel gehören auch besondere Sätze zu einem größeren Ganzen, im weitesten Sinne zu der Situation, in der sie geäußert oder wahrgenommen werden. Diese wird in vielen Fällen weitere Sätze beinhalten, die dann den sprachlich formulierten Kontext bilden. Mengen von Sätzen, die eine gemeinsame Bedeutung tragen, nennen wir Texte. Sie entstehen aus den Bedeutungen ihrer einzelnen Sätze und den Beziehungen, die zwischen diesen Sätzen bestehen. Und das ist natürlich im Englischen nicht anders als im Deutschen. Die wirklich spannende Frage ist, ob englische Texte unabhängig davon auch noch andere Eigenschaften haben als deutsche Texte.

Daß die Eigenschaften ihrer Sätze in vielen Bereichen verschieden ausfallen – das haben wir im Verlauf von neun Kapiteln schon in vielen Details besprochen. Und das letzte Kapitel hat die wichtige Rolle des Kontexts für die andere Leichtigkeit gezeigt, hat gezeigt, daß die optimale kontextuelle Paßform für die Stellung und Explizitheit einzelner Informationselemente im Satz in einer SVO-Sprache mit »fester« Wortstellung anders aussieht als in einer »frei« beweglichen SOV-Sprache. Wenn wir englische und deutsche Texte miteinander vergleichen, müssen wir erst einmal alle diese sprachtypologisch bedingten Unterschiede abziehen, die andere sprachliche Strukturen als kontextuell angemessen bestimmen. Nur was darüber hinaus an Unterschieden zu konstatieren ist – und nicht schon in den weiten Bereich grammatisch-lexikalischer Unterschiede fällt –, geht auf das Konto der speziellen Eigenschaften von englischen gegenüber deutschen Texten.

Da bleibt nun allerdings für die Texte, aus denen die besonderen Sätze stammen, nichts Nennenswertes. Wenn wir echte textspezifische Eigenschaften finden wollen, müssen wir uns spezifischeren Sorten von Texten, wie zum Beispiel Gebrauchsanweisungen, zuwenden, die aber eben als Quelle für besondere Sätze nicht so ohne weiteres in Betracht kommen. Zugegeben, es gibt eine große Palette sprachlicher Konventionen in Texten, die wir alle außer acht gelassen haben, die aber für das Leben praktisch unentbehrlich sind: Wirtschaftskorrespondenz, Reklame, Annoncen, amtliche Mitteilungen, Verträge, Formulare, Glückwunschkarten, Zeugnisse, Kondolenzschreiben, Zollerklärungen und dergleichen mehr. Doch ist die Menge der Texte, die wir uns durch die besonderen Sätze erobert haben, auch ohne dies beachtlich, da sie uns nämlich den größten Teil aller englisch geschriebenen Bücher erschließt.

Die Eigenschaften der englischen Sprache, die die besonderen Sätze illustrieren, finden sich in unterschiedlicher Konzentration in jedem beliebigen Text. Das kann uns nur recht sein, denn je öfter wir den verschiedenen Phänomenen begegnen, um so besser lernen wir sie aus dem kontextuellen Zusammenhang heraus verstehen. Wenn wir also von den besonderen Sätzen zu den Texten hinüberblicken, aus denen sie entnommen sind, dann werden wir die verschiedenen Eigenschaften der englischen Verben und Nomen, Adjektive und Adverbien in immer neuen Varianten antreffen und durch diese Form der Wiederholung den Schritt von den besonderen Sätzen zum fortlaufenden Text schon einmal »an der Stange« üben.

Die Auswahl und Anordnung der Ausschnitte sollte sich vernünftigerweise nach dem Schwierigkeitsgrad richten. Es liegt auf der Hand, daß es leichtere und schwierigere Passagen gibt, wobei die Schwierigkeiten in der Regel bei abnehmender Anschaulichkeit des Gegenstands zunehmen. Dies ist zunächst keine spezielle englische Eigenschaft. Abstraktere Abhandlungen sind auch im Deutschen nur mit größerer Anstrengung verständlich. Da sie aber meist mit abstrakten Nomen in komplexen Aussagen präsentiert werden, häufen sich in ihnen auch die speziellen konzeptuellen und strukturellen Möglichkeiten des Englischen. Solche Texte, die inhaltlich und sprachlich schwierig sind, heben wir uns natürlich für später auf.

Die einfacheren, anschaulicheren Texte, mit denen wir also beginnen werden, sind aber so leicht nun auch wieder nicht. Sie sind viel stärker auf die Vielfalt der Dinge selbst bezogen, die sich unserer Sprachbeherrschung dann in immer neuen Wörtern in den Weg stellen. Da es sich hierbei um die idiosynkratischen Eigenschaften des Englischen handelt, die wir bisher, so gut es ging, vernachlässigt haben, sollten sie auch im Kontext zu den besonderen Sätzen nicht überhandnehmen. Pünktchen in eckigen Klammern deuten mitunter entsprechende Ausweichmanöver an.

Und jetzt suchen wir uns für den Einstieg eine möglichst flache Stelle, an der uns der sprachliche und gedankliche Tiefgang nicht gleich untergehen läßt, und probieren unsere neu erworbenen Kenntnisse über die Unterschiede und Ähnlichkeiten zwischen Deutsch und Englisch noch ein paarmal im Zusammenhang aus.

Die Welt der Ereignisse

Ereignisse finden in der Zeit statt, wirklich oder in unserer Vorstellung, da oft auch nur als Möglichkeit. Sie sind sprachlich vor allem an den Kategorien des Verbs festzumachen, an Zeit, Aspekt und Möglichkeit, an den einfachen und komplexen Formen des veränderten Verbs, so wie diese uns fortlaufend in Erzählungen begegnen. Natürlich werden wir uns jetzt nicht eine ganze Erzählung vornehmen. Was wir brauchen, ist ein Ausschnitt zu unseren besonderen Sätzen, der den Baukasten der Verben ausreichend illustriert, ohne allzuviele Extras aus den anderen Bereichen beizumischen.

Anschaulich, überschaubar und mit wenig zusätzlichen Phänomenen belastet sind die Texte aus Milnes berühmten Erzählungen von Pooh Bär, mit denen viele Generationen englischsprachiger Kinder aufgewachsen sind. Es sind Erzählungen über die Erlebnisse der Stofftiere eines kleinen Jungen, die in liebenswerter Weise eine eindrucksvolle Parade menschlicher Charaktere verkörpern: vom bedächtigen *Pooh* mit seinen Leidenschaften für Honig und Dichten, dem Schweinchen *Piglet,* das sehr klein ist und deshalb immer ein wenig furchtsam und nervös, über den mürrischen und fortwährend beleidigten Esel *Eeyore,* die gelehrte Eule *Owl,* Mutter *Kanga* mit Kind *Roo,* bis zum geschäftigen Kaninchen *Rabbit* und dem ungestümen *Tigger,* der beim Herumtoben schnell einmal mit jemandem zusammenstößt, weshalb er – wie Rabbit denkt – erst noch zur Achtung vor den anderen erzogen werden muß. Hierfür soll sich Tigger nach Rabbits Plan im Wald verlaufen, um nach seiner späteren Rettung entsprechend geläutert wieder in die Gemeinschaft aufgenommen zu werden. Wer sich dann tatsächlich im dichten Nebel verliert, ist allerdings Rabbit, und wer ihn schließlich rettet, Tigger.

Hier ist ein Ausschnitt aus den Ereignissen, die – wie Sie gleich sehen werden – ein wenig auf Piglets Rücken ausgetragen werden.

(*Bracken* sind *Farne,* und wenn Sie dem knuddeligen *nudge* noch nicht begegnet sein sollten, dann lassen Sie es sich nicht durch die kantige deutsche Version *mit dem Ellenbogen anstoßen* verdrängen. *Brave* gehört übrigens zu den falschen Freunden – es heißt *mutig.*)

A. A. Milne (1971). *The House at Pooh Corner.* New York: Dell Publishing

»Now!« said Rabbit. He jumped into a hollow by the side of the path, and Pooh and Piglet jumped after him. They crouched in the bracken, listening. The Forest was very silent when you stopped and listened to it. They could see nothing and hear nothing.
»H'sh!« said Rabbit.
»I am,« said Pooh.
There was a pattering noise ... then silence again.
»Hallo!« said Tigger, and he sounded so close suddenly that Piglet would have jumped if Pooh hadn't accidentally been sitting on most of him.
»Where are you?« called Tigger.
Rabbit nudged Pooh, and Pooh looked about for Piglet to nudge, but couldn't find him, and Piglet went on breathing wet bracken as quietly as he could, and felt very brave and excited.
»That's funny,« said Tigger.
There was a moment's silence, and then they heard him pattering off again. For a little longer they waited, until

the Forest had become so still that it almost frightened them,
and then Rabbit got up and stretched himself.
»Well?« he whispered proudly. »There we are! Just as I said.«
»I've been thinking,« said Pooh, »and I think –«
»No,« said Rabbit. »Don't. Run. Come on.« And they all
hurried off... (117f.)

Und da lassen wir sie noch ein wenig im Wald herumirren, ehe Rabbit alleine im Nebel verschwindet und Pooh in Ruhe dem Ruf seiner Honiggläser folgen kann, und freuen uns, daß der Text so leicht ist, kinderbuch-leicht eben. Das schwierigste Stück daraus, die komplexen Möglichkeitsformen, haben wir schon an zwei Stellen unter den besonderen Sätzen behandelt: *would have jumped* und *hadn't accidentally been sitting.*

Der Text enthält überwiegend regelmäßige Vergangenheitsformen: *jumped, crouched, stopped, listened, called, nudged, looked about, waited, frightened, stretched, whispered, hurried off.* Aber auch die unregelmäßigen: *said, went, felt, was, got,* und die Vergangenheitsform des Hilfsverbs *can: could,* stellen inzwischen keine besonderen Hürden mehr für uns dar. Eher schon gibt uns zu denken, daß die Verlaufsform nur zweimal und dann immer gleich in Verbindung mit einer Perfektform vorkommt: *had been sitting; have been thinking.* Aber dann beziehen sich die Verben eben fast durchweg nur auf Ereignisse, die nicht im Verlauf präsentiert werden – teils, weil ihre Dauer dafür gar keinen Anlaß gibt: *jump, stop, nudge, look about, hurry off, say, whisper,* zum Teil, weil sie in der kompakten Variante genutzt werden: *crouch, listen, wait, stretch.*

Wenn die *ing*-Form verwendet wird, dann nicht nur als Verlaufsform, sondern fast ebensooft als eigenständige Verbform, wie bei *listening* im zweiten Satz oder bei *Piglet went on breathing* und *they heard him pattering off* – alles Fälle, die wir nicht aus den Augen verlieren dürfen, da sie uns so im Deutschen nicht zur Verfügung stehen. *Sie kauerten sich in*

den Farn und lauschten / Piglet atmete weiter nassen Farn ein / sie hörten ihn weglaufen – da muß uns im Englischen die Möglichkeit der *ing*-Form erst einmal einfallen.
Überhaupt ist der leichte Text bei weitem weniger leicht, wenn wir versuchen, ihn vom Deutschen aus zu erreichen. Vielleicht probieren Sie wirklich einmal aus, wie weit Sie den Truffaldino-Effekt in der Welt der Ereignisse hinter sich lassen können, wenn Sie Rabbits Versteckspiel noch einmal im Englischen nachspielen.

Zustände

Ausgangs- und Endpunkt für Ereignisse sind Zustände. Wenn sich Zustände ändern, sind Ereignisse im Spiel. Wenn wir über Zustände sprechen, treten die Kategorien des Verbs in den Hintergrund, gewinnen die Ausdrucksmittel für Eigenschaften an Bedeutung: Attribute, Prädikativa sind gefragt, und Trabanten, die über die Grade von Eigenschaften Auskunft geben. Da stehen wir zwischen Adjektiven und Adverbien in der Kennzeichnungspflicht, müssen bei Steigerungen analytisch oder synthetisch vorgehen und bei der Häufung von Trabanten im Satz der Hierarchie ihrer Bezugselemente Rechnung tragen. In einem englischen Originaltext sind wir natürlich aller dieser Schwierigkeiten durch die Entscheidungen des Autors enthoben. Dies sollte jedoch einer verschärften Aufmerksamkeit für das Ergebnis der Entscheidungen nicht im Wege stehen, wenn wir uns jetzt unserem nächsten Textausschnitt widmen.
Eine Eigenschaft, die in allen unseren Beschäftigungen mit Sprache vorausgesetzt ist, ist die Fähigkeit zu hören. Oliver Sacks, der in seinen wunderbaren Büchern Millionen von Lesern in der ganzen Welt das Schicksal neuronal behinderter Menschen näherbringt, hat den Taubstummen und ihrer

Geschichte ein ganzes Buch gewidmet. Der entscheidende Kerngedanke ist schon auf den ersten Seiten formuliert. Es geht dabei um die Leute, die von Geburt an taub sind (*deaf* ist *taub*, *retarded* ist *geistig zurückgeblieben*):

Oliver Sacks (1990). *Seeing Voices*. London: Picador.

For these people, who have never heard, who have no possible auditory memories, images, or associations, there can never be even the illusion of sound. They live in a world of utter, unbroken soundlessness and silence. [...] People tend, if they think of deafness at all, to think of it as less grave than blindness, to see it as a disadvantage, or a nuisance, or a handicap, but scarcely as devastating in a radical sense. [...] to be born deaf is infinitely more serious than to be born blind – at least potentially so. For the prelingually deaf, unable to hear their parents, risk being severely retarded, if not permanently defective, in the grasp of languages unless early and effective measures are taken. And to be defective in language, for a human being, is one of the most desperate of calamities, for it is only through language that we enter fully into our human estate and culture, communicate freely with our fellows, acquire and share information. If we cannot do this, we will be bizarrely disabled and cut off – whatever our desires, or endeavors, or native capacities. (7–9)

Die Kernaussage des Textes und des ganzen Buches steckt in dem komplexen Satz, für den der besondere Satz, der Spaltsatz, die Erklärung liefert: Die Sprache ist unser wichtigstes Mittel, an der Gemeinschaft der anderen teilzuhaben, und wer vor dem Erwerb der Muttersprache taub ist *(prelingually deaf)*, riskiert, ernstlich zurückzubleiben *(being severely retarded)* oder für immer im Begreifen von Sprachen gestört zu sein *(permanently defective in the grasp of languages)*, wenn nicht rechtzeitig wirksame Gegenmittel ergriffen werden. Daß wir Taubheit für weniger gravierend halten als Blindheit und kaum für »radikal zerstörend« *(scarcely as devastating in a radical sense),* daß wir den Zusammenhang zwischen Hören, Sprechen und geistiger Entwicklung nicht erkennen können, hat die Taubstummen über Jahrtausende ihrer elementaren Menschenrechte beraubt, hat sie einer der hoffnungslosesten Behinderungen ausgesetzt *(most desperate of calamities).* Dafür daß ihre Situation dennoch nicht vollständig aussichtslos ist, stehen das einschränkende *at least potentially* so und die verneinte Bedingung *unless early and effective measures are taken.*

Die sprachlichen Entscheidungen, die der Autor getroffen hat, bereiten uns keine großen Schwierigkeiten, wenn sie uns auch gelegentlich überraschen. Besonders die Positionen der Einschübe sind aus der deutschen Perspektive ungewöhnlich: *people tend, if they think of deafness at all, to...; risk being severely retarded, if not permanently defective, in the grasp of languages...* Aber mit der Kennzeichnungspflicht für *infinitely, potentially, prelingually, severely, permanently, fully, freely, bizarrely* haben wir keine Probleme, und noch weniger mit der Bezeichnung der Eigenschaften: *auditory, utter, unbroken, grave, devastating, radical, deaf, serious, blind, retarded, defective, early, effective, desperate, disabled* und *cut off.* Vielleicht sollten Sie aber doch sicherheitshalber noch einmal durch Übersetzung und Rückübersetzung überprüfen, ob Sie Adjektive und Adverbien auch aktiv auseinanderhalten können.

Dinge als Koordinaten

Nicht alle Erzählungen handeln von Ereignissen. In dem vierhundertsechsundzwanzig Seiten langen Reisebericht *Blue Highways* zum Beispiel finden sich fast nur Beschreibungen – über das Hinterland der Vereinigten Staaten, seine Landschaften und seine Bewohner. Da begibt sich der Ich-Erzähler in seinem alten Landrover auf die »Wanderschaft«, weg von den augenblicklichen Mißerfolgen seines beruflichen und privaten Lebens, um seinen Platz in der Welt neu zu bestimmen. Die Beschreibung hat trotz der vielen zurückgelegten Fahrmeilen und zahlreicher Begegnungen große Ähnlichkeit mit einem Fotoalbum. Da sind diese vielen liebevoll abgebildeten Dinge, belebt oder unbelebt, die als Koordinaten für die eigene Sinngebung gebraucht werden; da wird auf Gegenstände und ihre Eigenschaften Bezug genommen, so wie sie sich dem einsamen Durchreisenden darbieten, der auch noch der eintönigsten Landschaft Heilungskräfte für sein angeschlagenes Selbst abgewinnt.

William Least Heat Moon (1984). *Blue Highways – A Journey into America*. New York: The Ballantine Books.

The highway, oh, the highway. No place, in theory, is boring of itself. Boredom lies only with the traveler's limited perception and his failure to explore deeply enough. After a while, I found my perception limited. The Great Plains, showing so many miles in an immodest exposure of itself, wearied my eyes; the openness was overdrawn. [...] Here the earth, as if to prove its immensity, empties itself. Gertrude Stein said: »In the United States there is more space where nobody is than where anybody is. That is what makes America what it is.« The uncluttered stretches of the American West and the deserted miles of roads force a lone traveler to pay attention to them by leaving him isolated in them. This squander of land substitutes a sense of self with a sense of place by giving him days of himself until, tiring of his own small compass, he looks for relief to the bigness outside – a grandness that demands attention not just for its scope, but for its age, its diversity, its continual change. (284)

Was uns hier sprachlich vorliegt, ist doch schon ziemlich kompliziert – es beschreibt nämlich die Dinge, von denen die Rede ist, nicht direkt, sondern nur über die subjektiven Eindrücke ihres Betrachters. Außer dem Gertrude-Stein-Zitat wird fast jede Aussage durch diese Brille verfremdet. Der thematische Ausgangssatz *No place, in theory, is boring of itself,* den wir schon kennen, weist mit dem eingeschobenen Adverbial auf seine begrenzte Gültigkeit hin. Da die Langeweile in der begrenzten Wahrnehmungsfähigkeit des Reisenden liegt, in seiner Unfähigkeit, mehr in die Tiefe zu gehen, wendet sich der Erzähler mit dem Eingeständnis seiner eigenen Beschränktheit *I found my perception limited* zunächst nur scheinbar gegen die Behauptung, daß kein Platz an sich langweilig ist. Doch wenn er sich dann über die Weite der Landschaft mit dem Hinweis auf *an immodest exposure / eine unbescheidene Selbstdarstellung, overdrawn / überzeichnet* und durch den Satz *the earth, as if to prove its immensity, empties itself / als ob sie ihre immense Größe beweisen wollte, räumt sich die Erde hier selbst ab* mokiert, sind wir bereit, doch an schlechthin langweilige Landstriche zu glauben. Der Satz über die Erde leitet aber den zweiten Absatz ein, mit dem dann der Anfangsgedanke, daß es an sich keinen langweiligen Ort gibt, doch noch bestätigt wird. Der einsame Reisende werde durch die weiten Landschaften, die ihn zwischen sich isolieren *(leaving him isolated in them),* dazu gezwungen, sie wahrzunehmen *(to pay attention to them)*, um schließlich – von seinem eigenen kleinen Kompaß ermüdet *(tiring of his own small compass)* – an die Stelle der Wahrnehmung des Ich die der Außenwelt zu setzen *(substitutes a sense of self with a sense of place, by giving him days of himself until ... he looks for relief ... outside).*

Natürlich sind es die Gedanken mit ihrer mehrfach gebrochenen Perspektive, die den Text so schwierig machen, der Wechsel zwischen allgemeinen Weisheiten und der konkreten Erfahrung des Einzelnen, die selbst wieder in eine Generalisierung mündet. Aber da ist auch der ständige Wechsel zwischen dem wahrnehmenden Subjekt: *I found..., he looks for relief...,* und dem sich der Wahrnehmung anbietenden Subjekt: *the Great Plains, showing ... wearied...; the earth ... to prove ... empties itself; the deserted miles of roads force ... leaving...; the land substitutes ... giving him ...; the grandness demands ...* Die kontrastive Gegenüberstellung wird von einer Häufung von *self* begleitet: *boring of itself, exposure of itself; empties itself; a sense of self; days of himself.* Das ist eine Sicht auf die Dinge aus der Perspektive der Dinge selbst, die die Möglichkeiten englischer Konstellationen voll ausschöpft und damit weitergeht, als wir es auf dem Hintergrund unserer eigenen Sprache erwarten würden. Wenn Sie hier eine Übersetzung versuchen sollten, müßte sie, wenn sie der anderen Leichtigkeit des Deutschen wirklich gerecht wird, den Weg zurück zum englischen Original weitgehend verbauen.

Abstrakta

Wenn man die Sache mit den Wahrnehmungen wissenschaftlich sieht, rücken die Dinge noch mehr in den Hintergrund. Was wir wahrnehmen können, wird zum Maßstab für das, was wir wissen können. Es sind abstrakte Gegenstände, von denen Bateson in seinem Buch *Mind and Nature* handelt, und damit bewegen wir uns sprachlich in einem Bereich, in dem es vielfach um nicht-zählbare Konzepte geht, also um den Gebrauch von Nomen mit oder ohne Artikel, bei dem das Englische – wie wir schon wissen – eine viel größere Sparsamkeit an den Tag legt als das Deutsche.

Gregory Bateson (1980). *Mind and Nature. A Necessary Unity.* New York: Bantam.

But perception operates only upon difference. All receipt of information is necessarily the receipt of news of **difference**, *and all perception of difference is limited by threshold. Differences that are too slight or too slowly presented are not*

*perceivable. [...] Knowledge at any given moment will be
a function of the thresholds of our available means of
perception. The invention of the microscope or the telescope
or of means of measuring time to the fraction of a nano-
second or weighing quantities of matter to millionths of
a gram – all such improved devices of perception will disclose
what was utterly unpredictable from the levels of perception
that we could achieve before that discovery.
Not only can we not predict into the next instant of the
future, but, more profoundly, we cannot predict into the next
dimension of the microscopic, the astronomically distant,
or the geologically ancient. As a method of perception –
and that is all science can claim to be – science, like all other
methods of perception, is limited in its ability to collect
the outward and visible signs of whatever may be truth.
Science* **probes;** *it does not prove.* (31f.)

Der besondere Satz ... *all perception of difference is limited
by threshold* steht fast am Anfang, nach einem nicht minder
abstrakten Auftakt, aber abgesehen von *knowledge* im über-
nächsten Satz und *truth* beziehungsweise *science* in den
letzten beiden Sätzen treten artikellose Nomen im Rest des
Texts nur noch in der Mehrzahl auf, stellen also keine besondere Anforderung an unser konzeptuelles Einfühlungsvermögen im Englischen dar. Daß das attributive *perception*
durchweg ohne Artikel vorkommt, läßt uns an Komposita
denken: *means of perception / Wahrnehmungsmittel*, *methods
of perception / Wahrnehmungsmethoden*, *quantities of matter /
Stoffmengen*. Die mit Hilfe von Artikeln nominalisierten Adjektive *the microscopic, the astronomically distant, the geologically ancient* sind uns dagegen schon durch die grammatischen Möglichkeiten unserer eigenen Sprache gut bekannt.
Wenn uns der Text insgesamt nicht leichtfällt, ganz zu schweigen von den Problemen, die wir bei einer Übersetzung ins
Deutsche und einer Rückübersetzung ins Englische hätten,
dann sind es wohl neben den abstrakten Konzepten wiederum

die abstrakten und ungewöhnlichen Gedanken des Autors. Daß Wahrnehmung auf Unterschieden basiert, daß der Empfang von Informationen notwendigerweise Informationen *(news/Nachrichten)* über Unterschiede bedeutet, daß der Empfang jedoch generell durch Wahrnehmungsschwellen begrenzt ist, und erst die verbesserten Techniken der Wahrnehmung im lokalen und zeitlichen Bereich das ansonsten nicht Wahrnehmbare zugänglich machen, ist mit unserem Allgemeinwissen noch halbwegs nachvollziehbar. Daß man für die nächste Größenordnung des mikroskopisch Kleinen, des astronomisch Fernen und des geologisch Alten ebensowenig vorhersagen kann wie für die nächste Zukunft, ist schon ein ungewöhnlicher Gedanke – und noch viel mehr, daß die Wissenschaft nichts anderes als eine Wahrnehmungsmethode ist und damit begrenzt in ihrer Fähigkeit, die äußeren, sichtbaren Zeichen jedweder Wahrheit zu sammeln, daß sie Belege, aber keine Beweise liefert *(probes ... does not prove)* – an alle diese abstrakten und eigenwilligen Inhalte müssen wir uns erst gewöhnen. Und es ist nicht zu leugnen, sie lassen uns in einer fremden Sprache noch weniger leicht an sich heran als in unserer eigenen.

Wenn wir jetzt schon einmal eine Zwischenbilanz unserer Erfahrung mit Textausschnitten ziehen, können wir sagen, daß wir ihren sprachlichen Anforderungen (soweit sie nicht rein lexikalisch-idiosynkratisch sind) in Abhängigkeit von der Schwierigkeit ihres Inhalts gewachsen sind. Es ist die mangelnde Vertrautheit mit den Gedanken des Autors, die sich erschwerend über unser Textverständnis in der fremden Sprache legt. Und hiervor sind wir natürlich in keinem Text gefeit. Nur, die Anstrengungen, die wir machen müssen, um uns mit den Gedanken des Autors vertraut zu machen, sind von Text zu Text recht unterschiedlich. Gelegentlich greift dann selbst ein größerer Ausschnitt noch zu kurz.

Diskurswelten

In seinen berühmten *William James Lectures: How to do Things with Words* entwickelt Austin eine Theorie des Sprachgebrauchs, die die Sprachwissenschaft und Sprachphilosophie bis heute nachhaltig geprägt hat. Die Grundidee ist, daß wir mit sprachlichen Äußerungen zugleich handeln, »Sprechakte«, »illokutionäre« Akte *(speech acts, illocutionary acts)* vollziehen, durch die sich etwas in der Welt verändert. Am Ende seiner letzten Vorlesung geht Austin noch kurz auf eine mögliche Anwendung der Theorie ein:

J. L. Austin (1965). *How to do Things with Words.*
The William James Lectures delivered in Harvard University in 1955. London: Oxford University Press.

I have as usual failed to leave enough time in which to say why what I have said is interesting. Just one example then. Philosophers have long been interested in the word »good«, and, quite recently, have begun to take the line of considering how we use it, what we use it to do. It has been suggested, for example, that we use it for expressing approval, for commending, or for grading. But we shall not get really clear about this word »good« and what we use it to do until, ideally, we have a complete list of those illocutionary acts of which commending, grading, etc, are isolated specimens – until we know how many such acts there are and what are their relationships and inter-connexions. Here, then, is an instance of one possible application of the kind of general theory we have been considering; no doubt there are many others. I have purposely not embroiled the general theory with philosophical problems (some of which are complex enough almost to merit their celebrity); this should not be taken to mean that I am unaware of them. Of course, this is bound to be a little boring and dry to listen to and digest;

not nearly so much so as to think and write. The real fun comes when we begin to apply it to philosophy. **(162 f.)**

Der besondere Satz – Sie haben ihn sicher wiedererkannt – steht am Anfang der Passage und läßt uns erwarten, daß das folgende Beispiel zeigt, warum das Vorangegangene interessant ist. Wir lesen, daß die Philosophen seit langem an dem Wort *gut* interessiert sind und jüngst begonnen haben, sich mit dem Gebrauch des Wortes, zum Beispiel als Zustimmung, Empfehlung oder Bewertung, zu beschäftigen. Wirkliche Klarheit über das Wort *gut* erfordere aber eine vollständige Liste aller Sprechakte und ihrer Beziehungen untereinander. Er habe seine Theorie absichtlich nicht mit philosophischen Problemen vermischt *(embroiled)*, weshalb sie nun zugegebenermaßen ein wenig trocken sei fürs Zuhören – wenn auch nicht ganz so schlimm wie fürs Ausdenken und Aufschreiben. Der richtige Spaß käme eben erst mit der Anwendung auf die Philosophie.

Austin liest sich, auch sprachlich gesehen, nicht immer leicht. Er schöpft die strukturellen Möglichkeiten der englischen Sprache zu mehrfachen Einbettungen, vor allem mit Infinitiv-Ergänzungen, voll aus.

Den komplexesten Fall hatten wir uns ja schon herausgegriffen: *failed to leave enough time in which to say why what I have said is interesting;* aber da sind auch: *should not be taken to mean that* und *is bound to be boring to listen to ... not nearly so much so as to think and write.* Wenn wir uns ein wenig Mühe geben, können wir die sprachlichen Strukturen schließlich trotzdem erfassen. Nur, der eigentliche Witz der Passage, das angedeutete philosophische Vergnügen, erschließt sich uns auch dann nicht.

Aber wenn Sie jetzt denken sollten, das liegt eben daran, daß Sie das Englische noch nicht ausreichend beherrschen, dann war Ihnen einfach ein entscheidender Umstand nicht bekannt. Dem Ende dieser Vorlesung geht nämlich ein Text von insgesamt zwölf Vorlesungen voraus, ein ganzes Buch, eine sorgfältig ausgearbeitete Theorie, deren Bedeutung für die Interpretation von *gut* nur der beurteilen kann, der sie kennt.

Jeder Text, ob schriftlich oder mündlich, ob monologisch oder dialogisch – sagen wir, jeder »Diskurs« –, kreiert mit seinen Sätzen eine eigene Welt, auf deren konkrete und abstrakte Objekte und Eigenschaften er Bezug nimmt, deren Verhältnisse zueinander er bestimmt, bewertet und fortlaufend weiterentwickelt. Jeder Satz trägt zu dieser Diskurswelt bei und setzt sie in einem bestimmten Maß voraus. Die vorigen Textausschnitte kamen mit ein paar sparsamen Hinweisen zur Diskurswelt aus (Batesons Text sicher nur deshalb, weil er vom Anfang seines wissenschaftsphilosophischen Buches stammt), doch für die detaillierte Diskurswelt von Austins Sprechakttheorie genügt dies nicht. Aber gerade dies sollte der Ausschnitt demonstrieren.

Unsere Vertrautheit mit den Gedanken des Autors mißt sich an unserer Vertrautheit mit der Diskurswelt des Texts. Und die wird nun einmal vom ganzen Text, seinen sprachlichen Formen und den damit assoziierten Inhalten bestimmt. Da können wir jederzeit bei einem geringeren oder größeren gemeinsamen Durchschnitt mit unserem persönlichen Wissen landen und müssen dann eben die Differenz durch ein mehr oder weniger umfangreiches Textstudium ausgleichen. Dies ist aber nicht nur der Schlüssel zum Verständnis eines bestimmten Texts, sondern zugleich der Weg zum tieferen Verständnis der fremden Sprache, die sich uns trotz familiärer Ähnlichkeit und Leichtbauweise letztendlich immer nur in der kontextuell verankerten Wiederholung vollständig erschließen wird.

Apropos

Die Leichtigkeit einer Sprache ist nicht leicht zu beschreiben. Viele der Begriffe, die hierfür notwendig sind, gehören nicht unbedingt zum allgemeinen Wortschatz. Sie lassen sich nur im Rahmen von theoretischen Vorstellungen bestimmen, die oft nicht zum Allgemeinwissen gehören und zu denen es überdies und gar nicht so selten unterschiedliche Auffassungen gibt. Falls Sie also gelegentlich genauer wissen wollen, wovon eigentlich die Rede ist, bietet Ihnen *Apropos* jetzt noch ein alphabetisch geordnetes Register (mehr oder weniger) schwieriger Wörter.

Adjektiv: Eigenschaftswort,

wie zum Beispiel *difficult, proper (eigentlich).* Das wußten Sie schon? Dann wissen Sie sicher auch, daß Adjektive zur näheren Bestimmung von Hauptwörtern (Nomen) verwendet werden – attributiv, das heißt vor (manchmal auch nach) ihrem nominalen Bezugswort: *a difficult word, logic proper, nothing important,* oder prädikativ, also nach *sein* und ähnlichen Verben: *it was difficult, it remained (blieb) difficult;* auch nach Verben der Wahrnehmung: *it looked difficult.* Unter Umständen wird *sein* auch nur mitverstanden. Prädikative Ergänzungen wie in *I like my tea hot. It has made life easy* implizieren: *The tea (I like) is hot. Life has become/ is easy.* Nicht alle Adjektive eignen sich für alle diese Verwendungsmöglichkeiten. Mitunter haben sie in einer anderen Verwendung eine andere Bedeutung. Das pränominale *proper* zum Beispiel, also das vor seinem Nomen wie in *proper behaviour* gebrauchte, heißt soviel wie *ordentlich,* gegenüber dem postnominalen, nach seinem Nomen gebrauchte: *logic proper,* das ebensoviel wie »im eigentlichen Sinn« heißt – also: *die eigentliche Logik.* Manche Adjektive können nur prädikativ verwendet werden (darunter übrigens alle, die mit dem Präfix *a-* beginnen): *Supper is ready. The guest is asleep.* Adjektive können natürlich auch selbst Ergänzungen haben: *big, very big, big enough, too big, too big for anything but the truth...* und wenn da Präpositionen ins Spiel kommen, wird die Grammatik wieder zur lexikalischen Stückliste: *proud of, interested in, good at...*

Adverb: Wortart,

die komplementär zum Adjektiv alle anderen Wortarten, Wortgruppen oder ganze Sätze (außer Nomen – und gelegentlich sogar diese) näher bestimmt. Das Adverb ist in der Regel durch *-ly* gekennzeichnet (ausführlicher beschrieben im Kapitel VIII: *Kennzeichnungspflicht*; s. a. **Adverbiale, Steigerung**). Es gibt viele verschiedene Teilklassen von Adverbien, unterscheidbar nach ihrer Bedeutung (Zeit: *today, now, recently...*, Ort: *here, back, down...*, Häufigkeit: *often, always, never...*, Einstellung: *perhaps, surely, happily, frankly...* u. a. m.) oder nach ihrer grammatischen Funktion (Gradpartikel: *only, even, enough...*, Verstärkungselement: *very, too, such, really...* Polarität: *hardly, scarcely, never...*, Diskursrelator: *however, so, nevertheless...*). Adverbien werden auch als nähere Bestimmung zu Funktionswörtern und Präpositionen verwendet: *nearly everybody, somebody else, from behind, right through, over here, about half...* Na ja, da gerät auch der grammatisch Versierte noch gelegentlich an die Vexierfrage: Was ist was? Aber dann brauchen wir uns gerade hier nicht um das *-ly* sorgen, und das Übrige kennen wir meist schon aus unserer eigenen Sprache.

Adverbial: Satzglied,

das aus einem Adverb oder diversen Wortgruppen bis hin zu Teilsätzen bestehen kann. Obwohl die meisten Adverbiale freie **Ergänzungen** sind, gibt es auch Adverbiale, die von vornherein mit der Bedeutung eines lexikalischen Kopfes festgelegt sind und folglich als feste Ergänzungen gelten können. Hierzu gehört zum Beispiel das Ortsadverbial nach *live*, im Sinne von *wohnen:* ***They live in New York.***

Als freie Ergänzungen modifizieren Adverbiale Verben, Verbgruppen oder Sätze. Adverbiale werden ihrer Bedeutung nach in verschiedene Klassen eingeteilt: **Adverbiale der Zeit, des Ortes, der Art und Weise, der Ursache…**, zwischen denen hierarchische Verhältnisse bestehen (s. Kapitel VIII: *Hierarchie der Umstände*). Da alle Adverbien Adverbiale sind, gilt zunächst einmal alles, was Sie oben über Adverbien lesen können, auch für Adverbiale. Da Adverbiale aber auch aus jeder beliebigen anderen Wortgruppe oder aus Teilsätzen bestehen können, multipliziert sich ihre semantische Vielfalt mit der strukturellen Vielfalt zu einem riesigen, buntscheckigen Strauß von Ergänzungen – im Englischen nicht anders als im Deutschen. Aber dann sind da die besonderen Stellungsbedingungen, in der die in den Bedeutungen der Adverbiale angelegte Hierarchie auf die unterschiedliche **Gerichtetheit** der deutschen und englischen Sätze und ihre Möglichkeiten für Umstellungen projiziert wird, was zu verschieden langen und komplexen Spiegelbildern führen kann – von einfachen Umstellungen: ***Come again soon.*** *Komm bald zurück,* bis zum Perspektivewechsel: ***Every period over-emphasizes some particular aspects of experience.*** *In jeder Phase werden bestimmte Aspekte der Erfahrung überbetont.* (Vgl. VIII: *Besondere Anfänge.*)

Akkusativ: Fall für ein direktes Objekt,

wofür es im Deutschen – aber nicht im Englischen – eine eigene Wortform gibt. Allerdings ist der Akkusativ auch im Deutschen im Schwinden begriffen. Er wird im wesentlichen am Artikel männlicher Nomen sichtbar und nur noch selten am Nomen selbst (wie zum Beispiel bei *der Drache/den*

Drachen). Im Englischen wird der Fall des direkten Objekts vor allem durch die Stellung unmittelbar nach dem Verb oder – wenn es zwei Objekte gibt – nach dem indirekten Objekt angezeigt.

Aktiv: Satzperspektive,

die das neutrale Gegenstück zu **Passiv** darstellt. Aktiv und Passiv bilden zusammen die grammatische Kategorie des »Genus des Verbs«, das heißt, sie gehören zu den grammatischen Eigenschaften des Verbs, die formal ausgedrückt werden: in diesem Fall durch Formen des Verbs selbst *und* durch eine bestimmte syntaktische Struktur. Da Aktiv das neutrale Element der Kategorie ist, ist es formal nur durch die Abwesenheit der Passivformen charakterisiert. Inhaltlich ist die aktive Perspektive vor allem durch einen Handlungsträger im Subjekt gekennzeichnet, erlaubt aber gerade im englischen Subjekt wesentlich mehr unpersönliche Ursachen, also niedrigere Rollen wie Ort und Instrument *(The letter says that… / In dem Brief steht, daß…, A dollar will buy you two roses… / Für einen Dollar können Sie zwei Rosen kaufen)*, bis hin zum betroffenen Objekt, also zum Ausdruck der passiven Perspektive *(The book sells well / Das Buch verkauft sich gut)*. Aktiv spielt damit im Englischen eine größere Rolle als im Deutschen, was wir wieder unter größerer Leichtigkeit verbuchen können – sobald wir uns an den Verzicht der passiven (oder **rückbezüglichen**) Markierungen unserer eigenen Sprache gewöhnt haben.

Akzent: lautliche Hervorhebung

durch die Betonung einer Silbe. Der Wortakzent ist mehr oder weniger idiosynkratisch, das heißt für jedes Wort einzeln festgelegt; er ist in der Regel nur für die Aussprache des Wortes von Bedeutung. (Regularitäten gibt es vor allem im Bereich der abgeleiteten und zusammengesetzten Wörter – s. II: *Die*

Schall-Mauer, Die Anatomie der Wörter, Zusammenschlüsse.)
Der Satzakzent ist dagegen gerade derjenige Wortakzent, der im Satzzusammenhang zur Hervorhebung/Fokussierung des Schwerpunkts dient. Dabei können außer dem Wort, auf dem der Akzent liegt, noch weitere Elemente des Satzes, bis hin zum ganzen Satz, in den Fokus einbezogen sein. Ist der Fokus eingeschränkt auf das akzentuierte Verb, liegt in der Regel ein kontrastiv markierter, enger Fokus vor. Der neutrale, unmarkierte (oder »weite«) Fokus kann dagegen weitere Elemente umfassen. Die Ausdehnung wird pragmatisch, kontextuell durch die Grenze zum **Hintergrund** bestimmt, zu jenen Elementen, die als nicht hervorgehoben, weniger wichtig, bereits gegeben präsentiert werden. Die freie Zuordnung des Satzakzents ergibt aber in der Regel nur dann eine neutrale Fokussierung, wenn die Wörter in der **Grundreihenfolge** angeordnet sind und der Satzakzent auf dem verbnächsten akzentuierbaren Element liegt (beziehungsweise auf dem Verb, wenn es keine akzentuierbare Ergänzung gibt; s. IX: *Schwerpunkte*). Abweichungen von der Grundreihenfolge ergeben andere Bedingungen für Betonung (wie zum Beispiel eine zusätzliche Akzentuierung des an den Satzanfang vorgestellten Satzglieds, s.IX: *Voranstellung*). Daß wir unbewußt rein formalen Regeln der Betonung folgen, zeigt sich zum Beispiel daran, daß wir einen englischen Text auch dann oft zusammenhängend und verständig vorlesen können, wenn wir das Gelesene gar nicht verstehen (also auch gar nicht wissen, was Hintergrund ist und was demgegenüber verdient, hervorgehoben zu werden).

Artikel: Wortart,

wie *the, a(n)...*, durch die die Bezugnahme eines Nomens bestimmt oder unbestimmt wird. In verschiedenen Fällen (wie zum Beispiel bei Stoffnamen oder im Plural) wird der unbestimmte Bezug auch durch die Abwesenheit des Artikels (durch den sogenannten Nullartikel) ausgedrückt. Gerade hierin geht das Englische vielfach andere Wege als das Deutsche (vgl. VI: *Bestimmt oder unbestimmt, Das strukturelle Umfeld, Randbereiche*).

Aspekt: grammatische Kategorie des Verbs,

durch die die Zeitformen mit dem perfektiven und dem progressiven Aspekt überlagert werden. Die neutrale, unmarkierte Form des Aspekts ist der einfache Aspekt der Gegenwart, Vergangenheit oder Zukunft. (Vgl. IV: *Im Verlauf, Morphologie der Vergangenheit, Perfekt, oder?, Zeitfenster.*)

Attribut: Satzglied,

das als Wort, Wortgruppe oder Teilsatz ein Nomen näher bestimmt (s. **Adjektiv** und **Relativsatz**); als freie Ergänzungen von Nomen dienen im Englischen insbesondere auch unveränderte Verbgruppen (vgl. V: *Prinzipiell endungslos, Zwischen Verb und Nomen, Sparprogramm mit Redundanzen*). Wie im Deutschen können die Attribute unmittelbar vor oder nach ihrem Bezugswort, aber auch davon entfernt stehen: *I met a man last night, wearing a red hat.* Öfter als im Deutschen können die englischen Attribute aus erweiterten Adjektiven diskontinuierlich verwendet werden, das heißt mit dem Adjektiv vor und der Ergänzung nach dem Bezugswort: *a better plan than the old one. As gracious an elephant as you can imagine.*

Attributiv: nähere Bestimmung

eines Nomens durch Ergänzungen. **Adjektive**, mitunter gleich mehrere, werden meist vor ihrem Bezugswort gebraucht: *certain stupid retired political dummies,* **Relativsätze** immer unmittelbar oder mittelbar nach ihrem Bezugswort: *certain people, who are stupid retired political dummies...* Partizipiale Ergänzungen des Englischen werden im Unterschied zu den

deutschen Möglichkeiten nach dem Bezugswort verwendet:
*die seit vielen Jahren vorherrschende Meinung war... / **the
opinion prevailing for many years was...*** (vgl. **Attribut**).

Bedingungssatz (Konditional),

kann im Englischen, wie im Deutschen, explizit durch ein
Verknüpfungselement eingeleitet werden (positiv ***if,*** negativ
unless) oder durch Umstellung ausgedrückt werden: ***Had I
known...*** (vgl. IV: *Bericht und Möglichkeit,* V: *Probleme mit
dem Spiegelbild*).

Dativ: Fall für das indirekte Objekt,

das im Deutschen teilweise durch eigene Wortformen (vor
allem des Artikels: *dem/einem Kind*), im Englischen durch
die Stellung vor dem direkten Objekt angezeigt wird: *Sie gab
dem Kind einen Apfel / **She gave the child an apple**.* Eine Umstellung der beiden Objekte *(Sie gab den Apfel einem Kind)*
erfordert im Englischen anstelle des indirekten Objekts ein
Präpositionalobjekt mit ***to:*** **She gave an apple to the child.**
Diese Reihenfolge muß gewählt werden, wenn das direkte
Objekt ein Pronomen ist: **She gave it to the child.** Daß im
Englischen das indirekte Objekt wie im Deutschen vor dem
direkten Objekt steht, stellt eine Ausnahme zur alternativen
Richtung der meisten anderen Verbergänzungen dar. Wie so
oft gehört die Ausnahme zu den besonders häufigen Erscheinungen der Sprache. (Man denke nur an die vielen unregelmäßigen Verben im Grundwortschatz des Englischen!) Die
schöne Parallelität zum Deutschen wandelt sich aber bei
Prädikativa und freien Ergänzungen, ja selbst bei den komplexen Verbformen, in die Spiegelbild-Alternative um, die schließlich die Leichtigkeit des Englischen für uns zu einer anderen
Leichtigkeit macht, an die wir uns dann doch erst gezielt gewöhnen müssen.

Diphthong: Vokal

aus zwei Teilen, wie [aɪ], [aʊ], [ɔɪ]...

Ergänzung, feste (Argument)

ist in der Bedeutung eines Wortes vorgeschrieben, wie **Subjekt, Objekt, Präpositionalobjekt, Prädikativum**... Ein Verb wie *show* zum Beispiel hat in seiner Hauptbedeutung drei feste Ergänzungen: ein Subjekt und zwei Objekte, die durch die Abfolge indirektes, direktes Objekt *(someone shows someone something)* oder durch die Abfolge direktes Objekt, Präpositionalobjekt *(someone shows something to someone)* syntaktisch umgesetzt werden können. Die Stellen lassen sich aber auch durch Sätze oder nicht-finite Wortgruppen ausfüllen: *I'll show you how to do it / how it is done.* Es brauchen auch nicht alle Ergänzungen in der Satzstruktur auftauchen, vor allem die Rolle des Wahrnehmenden bleibt oft unbestimmt: *They show old films. This colour doesn't show the dirt. This shows that I was right. The picture shows her laughing.* Wieviel Stellen welchen Typs in welcher Reihenfolge syntaktisch besetzt werden müssen, ist lexikalisch für jedes Wort, das Ergänzungen braucht, festgelegt. Die verschiedenen Fälle lassen sich in Klassen zusammenfassen. Das *ALD (Advanced Learner's Dictionary of Current English)* zum Beispiel unterscheidet einundfünfzig verschiedene Ergänzungsmuster für Verben (mit einigen zusätzlichen Varianten), von denen uns glücklicherweise die meisten schon aus unserer eigenen Sprache bekannt sind. Natürlich bleiben immer noch genügend Muster, die wir uns extra einprägen müssen. Darunter auch solche, die ziemlich oft gebraucht werden, wie eben das *show,* das ja im Deutschen das präpositionale Objekt nicht kennt, was wir im Englischen sogar verwenden müssen, wenn das direkte Objekt durch ein Fürwort besetzt ist: *I'll show it to you.* Andere Verben, wie zum Beispiel *explain,* können überhaupt nur mit dem präpositionalen Objekt verwendet werden: *Could you explain that to me?* oder mit einem gewichtigeren direkten Objekt: *Could you explain to me what these formulae mean?* (Die Umkehrung der Reihenfolge illustriert das Prinzip des »end-weight«: schwere Strukturen nach leichten; das kennen wir ja auch im Deutschen.)

Argumente treten auch als Ergänzungen zu anderen Wortarten auf – zu Nomen, besonders solchen, die von Verben abgeleitet sind: *an explanation of something* (s. VI: *Ähnlichkeiten und Erbschaften*); zu Adjektiven: *famous for something;* zu Präpositionen: *because of something.*

Das Gegenstück zu festen Ergänzungen sind freie Ergänzungen: **Attribute** und (freie) **Adverbiale**. Sie sind nicht schon in der Bedeutung ihrer Bezugselemente konzeptionell angelegt, sondern kommen nachträglich als zusätzliche Bestimmungen hinzu.

Ergänzungen, freie (Modifikatoren)

zu einem nominalen Kopf als **Attribute**, zu allen anderen Köpfen als **Adverbiale**.

Fall (Kasus): grammatische Kategorie des Nomens,

die mit der lexikalischen Bedeutung des jeweiligen syntaktischen Kopfes (des Verbs oder einer Präposition zum Beispiel) festgelegt und morphologisch (etwa durch **Nominativ, Akkusativ, Genitiv, Dativ**) oder strukturell (zum Beispiel durch **Subjekt**, direktes, indirektes **Objekt**, Präpositionalobjekt und dgl.) ausgedrückt wird. (Vgl. auch **Ergänzung**.)

Fall, besitzanzeigender (Possessiv)

bei Fürwörtern und belebten Nomen; alterniert bei unbelebten Nomen im Englischen mit dem *of*-Genitiv. (Vgl. VII: *Inseln.*)

Fokus: wichtigstes Informationselement
eines Satzes im Verhältnis zu seinen übrigen Elementen und dem kontextuellen Zusammenhang, in dem er verwendet wird. Der Fokus wird lautlich durch Akzent und strukturell durch bestimmte Positionen oder eigene (lexikalische oder syntaktische) Fokussierungsmittel angezeigt. Sätze können auch mehrere Fokusse haben. Daß wir da im Englischen und Deutschen nicht mit denselben Bedingungen rechnen können, zeigen schon winzige Beispiele. Wenn wir für *Come again soon* im Deutschen *Komm bald wieder* sagen, liegt der hörbare Fokus, also der Satzakzent, im Englischen auf *soon,* im Deutschen auf *wieder* und damit nicht auf denselben Bedeutungselementen. Fälle wie diese haben die Grammatiker bewogen, für beide Sprachen das Prinzip des Endfokus anzunehmen: Hervorhebung durch Betonung des letzten betonbaren Elements im Satz. Heißt dies, daß beide Sätze Unterschiedliches hervorheben, obwohl sie doch dasselbe ausdrücken? Sicher nicht. Die Hervorhebung umfaßt mehr als das betonte Element und kommt auf unterschiedliche Weise zustande. Der Akzentträger ist hier in der Tat das jeweils letzte Wort: *Come again* SOON. *Komm bald* WIEDER. Aber da es sich in beiden Sätzen um eine neutrale Reihenfolge handelt, erfaßt die Hervorhebung, die vom letzten Element ausgeht, alles, was nicht zum kontextuellen Hintergrund des Satzes gehört – was in einer solchen Aufforderung der ganze Satz sein kann. Die Hervorhebung erfaßt dann in beiden Fällen die gesamte Struktur: *[Come again* SOON]. *[Komm bald* WIEDER]. Sollte das Wiederkommen zum kontextuellen Hintergrund gehören, wäre der Fokus auf *bald* vorzuverlegen (*Komm [*BALD*] wieder*), wodurch die Zeitangabe kontrastiv hervorgehoben würde. Im Englischen ließe sich diese Einschränkung allenfalls durch die Stärke des Akzents ausdrücken: *Come again [*SOON*].*

Strukturen mit neutraler Wortstellung (vgl. **Grundreihenfolge**) können immer mehr als das akzentuierte Element hervorheben; sie haben – in der Terminologie der Fokusspezialisten – einen »weiten« (»projizierenden«) Fokus. Allerdings muß der Akzent auf einem bestimmten Element liegen, in der Regel auf der verbnächsten festen **Ergänzung** oder, wenn es wie in unserem Beispiel keine feste Ergänzung gibt, auf dem letzten betonbaren Element. Beides kann im Englischen und Deutschen dazu führen, daß der Fokus im Satz an verschiedenen Stellen erscheint. Glücklicherweise brauchen wir alle diese Überlegungen im normalen Leben nicht. Im Deutschen beherrschen wir die Fokussierungsbedingungen, ohne nachzudenken, und im Englischen müssen wir ohnehin unsere Ohren für alle Lautformen einschließlich Akzent und Satzmelodie weit offenhalten. Sobald wir die Verbindung *come again* kennen – und die kennen wir natürlich schon längst –, brauchen wir auch bei *Come again soon* nicht mehr nachzudenken. (Wenn, ja wenn es nicht so viele Sätze gäbe, die mehr als einen Fokus bekommen – zum einen, weil selbst einfache Sätze meist viel komplexer sind als unser Beispiel, zum anderen, weil wir es ja oft genug mit komplexeren Sätzen zu tun haben, von denen jeder Teilsatz mindestens einen Fokus haben kann... (Vgl. **Fokussierungsmittel**, IX: *Schwerpunkte, Voranstellung.*)

Fokussierungsmittel: lautliche, syntaktische und lexikalische Mittel

zur Markierung eines Fokus: **Akzent**, bestimmte Stellungen, **Fokuspartikel**, Konstruktionen mit *there* und **Spaltsätze**.

Fokuspartikel: markieren einen Fokus

durch ihre Bedeutung, die meist das von der Partikel hervorgehobene Element einer Menge alternativer Möglichkeiten gegenüberstellt: *It was only recently... Erst vor kurzem* (nicht schon zu einem früheren Zeitpunkt). In der Regel fokussiert die Partikel das folgende Element: ***John reads Shakespeare*** *even in his bath.* Aber bei freier Akzentzuweisung binden Fokuspartikel das akzentuierte Element an sich:

John even reads Shakespeare in his BATH.
John even reads SHAKESPEARE *in his bath.*
JOHN *even reads Shakespeare in his bath.*

Fokuspartikel werden im Englischen weniger verwendet als im Deutschen, da ja das Verb in einer rechtsverzweigenden SVO-Sprache den Fokus früh anzeigt, während die Endstellung des Verbs im linksverzweigenden Deutschen den Fokus erst mit dem Satzende, also eigentlich erst im nachhinein, anzeigt. Zum Ausgleich werden dafür im Deutschen häufig Fokuspartikel, aber auch Satzadverbiale wie *wahrscheinlich* und *leider,* an der Grenze zwischen Hintergrund und Fokus verwendet. Dennoch werden natürlich auch im Englischen Fokuspartikel verwendet, und eine sichere Beherrschung dieser Mittel gehört mit zu den schwierigeren Aspekten der »anderen Leichtigkeit«.

Fragepronomen (Interrogativpronomen)

wie *who*/*wer,* *which*/*was,* *why*/*warum,* *how*/*wie.*

Fürwort, hinweisendes (Demonstrativpronomen),

zur Hervorhebung eines bestimmten Bezugs: *this* für Näherliegendes, *that* für Entfernteres (im Plural: *these* und *those*). Kann mit oder ohne ein Nomen verwendet werden: *I want these (apples);* anstelle des Nomens kann auch *one* verwendet werden: *I want this one.* Hinweisende Fürwörter sind im Englischen stärker kontrastiv hervorhebend als im Deutschen und werden deshalb sparsamer verwendet. Aus *Ich kann diese Frage nicht alleine entscheiden* wird eben nur *I can't decide the question on my own.*

Fürwort, rückbezügliches (Reflexivpronomen)

mit reichem Formenparadigma; nur für echt rückbezügliche Relationen im Englischen. (Vgl. VII: Im *Vertreter-Spiegel*.)

Fürwörter, bedeutungsleere (Expletiva),

die wie *there* und *it* ohne Bezugnahme verwendet werden können (s. VII: *Strukturstöpsel,* IX: *Spaltsätze*). Beide Fürwörter können natürlich referierend gebraucht werden. In *It was the cat* zum Beispiel nimmt *it* Bezug auf ein vorangegangenes Ereignis, wogegen es in *It was the cat I was looking for* nur das Objekt, das ich gesucht habe, und das dann mit der *Katze* gleichgesetzt wird, vorankündigt. In *He was there* bezieht sich das Adverb auf den Berichtsort, während das Fürwort in *There is something that is worrying me* das *something* mit seinem Relativsatz vorwegnimmt. Wenn das *there,* wie in diesem Fall, mit zwei Teilsätzen verbunden ist, hat es, ähnlich wie Spaltsätze, eine hervorhebende Funktion. Würde ich den Satz vereinfachen, stünde der neue, mit diesem Satz erst eingeführte Referent als Subjekt in der Position am Satzanfang *(Something keeps worrying me),* wo er nicht genügend Aufmerksamkeit erhält. Indem ich seine Existenz durch einen eigenen Satz einführe, ist ihm diese Aufmerksamkeit sicher. Aber das ist ja im Deutschen ganz ähnlich: *Etwas beunruhigt mich noch. Es gibt noch etwas/da gibt es noch etwas, das mich beunruhigt.* Bei einfachen Sätzen können wir auf das *there* nur verzichten, wenn neben dem Subjekt noch ein Satzglied für die Position vor oder nach dem *be* zur Verfügung steht, wie zum Beispiel bei *There is a cat in the garden. A cat is in the garden* (gegenüber *There is some more tea,* was sich ja nicht weiter verkürzen läßt).

Genitiv: Fall,

der überwiegend für Besitzverhältnisse oder Teil-Ganzes-Beziehungen bei Ergänzungen zu Nomen verwendet wird. Im

Deutschen bei bestimmten Ergänzungen am Wort angezeigt
(Die Oberfläche des Wassers), bei unbestimmten mittels Präposition *(Die Oberfläche von Wasser)*. Im Englischen bei unbelebten Nomen mit Präposition, bei belebten Nomen am
»Besitzer« mit besitzanzeigendem *'s* ausgedrückt: ***the surface of water, a poet's life.***

Gerichtetheit (Direktionalität)

der strukturellen Ergänzungen zu einem syntaktischen
»Kopf«, die nach rechts oder links verläuft (s. I: *Bewegte Welten*, III: *Im Überblick*). Gehört zu den wichtigsten grammatischen »Parametern«, durch die Sprachen typologisch charakterisiert sind. Sprachen wie das Japanische zum Beispiel sind in diesem Sinne durchgehend linksverzweigend, nicht nur das Verb, sondern auch Nomen und Präpositionen werden nach links erweitert (weswegen dann Präpositionen auch Postpositionen genannt werden). Das Englische ist bei Verben und Präpositionen rechtsverzweigend, hat aber bei Nomen auch Linksverzweigungen (im Fall von Adjektiven). Das Deutsche erweitert seine Verbgruppe nach links, Präpositionen nach rechts, Nomen nach beiden Richtungen, wobei auch hier die linke Richtung, besonders bei den erweiterten pränominalen Attributen, deutlich stärker ausgeprägt ist als im Englischen. Da die Fokuserwartung normalerweise an die unmittelbare Verbergänzung gekoppelt ist, spielt die entgegengesetzte Ausrichtung der Verbgruppen im Englischen und Deutschen eine entscheidende Rolle für die »andere Leichtigkeit« des Englischen (vgl. IX).

Geschlecht (Genus): grammatische Kategorie

des Verbs **(Aktiv, Passiv)**. Im Deutschen auch grammatische Kategorie des Nomens (männlich: *der Mund,* weiblich: *die Nase,* sächlich: *das Kinn)*. Im Englischen auf das natürliche Geschlecht eingeschränkt und ohnehin in der Regel nur am Fürwort unterscheidbar: ***our guest...; he/she...*** Gelegentlich trägt die Wortbildung noch durch eine eigene Form zur Unterscheidung bei: ***usher, usherette** (Platzanweiser, -in),* ***womanteacher** (Lehrerin),* ***tomcat** (Kater)* ...

Das grammatische Genus des Nomens spielt eine wichtige Rolle bei der Interpretation von Textbezügen (s. **Vorgänger**).

Gradpartikel: fokussierende Adverbien

wie *only, even, still.* Implizieren eine Werteskala, auf der sie ihr Bezugselement lokalisieren, nicht anders als die deutschen Entsprechungen *nur, sogar, noch.* Die mit dieser Bedeutung verbundene Gegenüberstellung zu einer Menge alternativer Möglichkeiten verleiht Gradpartikeln eine fokussierende Funktion. (Vgl. **Fokuspartikel.**)

Grammatik: Anatomie einer Sprache,

umfaßt das gesamte System einer Sprache mit allen seinen syntaktischen, morphologischen, phonetischen und semantischen Eigenschaften. Wird oft dem Wortschatz einer Sprache gegenübergestellt oder überhaupt nur mit Syntax gleichgesetzt. Ohne den Inhalt der Wörter erscheint das grammatische Wissen trocken und langweilig, da es aber das Wesen einer Sprache bestimmt, das wir nicht mehr so ohne weiteres intuitiv erfassen können, ist es nicht ganz unnütz, sich beim Erwerb einer Fremdsprache ganz bewußt mit ihrer Grammatik zu befassen. Zum besseren Verständnis und für nachhaltigere Eindrücke empfiehlt es sich, die spröde Materie so anregend wie möglich zu verpacken – etwa durch Texte, die wir spannend finden, oder eben durch besondere Sätze. (Vgl. I: *Bewegte Welten, Sprachkultur exklusiv.*)

Grammatische Kategorien: grammatische Eigenschaften

einer Wortart, die formal (am Wort oder durch eine Wortgruppe, aber auch durch eine besondere Struktur) zum Ausdruck kommen. Die grammatischen Kategorien des englischen Verbs sind **Zeit** (Present, Past, Future), **Aspekt** (Einfach, Progressive, Perfekt), **Möglichkeit** (Indikativ, Konjunktiv, Imperativ, Optativ), **Perspektive** (Aktiv, Passiv); die grammatischen Kategorien des englischen Nomens sind: **Fall** (Subjekt, Objekt, Possessiv), **Zahl** (Einzahl, Mehrzahl); Geschlecht ist anders als im Deutschen nicht grammatisch, sondern natürlich; die grammatische Kategorie des Adjektivs/ Adverbs: **Steigerung** (Grundform, Steigerung, Superlativ).

Grundreihenfolge: neutrale Stellung;

wird bei den festen Ergänzungen von der lexikalischen Bedeutung ihres syntaktischen Kopfs bestimmt, bei den freien Ergänzungen von der Hierarchie ihrer Bezugselemente. Veränderungen gegenüber der Grundreihenfolge bewirken mehr oder weniger starke Markierungen (s. **Fokus**, enger, weiter). Das Prädikat (ob einfach, wie *like,* oder komplex, wie *be fond of*) bestimmt durch seine Bedeutung nicht nur die Zahl und Art seiner festen Ergänzungen, sondern auch ihre Grundreihenfolge. Bei Prädikaten mit nur einem Argument, wie *sleep, smile, dance, shine* wird dies in der Regel zum Subjekt des Satzes, dem in der strukturellen Hierarchie des englischen Satzes die oberste/erste Stelle zukommt: *The sun is shining.* (Da ist das Englische wieder einmal leichter als das Deutsche, wo aus der einzigen Ergänzung gelegentlich auch ein Dativoder Akkusativobjekt werden kann: *Mir ist schwindlig. Mich friert. I'm dizzy. I'm cold.*) Prädikate mit zwei Ergänzungen präsentieren diese im prototypischen Fall im Subjekt und Objekt, von denen dem Subjekt wiederum die höhere, erste Position zukommt, dem Objekt die niedrigere, zweite Position. (Auch hier kennt das Deutsche komplexere Fälle, wo die erste Stelle mit einem Dativobjekt, die zweite mit dem Subjekt besetzt werden kann: *Dem Kind fehlt der Vater.* ***The child lacks a father.***) Das Objekt kann als direktes oder als präpositionales Objekt erscheinen – aber wiederum nur im Deutschen unterscheiden wir Objekte ohne Präpositionen noch in

Dativ-, Akkusativ oder Genitivobjekte. Prädikate mit zwei Objekten haben in der Regel das indirekte vor dem direkten Objekt und das direkte vor dem präpositionalen Objekt: *lend someone something, lend something to someone* / *jemandem etwas leihen.*

Die Grundreihenfolge der freien Ergänzungen wird durch die Hierarchie ihrer Bezugselemente bestimmt. Adverbiale der Art und Weise bestimmen Prädikate näher, während Adverbiale der Zeit das mit dem Satz ausgedrückte Ereignis als Ganzes, also ein hierarchisch übergeordnetes Bezugselement, bestimmen und dementsprechend in der Satzstruktur hierarchisch höher plaziert sind. Satzadverbiale, die Sprechereinstellungen ausdrücken, gelten wiederum diesen zeitlich eingeordneten Ereignissen und sind damit allen anderen Adverbialen übergeordnet. Da die ereignisbezogenen Adverbiale ihre Grundposition innerhalb der Verbgruppe haben, unterliegen sie dem Parameter der alternativen **Gerichtetheit**: sie stehen im Englischen rechts, im Deutschen links von den festen Ergänzungen. *The boy was there again this evening. Der Junge war an diesem Abend wieder da.* Einstellungsadverbiale sind auf den ganzen Satz bezogen und stehen deswegen in beiden Sprachen vor der zeitlich näher bestimmten Verbgruppe, was auch am Satzanfang heißen kann: *Luckily, the boy was there again this evening. Glücklicherweise war der Junge an diesem Abend wieder da.*

Die Grundreihenfolge garantiert neutralen (weiten) **Fokus**. Abweichungen von der Grundreihenfolge (durch Umstellungen, Voranstellungen oder Nachstellungen) können markierte Fokusstrukturen ergeben. Dies gilt für englische und deutsche Sätze gleichermaßen. Die unterschiedlichen Grundstrukturen führen aber zusammen mit der alternativen Gerichtetheit und der eingeschränkten Bewegungsfreiheit für englische Satzglieder dazu, daß parallelen syntaktischen Strukturen unterschiedliche Fokusstrukturen zugeordnet werden. (Vgl. **Ergänzungen**, I: *Bewegte Welten,* VIII: *Die Hierarchie der Umstände, Positionen,* IX: *Schwerpunkte, Voranstellung.*)

Hilfsverb: unselbständige Verben,

wie *be, have, do,* die (wenn sie nicht selbst als Hauptverben verwendet werden) zusammen mit Hauptverben komplexe Verbformen bilden, oder wie *can, must, will, should...*, die zum Ausdruck von Möglichkeit oder Notwendigkeit dienen, mit stärkeren oder schwächeren Graden von Verbindlichkeit und auf unterschiedliche Bereiche bezogen, wie zum Beispiel auf Wahrheit, soziale Verpflichtungen oder äußere Umstände. Während *be* die meisten grammatischen Formen unter den englischen Verben aufweist, haben andere Hilfsverben nicht einmal das *s* der Dritten Person Singular und keine eigene Vergangenheitsform – selbst *could/konnte* teilt sich diese Form noch mit der Möglichkeitsform *could/könnte*. Bei den übrigen Hilfsverben füllen Ersatzformen die Lücken im Formenbestand: *must/have to/have got to, will/be going to, can/be able to...* Im Unterschied zum Deutschen brauchen übrigens diese englischen Hilfsverben auch Ersatzformen für die unveränderten Verwendungen: *Er ist überzeugt, das Problem lösen zu müssen / **He is convinced of having to solve the problem**,* was so schwerfällig ist, daß diese Komponente oft einfach unter den Tisch fällt: *Es tut mir leid, ihnen mitteilen zu müssen... / **I'm sorry to inform you...*** Hilfsverben helfen Verlaufsform und Passiv auszudrücken *(be, have)*, direkte/indirekte Verneinung *(do)* oder Möglichkeit/Notwendigkeit. Da sie immer an mehr oder weniger komplexen Verbformen beteiligt sind, macht sich gerade hier die alternative Gerichtetheit der englischen Verbgruppe besonders deutlich bemerkbar. (Vgl. IV: *Hilfsverben,* V: *Probleme mit dem Spiegelbild.*)

Hintergrund: als bekannt unterstellt,

nicht hervorgehobene, nicht fokussierte Information. Die genaue Unterscheidung zwischen Hintergrund und Fokus ist nicht immer einfach. Mitunter genügen unser Weltwissen und der satzexterne Zusammenhang, meist brauchen wir aber einen oder mehrere Sätze aus dem Vorgängerkontext, um über die Wichtigkeit der Informationselemente aus dem Satz entscheiden zu können. In den meisten Fällen muß man die Information aus dem Vorgängerkontext weiter verarbeiten, das heißt die einschlägigen Schlüsse ziehen, um die Hintergrundinformation vom Schwerpunkt trennen zu können. Nehmen wir zum Beispiel den besonderen Satz über die *limitations of language:*

I knew about ten words of Greek and he knew about three words of English. We had a remarkable colloquy, considering the limitations of language.

Da wir die Gesprächspartner *I* und *he* als Vorgänger zum *we* erkennen können, und die Kenntnis von drei bzw. zehn Wörtern einer Sprache als einen Fall sprachlicher Beschränkung (der dann die Partizipialergänzung als bereits eingeführte Information einordnet), läßt sich die Hintergrund-Fokus-Struktur des zweiten Satzes mit

We [had a REMARKABLE *colloquy], considering the limitations of language.*

angeben. Rechts außen ist im Englischen eine typische Position für den Hintergrund. Im Deutschen stellen wir jedoch den adverbiellen Hintergrund lieber an den Satzanfang und überlassen die Position rechts außen dem Fokus:

Angesichts dieser sprachlichen Einschränkung unterhielten wir uns erstaunlich gut.

(Vgl. V: *Freie oder feste Ergänzung.*)

Indirekte Rede: Bericht

über Äußerungen oder Gedanken (s. **Zeitenfolge**).

Infinitiv: unveränderte Verbform

mit oder ohne *to.* (Vgl. V: *Prinzipiell endungslos; Wahlvorgaben; Von, auf, an, zu ...; Sparprogramm mit Redundanzen.*)

Informationsstruktur: Gliederung von Sätzen

in zwei oder mehr Teile nach ihrem Wert, ihrer Funktion im Diskurs; s. **Topik, Kommentar; Fokus, Hintergrund.** Jeder Teilsatz kann eine Informationsstruktur haben, die dann nach ihrer relativen Wichtigkeit in die Informationsstruktur des übergeordneten Satzes eingebettet ist. Zwischen den verschiedenen Konzepten der Informationsstruktur bestehen zum Teil so enge Zusammenhänge, daß sie oft miteinander gleichgesetzt werden, zum Beispiel Topik mit Hintergrund, Fokus mit Kommentar, Thema mit Topik...

Kausal: semantische Relation,

die Ursachen oder Begründungen angibt: *because of the rain; as it was raining...*

Kompositum: zusammengesetztes Wort.

Konsonant: Laut,

der den freien Lautstrom durch verschiedenartige Verschlüsse beschränkt (Reibelaute) oder blockiert (Verschlußlaute) und mit oder ohne Stimmbeteiligung (stimmhaft oder stimmlos) ausgesprochen wird. Aber auf keinen Fall behaucht! (Vgl. II: *Die Schall-Mauer.*)

Laute: kleinste, bedeutungsunterscheidende Segmente

der Lautform sprachlicher Äußerungen, unterteilt in **Vokale** und **Konsonanten**.

Lehnwörter: aus anderen Sprachen übernommene Wörter

mit verschieden starken Anpassungen in Lautform und Morphologie an die entlehnende Sprache; mitunter auch als Lehnübersetzungen. (Vgl. II: *Bernstein-Einschlüsse, Romanische Verbindungen.*)

Lexik: Wortschatz

einer Sprache; umfaßt alle wirklichen und potentiell alle möglichen, einfachen und komplexen Wörter und festen Wortverbindungen einer Sprache mit ihren lautlichen, morphologischen, syntaktischen und semantischen Eigenschaften sowie ihre Zugehörigkeit zu bestimmten Stilebenen und **Registern**. Wörter lassen sich nach verschiedenen Gesichtspunkten ordnen in solche, die in ihrer Lautform oder in ihrer geschriebenen Form zusammenfallen (Homophone wie *red/rot* und *read/las*, Homonyme wie *bank/Bank; Ufer*); Wörter, die einander bedeutungsmäßig so ähnlich sind, daß sie immer oder vielfach für einander verwendet werden können (Synonyme wie zum Beispiel *must, have to, have got to/müssen*); Wörter, deren Bedeutungen einen Gegensatz bilden (Antonyme wie *many/few; old/young, new*); Wörter, die morphologische Ableitungen von anderen Wörtern darstellen (Ableitungen wie *meeting, unreal*) oder aus anderen Wörtern zusammengesetzt sind (Zusammensetzungen wie *blackbird, walking-stick, civil rights*); Wörter, die voll bedeutungstragend sind, und solche, die wie *the, it, do* nur als Träger grammatischer Funktionen dienen, u. a. m. (Vgl. **Sprachsystem**, II: *Die Anatomie der Wörter, Zusammenschlüsse, Die wunderbare Vermehrung.*)

Mengenangaben (Quantoren),

die im Englischen unter dem Gesichtspunkt von Zählbarkeit, Polarität und Distributivität (einzeln oder pauschal) lexikalische Alternativen aufweisen: *much, many, some, any, both, either...* (vgl. VI: *In Teilen*).

Modalverben: Verben für den Ausdruck von *möglich* oder *notwendig*

(wie *may, can, must, should* etc.)

Möglichkeitsform (Konjunktiv)

mit möglicher oder irrealer (kontrafaktischer) Bedeutung. Gehört mangels eigener Flexionsform zur Leichtbauweise des Englischen. Mit Ausnahme von *be*, für das mit *were* in allen Personen noch so etwas wie eine eigene Form zur Verfügung steht, wird die Möglichkeit in Hauptsätzen analytisch durch Hilfsverben wie *would, could, might, should* ausgedrückt, womit wir ja im Deutschen gut vertraut sind: *I would come if...*/ *Ich würde kommen, wenn...* Die zusammengesetzte Form wird im Deutschen der »einfachen« Form *(Ich käme, wenn...)* vorgezogen; im Englischen haben wir diese Option ohnehin nicht. Für die vergangene Möglichkeit bevorzugen wir im Deutschen dann aber doch die Form mit *wäre (ich wäre gekommen)*, während das Englische natürlich bei der zusammengesetzten Form bleiben muß *(I would have come ...).* Daran müssen wir uns ganz gezielt gewöhnen.

Die Unterschiede sind aber leider noch um einige Windungen komplizierter, da wir die Möglichkeitsform auch in Nebensätzen brauchen, natürlich auch und gerade in Bedingungssätzen. Im Deutschen machen wir das im Prinzip nicht anders als im Hauptsatz. Wenn auch die kürzere Form *(wenn er käme)* immer attraktiver wird, die zusammengesetzte Form ist noch uneingeschränkt akzeptabel: *wenn er kommen würde* ... Das Englische geht da prinzipiell andere Wege. Es bedient sich, gewissermaßen parasitär, der Vergangenheitsform zum Ausdruck der Möglichkeit im konditionalen Nebensatz: *if he came, if it rained, if I saw her...* Dies gilt auch für die vergangene Möglichkeit, die dann eben eine Zeitstufe weiter nach hinten rutscht: *if he had come, if it had rained, if I had seen her.* Das erinnert uns zwar irgendwie an unser deutsches *hätte: wenn es geregnet hätte...*, ist aber die nackte Vergangenheit, die ihre Funktion als Möglichkeitsform nur im Kontext von *if* erfüllen kann. Das gilt auch für eine verkürzte Verwendung wie in *If only I knew!* Wenn ich es nur wüßte! oder im irrealen Vergleich: *as if he knew,* als ob er es wüßte.

Ein paar verkappte Möglichkeitsformen wirken ebenso: *I wish I knew,* ich wollte, ich wüßte es; *it's high time we told him,* es wäre höchste Zeit, es ihm zu sagen.

Da wir die Möglichkeitsform im Deutschen ebenfalls für Berichte verwenden, können wir schließlich auch den Schritt des Englischen zur **Zeitenfolge** in der indirekten Rede theoretisch nachvollziehen – praktisch verlangt uns natürlich die Verschiebung aus dem Bereich der Möglichkeit in den Bereich von Zeit/Aspekt einiges an Umgewöhnung ab. (Vgl. IV: *Bericht und Möglichkeit,* V: *Probleme mit dem Spiegelbild.*)

Morphologie: Anatomie der Wörter,

ihre Zusammensetzung, Ableitung und grammatischen Veränderungen; synthetisch durch Hinzufügung von eigenen Formen (Vorsilben oder Nachsilben), gelegentlich auch mit Veränderungen am Stamminneren durch Ablautreihen (wie in *sing, sang, sung*), oder durch Erweiterung um grammatische Funktionswörter wie in allen komplexen Verbformen oder den komplexen Steigerungsformen *(more* und *most).*

Nachsilbe (Suffix): Morphem,

das an den Wortstamm angehängt wird.

Nebenordnung (Koordination)

mit oder ohne Verknüpfungselement (wie *and, but, or*).

Nomen: Hauptwortart,

durch die wir auf Objekte Bezug nehmen, belebte oder unbelebte, konkrete oder abstrakte, zählbare oder unzählbare, Gattungsnamen, Stoffnamen, Eigennamen, aber auch auf entsprechend »verdinglichte« Ereignisse und Eigenschaften (insbesondere durch nominalisierte Verben und Adjektive); grammatisch durch die Kategorien der **Zahl** (Einzahl, Mehrzahl) und damit der Spezifizierung durch Mengenausdrücke, durch die Kategorie der Bestimmtheit (bestimmt/unbestimmt, s. **Artikel**), durch **Fall** und **Geschlecht** gekennzeichnet. (Zu den Besonderheiten der englischen Nomen vgl. die einzelnen grammatischen Kategorien.)

Objekt: feste Ergänzung des Verbs,

die neben einzelnen Wörtern und Wortgruppen auch ganze Sätze umfaßt; läßt sich nach der morphologischen Form in **Akkusativ, Dativ, Genitiv** oder nach der strukturellen Position in direktes, indirektes oder präpositionales Objekt unterscheiden. Der Name dient zugleich für die Bezeichnung der prototypischen semantischen Rolle dieses Satzglieds: das Element, mit dem etwas geschieht, wie zum Beispiel *the door* in *somebody opened the door.* Der Zusammenfall von syntaktischem und semantischem Objekt ist aber nicht zwingend, wie *the door opened* zeigt. (Vgl. **Ergänzung, Passiv.**)

Partikel: Gruppe von Präpositionen,

die wie abtrennbare Nachsilben nach Verben verwendet werden, zum Beispiel *up* in *give up, aufgeben: ich gebe auf.* (Vgl. II: *Die wunderbare Vermehrung* – s. aber auch **Gradpartikel.**)

Partizip: unveränderte Verbform,

mit *ing*-Endung für die Gegenwart und *ed*-Endung für die Vergangenheit; in komplexen Verbformen (**Progressive, Perfekt, Passiv**), aber auch mit oder ohne Erweiterung als eigenständiges Satzglied (als feste oder freie **Ergänzung**) verwendet. (S. Kapitel V.)

Passiv: syntaktisch-morphologische Struktur,

die den Handlungsträger im Subjekt durch eine niedrigere semantische Rolle, meist das Objekt, ersetzt; Gegenstück zu

Aktiv; nicht selten durch die vielen lexikalischen Möglichkeiten des Englischen, niedrigere semantische Rollen ins Subjekt zu projizieren, umgehbar. Hierzu gehören auch die »Mittel«-Konstellationen, wie *The book reads easily,* die im Deutschen rückbezüglich, mit oder ohne *lassen* ausgedrückt werden: *Das Buch liest sich leicht / läßt sich leicht lesen.*
Neben bloßen Umstellungen ist das Passiv das wichtigste Mittel für Abweichungen von der lexikalisch bestimmten Grundreihenfolge und gerade im Englischen, das Umstellungen stärker einschränkt als Deutsch, besonders nützlich. Die durch das Passiv ins Subjekt angehobene Rolle kann das eine oder das andere von zwei Objekten sein. Beginnen wir mit dem indirekten Objekt: *Three students were sent the letter.* Was im Deutschen einem nominativen Subjekt entspricht und nicht akzeptabel ist: **Die drei Studenten wurde der Brief zugeschickt,* allerdings im *bekommen*-Passiv problemlos möglich ist: *Die drei Studenten bekamen den Brief zugeschickt.* Unter der Bedingung, daß das andere Objekt die Form eines Präpositionalobjekts hat, kann auch das direkte Objekt »angehoben« werden. *The letter was sent to three students.* Auf die Grundreihenfolge bezogen lassen sich die beiden Bedingungen generalisieren: Es kann immer nur jeweils das erste der beiden Objekte angehoben werden. Verben, die – wie zum Beispiel *explain* – nur mit einem Präpositionalobjekt verwendet werden können, erlauben dementsprechend im Passiv nur, das direkte Objekt, nicht das Präpositionalobjekt anzuheben, also nur: *The rule was explained to her once more.* Die persönlichen Passivmöglichkeiten des Englischen sind jedoch insgesamt weiter ausgebaut als die des Deutschen. Auch Objekte mit Infinitivergänzungen lassen sich durch Passivierung »anheben«: *They told us to wait outside. We were told to wait outside.* Dafür fehlt im Englischen die Möglichkeit des Deutschen für subjektlose Passivsätze. Für *Gestern wurde viel gelacht* bietet sich gerade einmal ein nominalisiertes Prädikat, das durch *there* eingeführt wird – aktiv natürlich: *There was a lot of laughter.*

Daß unterschiedliche Möglichkeiten auch unterschiedlichen Gebrauch bedeuten, ist offensichtlich. Daß wir aber auch von gleichen Möglichkeiten unterschiedlich Gebrauch machen, ist nicht so selbstverständlich. Gerade bei der Wahl zwischen Aktiv und Passiv spielt aber der Komplex der »anderen Leichtigkeit« eine entscheidende Rolle. (Vgl. V: *Das Passiv,* VIII: *Besondere Anfänge.*)

Perfekt: komplexe Verbform,

die ein zeitliches Fenster zwischen einem früheren Punkt und einem späteren – in Gegenwart, Vergangenheit oder Zukunft – eröffnet; das Präsens Perfekt entspricht im Deutschen alternierend dem Perfekt oder Imperfekt und dem Präsens. (Vgl. IV: *Perfekt,* V: *Probleme mit dem Spiegelbild.*)

Phonologie: sprachliche Ebene

der bedeutungsunterscheidenden Laute (Phoneme) einer Sprache, ihrer Akzente und ihrer Satzmelodien. (Vgl. II: *Die Schall-Mauer.*)

Pluraletantum: nur in der Mehrzahl verwendbares Nomen. (Vgl. VI: *Mengenmäßig.*)

Polarität: positiv-negativ-Alternative,

vor allem bei Mengenangaben wie *some* und *any;* löst bei direkter oder indirekter Verneinung beziehungsweise bei negativen Adverbien am Satzanfang die Subjekt-Hilfsverb-Umstellung aus, mit Einschub von *do* bei Sätzen ohne Hilfsverb. (Vgl. VI: *In Teilen, Fragen der Einstellung.*)

Prädikativ: feste Ergänzung

zu *be* und zu ähnlichen Verben, durch das dem Subjekt Eigenschaften zugeschrieben werden; stellt eine sprachliche Alternative zu attributiv zugeschriebenen Eigenschaften dar, was jedoch in manchen Fällen mit einer anderen Bedeutung verbunden ist. *An old friend of mine* kann etwas anderes bedeuten als *My friend is old.*

Prädikativa können auch ohne eigene Verben als Ergänzungen zu einer übergeordneten nominalen Wortgruppe verwendet werden, wo sie dann, wie in *He found the glass empty,* einen Zustand des übergeordneten Elements oder, wie in *He drank the glass empty,* ein Ergebnis des vorher erwähnten Ereignisses bezeichnen. Unter Umständen kann es sich sogar um einen Zustand des Subjekts handeln: *He ate his breakfast naked.* Und da wir das alles schon aus unserer eigenen Sprache kennen, brauchen wir nur noch – wegen des *-ly* – den Unterschied zu etwaigen Adverbien im Auge zu behalten: *He ate his breakfast hurriedly.*

Progressive: Verlaufsform

englischer Verben, die mit dem einfachen Aspekt alterniert und aus *be* und dem Präsenspartizip von allen englischen Verben gebildet wird, die auf ein Ereignis im Verlauf Bezug nehmen können. (Vgl. IV: *Im Verlauf.*)

Register: funktionale, soziale oder lokale Variante

einer Sprache mit lexikalischen und grammatischen Besonderheiten. (Vgl. **Sprachsystem,** I: *Die besonderen Sätze.*)

Relativsätze: einschränkende oder nicht-einschränkende Nebensätze

zu Nomen oder nominalen Wortgruppen; je nach ihrer jeweiligen syntaktischen Funktion beginnen sie mit unterschiedlichen Relativpronomen. (Vgl. VII: *Notwendig oder zusätzlich, Das verdeckte Objekt, Die gestrandeten Präpositionen.*) Es gibt auch Relativsätze, deren Bezugselement Teilsätze sind.

Sie werden nach ihrem Bezugselement mit **which,** vor ihrem Bezugselement mit **what** (im Deutschen beidemal mit *was*) eingeleitet: **He was late, which I had expected. What I had expected was that he was late.** Relativpronomen, die um die Endung *-ever* erweitert sind, tragen ihr Bezugselement in sich: **Whoever said so was wrong.** Aber das haben wir schließlich (abgesehen von der Zusammenschreibung im letzten Fall) alles auch so im Deutschen.

Relevanzprinzip: kontrolliert den Sprachgebrauch

über die Erwartung eines angemessenen Proporzes zwischen dem mit einer Information verbundenen kognitiven Gewinn und dem Verstehensaufwand. Der Empfänger einer sprachlichen Mitteilung erwartet, daß sich der »Sender« an dies Prinzip hält, und jener weiß, daß der Empfänger dies von ihm erwartet – was letztendlich aber niemanden davon abhalten kann, sich – absichtlich oder unabsichtlich – anders zu verhalten, das heißt redundant zu sein, unverständlich, irrelevant ... Bis zu einem gewissen Grad wird der Verstehensaufwand durch die sprachliche Form bestimmt, und dies kann auch bei analogen Formen in verschiedenen Sprachen Verschiedenes bedeuten (vgl. IX: *Sprachverarbeitung*).

Rollen: semantische Funktionen von Satzgliedern,

die sie als Partner in einem Sachverhalt ausweisen, als »Handlungsträger«, »Objekt«, »Instrument«, »Ort« u.ä.; die Beziehung zwischen Rolle und **Fall** ist mit der Bedeutung des syntaktischen Kopfes (in erster Linie des Verbs) festgelegt. Prototypisch ist die Zuordnung des Handlungsträgers zum Subjekt/Nominativ und des semantischen Objekts zum direkten/Akkusativobjekt. Die Hierarchie der syntaktischen Fälle entspricht in diesem Fall der Hierarchie der semantischen Rollen: der höchste syntaktische Fall drückt auch die höchste Rolle aus. Es gibt aber auch andere, in der Wortbedeutung festgeschriebene Zuordnungen, wie zum Beispiel desjenigen, mit dem etwas geschieht, also des prototypischen semantischen Objekts zum Subjekt – *The ice broke. The curtain rises...* – oder syntaktische Umordnung, vor allem durch das Passiv: *John is admired by everybody.* (Vgl. auch **Ergänzung, Grundreihenfolge**.)

Satzglied: syntaktische Funktion

von Wortgruppen oder Sätzen als feste oder freie Ergänzungen (**Subjekt, Objekt, Prädikativum**... oder **Attribut, Adverbial**). Ein erster, grober Test zur Unterscheidung dieser Funktionen sind Ergänzungsfragen: *Wer..., wem..., wen..., wann..., wie..., warum...?* Daß Satzglieder auch nur aus einem Wort bestehen können, liegt schon wegen ihrer möglichen Verkürzung auf Fürwörter auf der Hand. Viel weniger bekannt ist, daß Satzglieder oft aus ganz langen und komplexen Strukturen bestehen. Nominale Köpfe mit einer Kette von komplexen freien Ergänzungen können sich da zu ganz eindrucksvollen Gebilden auswachsen, wie zum Beispiel in dem Satz über Tigger, der den Kopf eines nicht enden wollenden Objekts abgibt:

... he was still a little anxious about [Tigger, who was a Very Bouncy Animal, with a way of saying How-do-you-do, which always left your ears full of sand, even after Kanga had said, „Gently, Tigger dear," and had helped you up again].
(Vgl. VIII: *Ikebana mit Sätzen.*)

Satzmelodie (Intonation),

die in Verbindung mit der Akzentsetzung durch auf- oder absteigende Stimmführung verschiedene Einstellungen des Sprechers zum Ausdruck bringt (zum Beispiel: Frage, Emphase...). Gehört zu den schwierigsten Eigenschaften einer Fremdsprache, wo selbst die detailliertesten Hinweise nur bei ausreichender Musikalität erfolgreich sind. Grobe Ähnlichkeiten zwischen Deutsch und Englisch sichern in der Regel das Nötigste.

Semantik: sprachliche Bedeutung,

die sich in Grundelemente (Individuen und Prädikate) zerlegen und zu wahrheitswertfähigen Aussagen (Propositionen) von unterschiedlicher Komplexität zusammensetzen läßt. Wie bitte? Unter sprachlicher Bedeutung, der Bedeutung sprachlicher Elemente, können Sie sich ja noch etwas vorstellen, aber was sind »Individuen«, »Prädikate«, »Propositionen«, und was soll »wahrheitswertfähig« heißen? Also gut. Was ist Ihrer Meinung nach die Bedeutung von *give?* Wörterbücher geben viele Bedeutungsvarianten oder Bedeutungen an – konzentrieren wir uns auf die Kernbedeutung. Wie wäre es mit so etwas wie »jemand macht, daß jemand (anderer) etwas hat«? Nicht gerade Literatur, aber die wichtigsten Elemente aus der Bedeutung von *give* könnten dies schon sein. »Jemand« bezieht sich auf ein Individuum; in einem abstrakten, logischen Sinn ist auch »etwas« ein Individuum, wenn auch ein unbelebtes, ein Ding eben. Die Bedeutung von *give* hält also drei Stellen frei für den Bezug auf Individuen. (Sie sieht drei Stellen für feste **Ergänzungen** vor, die dann in einem Satz mit *give* mit passenden Elementen besetzt werden.) Zwischen diesen Individuen bestehen bestimmte Relationen, zwischen »jemand« und »etwas« die Relation des »Habens«. »Haben« ist ein relationales »Prädikat«. Zusammen bilden »jemand«, »etwas« und »haben« ein Bedeutungselement, das auf einen Sachverhalt Bezug nimmt, und das, wenn wir es als Aussage mit bestimmtem Bezug verwenden *(jemand hat etwas),* wahr oder falsch sein kann. Ein solches komplexes Bedeutungselement ist »wahrheitswertfähig«, es kann den einen oder den anderen Wahrheitswert bekommen. Wahrheitswertfähige Elemente heißen »Propositionen«. Propositionen können auch Propositionen beinhalten. Das Prädikat »machen« stellt eine Relation zwischen dem ersten »jemand« und der Proposition »jemand hat etwas« her und bildet auf diese Weise eine Proposition, die eine Proposition beinhaltet. Über deren Wahrheitswert können wir dann auch wieder befinden. – Wenn Sie jetzt die Individuen auf bestimmte Personen und Dinge beziehen, bekommen Sie so etwas wie einen Satz: »Eva macht, daß Adam einen Apfel hat«. Und wenn Sie dies aus der semantischen Ebene in die syntaktische Ebene zurückübersetzen, bekommen Sie einen richtigen Satz – *Eve gives Adam an apple* – und damit ein Demonstrationsstück für den Zusammenhang zwischen Wortbedeutung und Satzbedeutung. Daß die semantische Struktur sich analog in einen deutschen Satz übersetzen läßt *(Eva gibt Adam einen Apfel),* aber nur im Englischen auch noch in die syntaktische Struktur *Eve gives an apple to Adam,* wissen Sie schon. (Wenn nicht, sehen Sie einmal unter **Grundreihenfolge** nach.)

Singularetantum: nur im Singular verwendbares Nomen. (Vgl. VII: *Mengenmäßig.*)

Sprache: System aus bedeutungtragenden Lautformen

(sagen wir einfach »Wörtern«) und Prinzipien über die Verknüpfung von Wörtern zu komplexen Ausdrucksformen sowie über deren Verwendung in bestimmten Zusammenhängen. Zu diesen Zusammenhängen weist das **Sprachsystem** viele verschiedene Varianten aus.

Sprachsystem: System aus Wortschatz und Grammatik,

zu dem es viele verschiedene funktionale, regionale und soziale Varianten gibt. Im Wortschatz einer Sprache, ihrem »Lexikon«, stecken nicht nur die allgemeinen und kulturspezifischen Vorstellungen der Sprachgemeinschaft, sondern auch alle Unterscheidungen, die für die Verwendung der Wörter in Wortgruppen, Sätzen und Texten grammatisch relevant sind. Ein Teil dieser Unterscheidungen wird von den Bedeutungsstrukturen der einzelnen Wörter vorgegeben (vgl. **Ergänzungen, Grundreihenfolge**), ein anderer Teil ist idiosynkratisch, also nicht herleitbar, sondern willkürlich festgelegt (wie zum Beispiel das grammatische Geschlecht im Deutschen: *die Stirn, der Mund, das Auge...*). Die grammatischen Kategorien der Wörter bestimmen den Spielraum, in dem Wörter, Wortgruppen und Sätze als Träger grammatischer Eigenschaften variieren können.

Wie wir schon aus unserer eigenen Sprache wissen, können sich Wortschatz und Grammatik der funktionalen, regionalen und sozialen Sprachvarianten verschieden stark unterscheiden und zum Teil so weit vom allgemeinen Standard abweichen, daß sich die Sprecher der verschiedenen Varianten gegenseitig kaum mehr verstehen. Das betrifft vor allem die Aussprache und den Wortschatz, geht aber oft bis ins grammatische Grundgerüst hinein, so daß uns selbst schriftliche Fassungen noch von Dialektspezialisten erläutert werden müssen. Da kann zum Beispiel das *he/she* für zählbare Nomen stehen, *it* für Stoffnamen *(the bread... it; the loaf / Brotlaib... he)*, das *do* als allgemeine Form für Zeit verwendet werden, das *were* für alle Personen, das verdeckte Fürwort auch für Subjekte von Relativsätzen und dergleichen mehr. Hier ist ein kleiner Ausschnitt aus einer Erzählung eines alten Bauern aus dem Südwesten Englands, die sich (selbst wenn wir den *ostler/Pferdeknecht* und das Aus- und Einspannen von Pferden kennen sollten) immer wieder unserer Schulgrammatik entzieht:

... there was a fellow did hitch out the horses and put them in the stable [...] And, er, one of the farmers tipped the ostler that hitch out [...] the horse and put un in for them when he were ready. Tipped these fellows to put the wrong horse in the wrong cart.

Also: *a fellow who hitched out the horses ... and put him [the horse] in when he [the horse] was ready.* – Was passiert, wenn eine Variante für längere Zeit Gelegenheit hat, ihre eigenen Wege zu gehen, haben wir durch den Vergleich von Deutsch und Englisch ständig anschaulich vor Augen.

Sprachverarbeitung: Analyse sprachlicher Strukturen

bezüglich ihrer lautlichen, syntaktisch-morphologischen und semantisch-pragmatischen Eigenschaften (Perzeption); umgekehrt auch Bildung sprachlicher Strukturen aus diesen Komponenten (Produktion).
Natürlich entzieht sich der Prozeß, in dem Sprache verarbeitet wird, unserer unmittelbaren Beobachtung. Wir haben nur indirekte Anhaltspunkte für die Art und Weise, in der wir zum Beispiel Sätze verstehen oder erzeugen. Zu den aufschlußreichsten Erscheinungen gehören hier Fehlleistungen wie Versprecher. Sie sind nicht nur oft unwiderstehlich komisch, sie weisen uns auf die isolierbaren Teile hin, die im Prozeß der Sprachproduktion zusammengefügt werden müssen. Das können einzelne Laute sein oder Silben (*des Lösels Rätsung* für *des Rätsels Lösung*), Wörter oder Wortgruppen (*die Heunadel im Steckhaufen*), Begriffsüberschneidungen (*er diskutiert da ein ellenloses Problem* für *endlos* und *ellenlang*), strukturelle Ableitungsfehler (*daran muß dann versucht werden etwas zu ändern* – *daran* kann, wenn überhaupt, nicht ohne seine Ergänzung vorangestellt werden: *daran etwas zu ändern muß dann versucht werden*). Die verschiedenen Klassen der Versprecher zeigen die verschiedenen Ebenen auf, die bei der Sprachproduktion sukzessive aktiviert werden müssen, und die einfachen und komplexen Elemente, mit denen wir dabei operieren.
Ähnliches gilt für die Fehlermöglichkeiten beim Sprachverstehen. Dabei gibt es sogar ganz »regelmäßige« Möglichkeiten, sprachliche Strukturen nicht oder falsch zu verstehen. Sie hängen mit der Mehrdeutigkeit sprachlicher Elemente zusammen. Zwar werden die meisten grammatischen und lexikalischen Mehrdeutigkeiten im größeren Zusammenhang (eines

Satzes zum Beispiel) aufgelöst. Da wir aber nicht alles auf einmal überblicken können und eine gewisse Schrittfolge in der Verarbeitung sprachlicher Strukturen einhalten müssen, können wir zwischendurch immer wieder auf einen Holzweg geraten (einen *garden path,* wie man in der englischen Psycholinguistik sagt), der uns eine nochmalige Verarbeitung vorangegangener Strukturteile abverlangt. Eine formenarme Sprache wie das Englische mit seinen verdeckten Fürwörtern in Relativsätzen bietet da besonders viele Möglichkeiten. In einem Satz wie *The woman asked shook her head* bemerken wir beim zweiten Verb, daß wir das erste Verb als das veränderte Verb zum Subjekt verstanden haben, während es doch in Wirklichkeit ein unverändertes Verb, ein Partizip im Passiv ist: *The woman who was asked shook her head.* Daß wir geneigt sind, das erste Verb als verändertes Verb zu interpretieren, kann als das Ergebnis einer Verarbeitungsökonomie angenommen werden, die uns bei mehrdeutigen Strukturen die nächstliegende Analyse (die in den meisten Fällen die richtige ist) bevorzugen läßt. Diese Strategie macht sich bezahlt, auch wenn der Preis dafür gelegentliche Holzwege sind. Aus solchen Holzwegen finden wir in der Regel wieder hinaus, manche machen sich überhaupt nur durch ein Gefühl der Unzufriedenheit bemerkbar, durch die Bewertung einer Formulierung als weniger gelungen. (Vgl. IX: *Sprachverarbeitung.*)

Steigerung: von Eigenschaften oder Phrasen

bezüglich einer Werteskala.

Steigerungsform (Komparativ),

die ein Mehr ausdrückt; durch das Suffix *-er* oder das Funktionswort *more* angezeigt (vgl. VIII: *Steigerungen*).

Steigerungsform, höchste (Superlativ),

die den höchsten Grad eines Vergleichs ausdrückt. Durch die Endung *-est* oder durch das Funktionswort *most* angezeigt. (Vgl. VIII: *Steigerungen.*)

Stellvertreter für Nomen (Pronomen),

die deren Bedeutung auf grammatische Merkmale reduzieren: persönliche Fürwörter (1. bis 3. Person, unterschieden nach Zahl und Geschlecht: *I, she, we*...), rückbezügliche Fürwörter (mit echtem oder unechtem Rückbezug: *yourself, yourselves*... bzw. Rückbezug überkreuz: *one another, each other*), besitzanzeigende Fürwörter *(my/mine, her/hers...),* bezügliche Fürwörter (für relativische Verknüpfung: *who, which*...), Fragewörter (für erfragte Satzglieder: *who, why*...), Stützwörter (nach Adjektiven oder Mengenangaben: *one*), bedeutungsleere Fürwörter (als syntaktische Platzhalter für folgende Satzglieder: *it, there*), verdeckte Fürwörter (die an der Oberfläche, aber nicht in der Bedeutung der Sätze unsichtbar bleiben) – vgl. VII.

Subjekt: Satzglied,

das gemeinsam mit dem Prädikatsverband einen Satz bildet. Es bietet in der syntaktischen Struktur des Satzes die hierarchisch höchste Position für die Ergänzungen, die dem Verb durch seine Bedeutungsstruktur zukommen. Kann von einem Wort bis zu einem komplexen Satz beliebig strukturiert sein (nicht anders als zum Beispiel das **Objekt** in der Beschreibung von Tigger, vgl. **Satzglied**).

Syntax: Wortklassen und ihre strukturellen Möglichkeiten,

zu Wortgruppen erweitert zu werden, mit bestimmten syntaktischen Funktionen (Satzglied) und bestimmten semantischen Rollen im Rahmen bestimmter Stellungsbedingungen. (Vgl. die Ausführungen zu Grammatik unter **Sprache**.)

Teilsätze: Haupt- und Nebensätze

in nebenordnender oder unterordnender Beziehung zueinander, zur näheren Bestimmung von Zeit, Ort, Ursache, Bedingung, Vergleich, Einschränkung oder als feste Ergänzung. (Vgl. VIII: *Ikebana mit Sätzen.*)

Topik: informationsstrukturelles Grundkonzept,

das zusammen mit Kommentar eine Ebene der Gliederung von Sätzen im Diskurs bildet. Von den verschiedenen Theorien über Topik werden zwei am häufigsten genutzt: Topik ist das, was am Anfang des Satzes steht. Topik ist das, worüber im Kommentar etwas ausgesagt wird. Beides wird auch gern gemeinsam als Doppelbestimmung beansprucht. Auch eine dritte Möglichkeit: Topik ist dasselbe wie **Hintergrund** (aus der Hintergrund-Fokus-Gliederung), ist weit verbreitet. Letztlich sind alle drei Aspekte voneinander unabhängig, wenn auch – besonders im Englischen – eine Tendenz zur Überlappung besteht: Das, worüber ich spreche, stammt in der Regel aus den kontextuell bereits gegebenen Informationselementen und wird meist am Anfang des Satzes verwendet. Bei genauerer Betrachtung wird aber im Englischen auch oft neue Information am Satzanfang verwendet. In *Two astrophysicists are looking at these ideas* kann man schon an der Verteilung von unbestimmten und bestimmten Ergänzungen ablesen, daß die bereits eingeführte Information mit *these ideas* erst im Prädikat verwendet wird, während die beiden noch nicht eingeführten Astrophysiker den Satz beginnen. Das würden wir im Deutschen eher umgekehrt anordnen: *Mit diesen Hypothesen beschäftigen sich zur Zeit zwei Astrophysiker.* Eine solche Abfolge könnten wir im Englischen nur um den Preis der Passivierung erreichen, da eine bloße Voranstellung nicht möglich ist. Aber damit handeln wir uns eine unangebrachte Hervorhebung des Handlungsträgers ein: *These ideas are being looked at by two astrophysicists.*

Nebenbei bemerkt ziehen wir auch im Deutschen oft neue (oder wichtigere) Information am Satzanfang vor und schieben das schwächste Element mehr in die Mitte des Satzes, wenn dadurch eine ausgewogenere Verteilung der Information entsteht. (Vgl. **Hintergrund**.)

Truffaldino-Effekt: Metapher für den Verlust der sprachlichen Form des Originals

beziehungsweise für ihren Ersatz durch die muttersprachliche Form. (Vgl. den gleichnamigen Abschnitt in III.)

Umstandsbestimmung der Häufigkeit (Frequenzadverbial),

wie *always, twice a week, occasionally,* die angibt, wie oft ein Ereignis auftritt.

Umstellung: Veränderung der Reihenfolge

innerhalb einer verbalen Wortgruppe, im weiteren Sinn auch als Voranstellung an den Satzanfang oder als Nachstellung hinter den Satzrahmen (Ausrahmung). Eine besondere Form der Umstellung tritt bei Subjekt und Hilfsverb in Fragen oder nach **polaren** Adverbien auf (Inversion).

Unterordnung, syntaktische (Subordination),

auf Sätze bezogen: Nebensatz.

Varianten, Varietäten: verschiedene Erscheinungsformen

einer Sprache (regional, sozial, funktional). Mit Englisch kann sich da keine zweite Sprache vergleichen, da seine Varianten von etwa 800 Millionen Sprechern auf der ganzen Welt bestimmt werden (als Muttersprache von großen Bevölkerungsteilen in Australien, Kanada, der Karibik, Irland, Neuseeland, den Philippinen, Südafrika, England und den USA; und weit verbreitet als zweite Sprache in Afrika und Asien). Wenn man dann noch die verschiedenen Veränderungen in der Zeit hinzunimmt, die entstehenden und vergehenden »Standard-Varianten«, die stilistischen Varianten, Fachsprachen, Schlagwörter, Sprichwörter, Klischees, Jargonausdrücke, Schreibkonventionen bis hin zu Abkürzungen und druckfertigen Computerformaten – im Prinzip also alles, was wir in unserer eigenen Sprache auch nur in Auszügen beherrschen –, dann kann man nur noch auf die Reste der angeborenen Lernfähigkeit in puncto Sprache setzen, die bei ausreichender Neugier immer noch Erstaunliches bewältigen kann.

Verben: Wortart für Prädikate,

die als Vollverben alleine, als Hilfsverben nur mit Vollverben zusammen verwendet werden. Sie tragen die grammatischen Kategorien von Zeit und Aspekt, Person und Zahl (veränderte Verben) oder bleiben in dieser Hinsicht unspezifiziert (unverändert).

Verbform, veränderte (Finitheit),

die **Zeit, Aspekt** und **Möglichkeit** ausdrückt und mit dem Subjekt in Person und Zahl übereinstimmt, was bei einer komplexen Verbform immer nur für das erste Hilfsverb zutrifft. Jeder Satz hat ein verändertes Verb und, wenn dieses ein Hilfsverb ist, noch mindestens ein unverändertes Vollverb. Anders als im Deutschen können auch Hilfsverben wie *can* normalerweise nicht ohne ein ergänzendes Vollverb verwendet werden. In *Sie kann ganz gut Englisch* muß das Hilfsverb zumindest durch *sprechen/speak* oder ähnliches spezifiziert *(She can speak English quite well)* beziehungsweise durch ein Vollverb ersetzt werden *(She knows English quite well)*. Unveränderte Verben (**Infinitive, Partizipien**) werden aber auch ohne veränderte Hilfsverben verwendet, als freie Ergän-

zungen (**Attribute** oder **Adverbiale**) und als feste **Ergänzungen**, die mit eigenen Erweiterungen satzartige Strukturen bilden (s. Kapitel V).
Insgesamt scheint sich das Verb im Englischen einer größeren Beliebtheit zu erfreuen als im Deutschen, was – wenn man die erweiterten unveränderten Verbgruppen und Prädikativa zu den satzartigen Strukturen rechnet – auf die Verwendung von mehr Teilsätzen hinausläuft. Umgekehrt heißt dies, daß wir in unserer eigenen Sprache – abgesehen von Sätzen mit veränderten Verben – mehr von den anderen Wortgruppen Gebrauch machen, also mehr nominale, präpositionale und adverbielle Wortgruppen verwenden oder »redundante« Verben einfach »einsparen«. ***He likes to sing** / Er singt gern. **She used to smoke** / Früher hat sie geraucht. **... which I think is true** / was meiner Meinung nach stimmt. **He avoided giving an answer to the question** / Er vermied eine Antwort auf die Frage. **The demands made by the students were fully met** / Die Forderungen der Schüler wurden ganz erfüllt. **He opened the door for her to come in** / Er öffnete ihr die Tür. **This is a question which I am sorry to say can't be answered.** Dies ist eine Frage, die leider nicht beantwortet werden kann.* (Vgl. IV: *Arbeitsteilung*, V: *Sparprogramm mit Redundanzen*, IX: *Mehr Sätze.*)

Vergleichssatz (Komparativsatz),

bei gleichem Ausprägungsgrad (Grundform) mit *as...as,* bei Steigerung mit *than* angeschlossen, wobei in der Regel die zum Hauptsatz parallele Struktur – wie im Deutschen – unausgeführt bleibt.

Vokale: Laute,

die durch keine artikulatorischen Verschlüsse eingeschränkt oder blockiert werden und mehr oder weniger offen, lang oder kurz, einfach oder mit Gleitlauten (Diphthongen) realisiert werden.

Voranstellung (Topikalisierung) eines Elements
an den Satzanfang. Eine Möglichkeit, die Grundreihenfolge zu verändern, die im Englischen wesentlich eingeschränkter ist als im Deutschen. Bei zusätzlicher Umstellung von Hilfsverb und Subjekt ergibt dies semantisch oder informationsstrukturell markierte Strukturen (Entscheidungsfragen oder emphatische Aussagen wie *Never will there be...*). Wenn andere Satzglieder als das Subjekt am Satzanfang stehen, geht im Englischen, außer in den markierten Umstellungen, immer erst noch das Subjekt dem Verb voraus, was die Verarbeitung zusätzlich vorangestellter Satzglieder erschwert. (Das haben wir im Deutschen einfacher, weil da das veränderte Verb immer an der zweiten Stelle erscheinen muß, was die Ergänzungen sauber voneinander trennt.) Was da allenfalls im Englischen noch vor dem Subjekt verwendet werden kann, sind neben den Textverknüpfungsmitteln vor allem »szenische Adverbiale«, die erst einmal den Bezugsrahmen für das Folgende setzen: *In this chapter, we will concentrate on...* Es sieht allerdings so aus, als ob sie nur dann in die gehobenere Position aufrücken, wenn ihre angestammten, neutralen Positionen am rechten Rand des Satzes keine zusätzliche Information mehr vertragen (oder wenn es tatsächlich um eine kontrastive Hervorhebung geht). Die präzisen Bedingungen für Voranstellung (einschließlich des Perspektivewechsels durch **Passiv**) – vor allem im Vergleich zwischen Englisch und Deutsch – harren noch der Aufklärung.

Vorgänger (Antezedent) zu einem sprachlichen Element (oft Fürwort) mit gleichem Bezug.

Die Wiederaufnahme von Bezügen ist ein wesentlicher Aspekt von Texten, deren verschiedene Aussagen ja durch die speziellen Relationen zwischen den Aussagen und durch die wiederaufgenommenen Bezüge zusammengehalten werden. Die Verwendung von Fürwörtern (anstelle von voll lexikalisierten Ausdrucksformen) wird dabei durch die Eigenschaften der jeweiligen Sprache unterschiedlich beschränkt. In einer Sprache ohne grammatisches Geschlecht des Nomens, wie im Englischen, ist es oft schwieriger, den Vorgänger zu einem Fürwort zu bestimmen, als in einer Sprache mit grammatischem Geschlecht, wo die Beziehungen von *er, sie, es* zum größten Teil über das Geschlecht des Vorgängers auszumachen sind (vgl. VII: *Vertretungsweise*). Der Vorgänger kann vom einfachen Wort bis zu einem ganzen Textabschnitt reichen. Unter Umständen kommt dafür sogar ein ganzes Buch in Frage. So zum Beispiel beim Vorgänger zu *this* im vorletzten Satz aus Austins Vorlesung (X: *Diskurswelten*).

Vorsilbe (Präfix): Ableitungsmorphem

oder Morphem zum Ausdruck einer grammatischen Kategorie, das seinem Stamm vorausgeht. (Vgl. II: *Die Anatomie der Wörter, Trugbilder.*)

Wirklichkeitsform (Indikativ),

die vor allem der Möglichkeitsform gegenübersteht.

Wortarten: Wortklassen,

die entweder (als Verben, Nomen, Adjektive, Adverbien, Präpositionen) lexikalisch voll bedeutungstragend sind und andere Wortarten »regieren«, das heißt den **Fall** ihrer festen **Ergänzungen** bestimmen, oder grammatische Funktionsträger sind (wie Artikel, Fürwörter, Hilfsverben, Verknüpfungselemente, Partikel).

Wortform (Flexion)

zum Ausdruck grammatischer Kategorien, in der Regel mit zum Grundwort hinzugefügten Vorsilben oder Nachsilben. Veränderungen am Wort selbst, wie zum Beispiel durch die

Vergangenheitsform *-ed,* von denen das Englische nur noch in sehr bescheidenem Umfang Gebrauch macht, steht die Verwendung zusätzlicher Funktionswörter gegenüber, wie zum Beispiel das *will* für den Ausdruck der Zukunft. Während die vollen Formen dieser Funktionswörter wie die eigenständigen, bedeutungstragenden Wörter aussehen, aus denen sie entstanden sind, sind die verkürzten Versionen eigentlich schon zu grammatischen Endungen geworden: *I'll show you.* Mitunter entstehen bei den Verkürzungen Mehrdeutigkeiten: *he'd* zum Beispiel steht für *he had* und *he would,* was aber natürlich durch den jeweiligen Kontext wieder aufgelöst wird. (Vgl. II: *Paßformen*).

Wortgruppen: strukturell erweiterte Wörter,

die als Gruppe gemeinsame syntaktische Funktionen tragen. Da Wortgruppen auch durch Teilsätze erweitert werden können, sind beliebig lange Exemplare denkbar, wenn auch unter dem Gesichtspunkt der **Sprachverarbeitung** nicht sehr praktisch.

Wortstellung: lineare Anordnung

der Wortgruppen und ihrer einzelnen Bestandteile nach dem grammatischen Parameter ihrer Sprache; im Deutschen durch die Position des Verbs nach seinen Ergänzungen rechts außen, im Englischen durch die Position des Verbs vor seinen Ergänzungen am linken Rand der Verbphrase charakterisiert. Die Anordnung der festen und freien Ergänzungen erfolgt nach den Festlegungen, die mit der lexikalischen Bedeutung des verbalen Kopfes gegeben sind. Die hieraus resultierende Grundstellung wird durch Umstellungen variiert, was Auswirkungen auf die informationsstrukturelle Gliederung der Satzstruktur hat. (Vgl. **Grundreihenfolge, Umstellung**.)
Die feste Wortstellung nutzt feste strukturelle Konstellationen zum Ausdruck von Satzgliedern wie Subjekt (als das Argu-

ment, das einem Verb oder einer Verbgruppe vorausgeht) und erschwert die freie Beweglichkeit von Satzgliedern. Im Englischen unterscheiden sich Subjekt und Objekt durch ihre relativ feste Stellung vor und nach dem Verb, und die Objekte voneinander durch die Stellung des indirekten vor dem direkten Objekt. Im Deutschen haben wir statt dessen, wenigstens teilweise noch, die morphologischen Fälle des Nominativs, Akkusativs und Dativs, die uns auch bei veränderter Wortstellung bei der Unterscheidung der Satzglieder helfen. (In Fällen, in denen uns diese Anhaltspunkte nicht zur Verfügung stehen, halten wir uns auch im Deutschen automatisch an die Strategie des Englischen und haben nachweislich Verarbeitungsschwierigkeiten, wenn es sich nicht um die Grundreihenfolge handelt.) Die größere Beweglichkeit der Satzglieder nutzt das Deutsche im Interesse einer optimalen Informationsverteilung, durch die die Verarbeitung der Satzstruktur und die Integration der Satzbedeutung in den Kontext erleichtert wird. Die geringere Beweglichkeit der englischen Satzglieder beschränkt die Möglichkeiten von Umstellungen für eine optimale Informationsverteilung. Die strukturelle Beschränkung wird aber nicht selten durch die vielfältigen lexikalischen Möglichkeiten des Englischen aufgehoben, niedrigere semantische Rollen, für die wir im Deutschen lieber Adverbiale nutzen, im Subjekt auszudrücken: *Davon kann man ein Magengeschwür bekommen.* **This can give you an ulcer.** *Bei dem Unfall wurden zwei Personen verletzt.* **The accident injured two people.** *Für Geld bekommt man nicht alles.* **Money doesn't buy everything.** Im syntaktischen Bereich schaffen u. a. *there* und Spaltsätze den Ausgleich, vor allem für die eingeschränkte Topikalisierungsmöglichkeit. (Vgl. **Adverbiale**, VIII: *Besondere Anfänge.*)

Wunschform des Verbs (Optativ)

zum förmlichen Ausdruck von Wünschen, wie *God save the Queen!* Besonders im amerikanischen Englisch als Berichtsform des Imperativs: *She insisted that he leave at once,* wofür normalerweise *should* steht.

Zahlform: grammatische Kategorie

von Nomen mit Einzahl (Singular) oder Mehrzahl (Plural), die im Normalfall mit der Singular- oder Pluralform des veränderten Verbs übereinstimmt, unter Umständen aber nur im Singular oder nur im Plural mit gleicher oder entgegengesetzter Form des Verbs festgeschrieben ist (**Singularetantum, Pluraletantum;** vgl. VI: *Mengenmäßig*).

Zeitenfolge: Zurückstufung der Zeit

in der indirekten Rede bei Past oder Past Perfect des berichtenden Verbs. (Vgl. IV: *Bericht und Möglichkeit.*)

Zeitform (Tempus): grammatische Kategorie des Verbs

zum Ausdruck von Gegenwart, Vergangenheit und Zukunft; überlagert durch die Kategorie des **Aspekts** (Progressive, Perfekt). Abgesehen von den Aspektunterschieden, die wir in unserer Sprache nicht oder anders kennen, unterscheidet das Englische auch Gegenwart und Zukunft strenger voneinander und nutzt die im Deutschen mögliche Erweiterung der Gegenwart auf zukünftige Ereignisse nur unter sehr eingeschränkten Bedingungen, wie zum Beispiel in Nebensätzen über Zeit und Bedingung und in Verbindung mit *coming/ going: I'll phone you as soon as I know more. When are you coming back?*

Zweitspracherwerb: spontanes oder kontrolliertes Erlernen einer Fremdsprache;

phänomenale Fähigkeit des Kleinkinds zum spontanen Spracherwerb, zunächst wie in der Muttersprache (ab dem siebten Monat Silbenlallen, schon ein Jahr später alle zwei Stunden ein neues Wort bei monatlicher Verdopplung der Satzlänge bis zum dritten Jahr); später mehr von der individuellen Begabung und – besonders beim kontrollierten Lernen – von der Optimierung des Sprachangebots abhängig. Und was könnte da mehr bewirken als die besonderen Sätze? Wie heißt es so aufmunternd zwischen Tigger und Roo: *„But we mustn't stop now, or we shall be late." „Late for what?" „For whatever we want to be in time for," said Tigger, hurrying on.*

Anhang

- *Die besonderen Sätze*
- *Thematische Schwerpunkte*

Die besonderen Sätze

JOHN AUSTIN

Reference depends on knowledge at the time of utterance.
utterance – Äußerung (A: 143; VId)

There are more ways of killing a cat than drowning it in butter.
drown $_{vt}$ [draʊn] – ertränken (A: 48; Ve)

... we must at all costs avoid over-simplification, which one might be tempted to call the occupational disease of philosophers if it were not their occupation.
tempt $_{vt}$ – versuchen, verleiten ‖ occupation – Beruf, Tätigkeit (A: 38; VIId,e)

I have as usual failed to leave enough time in which to say why what I have said is interesting. (A: 162; VIIf)

Yet we, that is, even philosophers, set some limits to the amount of nonsense that we are prepared to admit we talk.
amount – Menge, Maß (A: 2; VIIg, XIf)

... since our emotions and wishes are not readily detectable by others, it is common to wish to inform others that we have them.
detectable – feststellbar, erkennbar (A: 78; VIIIa,g, IXe)

In real life, as opposed to the simple situations envisaged in logical theory, one cannot always answer in a simple manner whether it is true or false.
envisage ᵥₜ [ɪnˈvɪzɪdʒ] – ins Auge fassen ‖ false [fɔːls]

(A: 142; VIIIg)

GREGORY BATESON

... all perception of difference is limited by threshold.
threshold [ˈθreʃhəʊld] – Schwelle (Ba: 32; VIc,h)

In the end, there will always be a difference ...

(Ba: 46; IVg, VIc)

... who lack all idea that it is possible to be wrong.

(Ba: 28; VIh)

... the guidelines for order ... are written on the surface of waters. (Ba: 50; Vg)

The rules of the universe that we think we know are deep buried in our processes of perception.
bury ᵥₜ [ˈberɪ] – begraben (Ba: 38; VIIg)

... zero, in context, can be meaningful; and it is the recipient of the message who creates the context.
recipient [rɪˈsɪpɪənt] (Ba: 51; VIIIe, IXf)

... it is the context of the trunk that identifies it as a nose ... It is the **context** *that fixes the meaning.*
trunk – Rüssel (Ba: 16; IXf)

SAUL BELLOW

He was a big man, too big for anything but the truth.
(Be: 61; VIh)

It's been years since I was really able to concentrate.
(Be: 29; IVe; VIIIg)

LEWIS CARROLL

A large rose-tree stood near the entrance of the garden.
(C: 104; VIIa)

SOPHIE FREUD

Different times need different metaphors.
metaphor [ˈmetəfə] (F: 231; IXb)

Fortunate are those whose talents, skills, and opportunities match their aspirations.
fortunate [ˈfɔːtʃənət] || match $_{vt}$ – entsprechen, passen zu
(F: 146; IXc)

We need, after all, a great deal of unreasonable optimism to approach the road of life.
unreasonable [ʌnˈriːznəbl] || approach $_{vt}$ – sich nähern; angehen (F: 154; IXc)

ARTHUR KOESTLER

Yesterday's discoveries are today's commonplaces.
(K: 335; VId)

*If we had to concentrate on each movement we made,
there would be no room for thought.* (K: 553; VIh)

*... every period over-emphasizes some particular aspects
of experience ...*
emphasize ᵥₜ – betonen (K: 334; Vih, VIIIf)

The bacillus of laughter is a bug difficult to isolate.
bacillus [bə'sıləs] || laughter ['laːftə] || bug – Wanze
(K: 32; Va)

... knowing is seeing. (K: 43; Vd)

*If we could change our moods as quickly as we can jump from
one thought to another we would be acrobats of emotion.*
acrobat ['ækrəbæt] (K: 57; VIIIg)

*... geometrical forms must represent the height of irrelevance
in canine eyes.*
height [haıt] || canine ['keınaın] – Hunde- (K: 565; IXa; IXb)

HENRY MILLER

*I knew about ten words of Greek and he knew about three
words of English. We had a remarkable colloquy, considering
the limitations of language.*
colloquy ['kɒləkwı] – Gespräch (Mill: 21; Vc; Vf)

ALAN ALEXANDER MILNE

Being fine today doesn't Mean Anything. (Miln: 69; VIf)

I shouldn't be surprised if it hailed a good deal tomorrow.
hail ᵥᵢ – hageln (Miln: 69; IVh; VIg)

Go away, I'm thinking. (Miln: 78; IVc; IXb)

*I'm not saying there won't be an Accident now, mind you.
They're funny things, Accidents. You never have them till
you're having them.* (Miln: 71; IVc)

... it was a much nicer day than he had thought it was.
(Miln: 67; IVh; VIIIc)

*... but spelling isn't everything. There are days when spelling
Tuesday simply doesn't count.* (Miln: 76; Vc)

*... you can't help respecting anybody who can spell
TUESDAY, even if he doesn't spell it right.*
(Miln: 76; IIIc,Vd; VIf; VII)

*„Hallo!" said Tigger, and he sounded so close suddenly
that Piglet would have jumped if Pooh hadn't accidentally
been sitting on most of him.*
accidentally [ˌæksɪˈdentəli] – versehentlich (Miln: 117f; Vh)

*Think of all the possibilities ... before you settle down
to enjoy yourselves.* (Miln: 99; VIIc; VIIIg)

*... it is a thing which you can easily explain twice before
anybody knows what you are talking about.* (Miln: 141; VIId,e)

*... he could spell Tuesday so that you knew it wasn't
Wednesday.* (Miln: 79; IIIa,b,c)

*It was the only place in the forest where you could sit down
carelessly, without getting up again almost at once and
looking for somewhere else.* (Miln: 173; VIIIa; VIIIe)

*... he was still a little anxious about Tigger, who was
a Very Bouncy Animal, with a way of saying How-do-you-do,*

Die besonderen Sätze

which always left you ears full of sand, even after Kanga had said, "Gently, Tigger dear," and had helped you up again.
anxious [ˈæŋkʃəs] – besorgt ‖ bouncy [ˈbaʊnsi] –

(Miln: 61; VIIIg)

And all you can do is to go where they can find you.

(Miln: 148; IXg)

"But we mustn't stop now, or we shall be late." "Late for what?" "For whatever we want to be in time for," said Tigger, hurrying on. (Miln: 63)

WILLIAM LEAST HEAT MOON

…what you've done becomes the judge of what you're going to do.
judge [dʒʌdʒ] – Richter (Mo: 167; IVg)

The conversation was about suitable gifts to take the children at home with grandmothers.
suitable [ˈsuːtəbl] – geeignet, passend (Mo: 339; Vf)

As daylight went, the men, racing rain and the short growing season, switched on headlights to keep the International Harvesters moving…
headlight – Scheinwerfer ‖ harvester – Mähdrescher

(Mo: 284; Vf)

People don't just throw words around in the North.
throw [θrəʊ] (Mo: 288; VIIc)

No place, in theory, is boring of itself. (Mo: 284; VIIIe)

...that's where I headed.
head ᵥᵢ – gehen; fahren (Mo: 316; IXg)

So that was how I ended up on the Thumb of Michigan.
thumb [θʌm] – Daumen (Mo: 307; IXg)

E. ANNIE PROULX

We're all different though we may pretend otherwise.
(P: 134; VIIIg)

BERTRAND RUSSELL

To be a nice person it is necessary to be protected from crude contact with reality.
necessary ['nesɪsəri] ‖ crude – roh; derb, grob (R: 151; Vg, VIc)

... the test of scientific truth is patient collection of facts, combined with bold guessing as to laws binding the facts together.
bold [bəʊld] – kühn, mutig (R: 528; VId)

Courage must be democratised before it can make men humane.
humane [hjuː'meɪn] (R: 80; Vg)

All that constitutes a person is a series of experiences connected by memory...
constitute ['kɒnstɪtjuːt] (R: 89; Vg)

Pragmatically, the theory was useful, however mistaken it may have been theoretically.
pragmatically [præg'mætɪkli] (R: 606; Vh; VIIIa; VIIIe)

*Protestants like to be good and have invented theology
in order to keep themselves so, whereas Catholics like
to be bad and have invented theology in order to keep their
neighbors good.*
theology [θiˈɒlədʒi] ‖ Catholic [ˈkæθəlɪk]   (R:123; VIIIg)

*Our impulses, when not positively destructive or injurious
to others, ought if possible to have free play.*
injurious [ɪnˈdʒʊərɪəs]   (R: 85; VIIIg)

OLIVER SACKS

*We speak not only to tell other people what we think,
but to tell ourselves what we think.*   (Sac: 19; Va)

... it is only through language that we enter fully into our human estate and culture ...
estate [ɪˈsteɪt] – Stand, Klasse, Rang   (Sac: 8f; IXf)

WILLIAM SAROYAN

Anybody can be a writer.   (Sar: 73; VIh)

Who am I to be myself?   (Sar: 73; VIIc)

*... it is certainly the best I can do with the language
I know ...*   (Sar: 74; VIIe)

*... by the time you're in command of the language,
you're off in the jungle everybody's in ...*   (Sar: 74; VIIf)

There never will be an American night like that again.
(Sar: 107; VIIIf)

None of us is more than a minute from death at any time.
(Sar: 88; IXd)

Everybody's dying. (Sar: 78; IXd)

GERTRUDE STEIN

In the United States, there is more space where nobody is than where anybody is. (Mo: 284; VIh)

JOHN UPDIKE

Our universe is the one containing our observation.
contain – enthalten (U: 14; VIIa)

LUDWIG WITTGENSTEIN

*The facts all contribute only to setting the problem,
not to its solution.*
contribute [kənˈtrɪbjuːt] ‖ solution [səˈluːʃən] (W: 73; Ve; Vf)

We feel that even when all possible *scientific questions
have been answered, the problems of life remain completely
untouched.*
scientific [ˌsaɪənˈtɪfɪk] (W: 73; Vg)

Die besonderen Sätze   283

There are, indeed, things that cannot be put into words.
(W: 73; VIId)

Everything that can be thought at all can be thought clearly.
Everything that can be put into words can be put clearly.
(W: 26; VIIIa)

Das Who's Who der besonderen Sätze

Austin, John Langshaw

1911–1960. Englischer Philosoph, Hauptvertreter des linguistischen Phänomenalismus innerhalb der analytischen Philosophie. Neben seiner Tätigkeit in Oxford zahlreiche Gastprofessuren, darunter 1955 als William James Lecturer an der Harvard Universität. Schuf mit seiner Theorie, die philosophische Meinungsverschiedenheiten durch Sprachanalysen lösen sollte, die Grundlagen der »Sprechakttheorie« (durch die die Sprache von ihrem Handlungscharakter her erfaßt wird).
– *How to do Things with Words. The William James Lectures delivered in Harvard University in 1955.* London: Oxford University Press 1965.

Bateson, Gregory

1904–1980. Englischer Anthropologe, Ethnologe. (Sein Vater William Bateson begründete auf der Basis der Mendelschen Gesetze die Genetik.) Zusammen mit Margaret Mead in der *culture-and-personality*-Bewegung engagiert, gilt er in den USA als ein besonders kreativer Forscher, dessen Einfluß von der Biologie bis in die Psychologie und die Kybernetik reicht.
– *Mind and Nature. A Necessary Unity.* New York: Bantam 1980.

Bellow, Saul

Geboren im Jahre 1915. Amerikanischer Schriftsteller. Auch in Europa, insbesondere Paris, zu Hause. Schrieb brillante Romane über amerikanische Juden in der Großstadt. Erhielt 1976 den Nobelpreis für Literatur.
– *Herzog.* London: Penguin Books 1976.

Carroll, Lewis

1832–1898. Englischer Schriftsteller und Mathematiklehrer. Erlangte Weltruhm mit seinen beiden Alice-Büchern, deren Wortspiele und Paradoxien bis heute auch in der logischen und philosophischen Literatur einen festen Platz haben.
– **Alice's Adventures in Wonderland.** Harmondsworth: Penguin Books 1968.

Freud, Sophie

Geboren 1925 als Enkelin Sigmund Freuds. Emigrierte mit ihrer Mutter in die USA, wo sie noch heute an der School of Social Work in Boston Psychotherapie lehrt. Gastvorlesungen an vielen europäischen Universitäten.
– **My Three Mothers and Other Persons.** New York, London: New York University Press 1988.

Koestler, Arthur

1905–1983. Englischer Schriftsteller ungarischer Herkunft. Kam über Palästina und Frankreich – auf der Flucht vor den Nazis – nach England. Schrieb Romane und naturphilosophische Werke und wurde vor allem durch seine Auseinandersetzung mit dem Kommunismus berühmt.
– **The Act of Creation.** New York: Dell Publishing 1967.

Miller, Henry

1891–1980. Amerikanischer Schriftsteller. In den dreißiger Jahren auch in Paris zu Hause. Schrieb autobiographische Bücher von provozierender sexueller Aggressivität.
– **The Colossus of Maroussi.** Harmondsworth: Penguin 1985.

Milne, Alan Alexander

1882–1956. Englischer Schriftsteller & Journalist. War jahrelang Mitherausgeber des *Punch*. Erlangte mit seinen Kinderbüchern über Pooh und Christopher Robin Weltruhm. 1960 stand sogar eine lateinische Fassung von Pooh Bear auf der Bestsellerliste in New York.
– *The House at Pooh Corner.* New York: Dell Publishing 1971.

Moon, William Least Heat

Geboren 1939. Amerikanischer Schriftsteller mit englischen, irischen und indianischen Vorfahren. Alle seine Bücher erhielten namhafte Preise. *Blue Highways* stand nahezu drei Jahre auf der Bestsellerliste der *New York Times*. Er gilt als einer der besten amerikanischen Reiseschriftsteller.
– *Blue Highways. A Journey into America.* New York: The Ballantine Books 1984.

Proulx, E. Annie

Geboren 1935. Amerikanische Schriftstellerin. Arbeitete zunächst als freiberufliche Journalistin und Autorin von Ratgeberbüchern. Veröffentlichte bisher drei Romane, die alle bedeutende Preise erhielten.
– *The Shipping News.* London: Fourth Estate 1994.

Russell, Bertrand Arthur William

1872–1970. Englischer Mathematiker und Philosoph. Hatte entscheidenden Einfluß auf die englische und amerikanische Philosophie des 20. Jahrhunderts, aber auch auf die öffentliche Meinung durch seine populärwissenschaftlichen und sozialkritischen Schriften. Engagierte sich mutig gegen Unterdrückung und politischen Machtmißbrauch. Für seine stili-

stisch brillanten Schriften erhielt er 1950 den Nobelpreis für
Literatur.
– *A History of Western Philosophy.* New York:
Simon & Schuster 1972.
– *Why I'm Not a Christian.* New York: Simon & Schuster
1967.

Sacks, Oliver

Geboren 1933. Studierte Neurochemie und Neuropathologie
in Oxford und den USA. Ist Klinikprofessor für Neurophysiologie und Verfasser von mehreren Weltbestsellern, in denen
er über seine Arbeit berichtet.
– *Seeing Voices.* London: Picador 1990.

Saroyan, William

1908–1981. Amerikanischer Schriftsteller armenischer Abstammung. Meister der kleinformatigen, episodischen Erzählung über den Alltag einfacher Menschen und exzentrische
Originale in grotesken Situationen.
– *Dear Baby.* London: Faber and Faber 1966.

Stein, Gertrude

1874–1946. Amerikanische Schriftstellerin, deren Salon in
Paris Treffpunkt avantgardistischer Künstler war. Ihr Prosastil hatte großen Einfluß auf die Schriftsteller der »Lost Generation« (der sie auch den Namen gegeben hatte).
– Zit. n. W. L. H. Moon: *Blue Highways. A Journey
into America.* New York: The Ballantine Books 1984.

Updike, John

Geboren 1932. Amerikanischer Schriftsteller, dessen gesellschaftskritische Satiren das Alltagsleben der amerikanischen

Mittelklasse beschreiben, die Vereinsamung des Einzelnen, die Unfähigkeit zu echten menschlichen Bindungen.
– *Toward the End of Time.* New York: The Ballantine Books 1997.

Wittgenstein, Ludwig Johann Josef

1889–1951. Österreichisch-britischer Philosoph von fast mythenhafter Bedeutung für das heutige Denken. Anfangs für den logischen Empirismus, dann für den linguistischen Phänomenalismus prägend, wird er von den erklärenden Naturwissenschaften und den Kulturwissenschaften gleichermaßen in Anspruch genommen.
– *Tractatus Logico-Philosophicus.* London: Routledge 1997.

Spezialisten und Ratgeber
für die Englischen Grüße

– Manfred Bierwisch: *Lexikon und Universalgrammatik.*
In: N. Weber (Hrsg.): *Semantik, Lexikographie und
Computeranwendungen.* 1996. [Ergänzungen]
– Hartmut Breitkreuz: *More False Friends.* 1991. [Trugschlüsse]
– Noam Chomsky & Morris Halle: *The Sound Pattern
of English.* 1968. [Geschichte]
– Monika Doherty: *Parametrisierte Perspektive.* Zeitschrift
für Sprachwissenschaft 1993.
– Janet Dean Fodor & Fernanda Ferreira (Hrsg.): *Reanalysis
in Sentence Processing.* 1998. [Sprachverarbeitung]
– Lyn Frazier & Charles Clifton: *Construal.* 1996. [Garden
path]
– Werner Frey & Karin Pittner: *Adverbialpositionen
im deutsch-englischen Vergleich.* Reihe studia grammatica.
[Adverbiale]
– Joachim Jacobs: *Integration.* In: M. Reis (Hrsg.): *Wortstellung und Informationsstruktur.* 1993. [Fokus]
– Ekkehard König: *The Meaning of Focus Particles.* 1991.
[Fokuspartikeln]
– Bernd Kortmann: *New Prospects for the Study of Dialect
Syntax.* Vortrag vom 7. November 2000. [Südwestenglischer
Dialekt]
– Willem Levelt: *Speaking.* 1989. [Sprachproduktion]
– Susan Olson: *Copulative Compounds in English.* Vortrag
vom 7. November 2000. [Zusammenschlüsse]
– Steven Pinker: *The Language Instinct.* 1994. [Spracherwerb]
– Dan Sperber & Deirdre Wilson: *Relevance.* 1986.
[Optimalitätsprinzip]
– Inger Rosengren: *Wahlfreiheit mit Konsequenzen. –
Scrambling, Topikalisierung und FHG im Dienste der Infor-*

mationsstruktur. In: M. Reis (Hrsg.): *Wortstellung und Informationsstruktur.* 1993. [Voranstellung]
– Manfred Scheler: *Der Englische Wortschatz.* 1977. [Englische Wörter]

Nachschlagewerke

– Randolph Quirk et al: *A Comprehensive Grammar of the English Language.* 1985.
– A. S. Hornby: *Oxford Advanced Learner's Dictionary of Current English.*
– Anne H. Soukhanov et al: *The American Heritage Dictionary of the English Language.*
– Loreto Todd & Ian Hancock: *International English Usage.* 1986.
– Sally Varlow: *A Reader's Guide to Writers' Britain.* 1997.
– Jürgen Mittelstraß (Hrsg.): *Enzyklopädie Philosophie und Wissenschaftstheorie.* 1995, 1996.

Und ein Dankeschön an meine kritischen Studierenden Thomas Schulz, Marie Frisof und Sarah Mulder.

Thematische Schwerpunkte

I
ANKNÜPFUNGSPUNKTE

Einleitung: Psycholinguistische/linguistische Vorstellungen über sprachliches Wissen und Spracherwerb

a) Zum Sprachenlernen geboren
b) Das Startkapital
c) Die besonderen Sätze
d) Das Ordnungsprinzip
e) Wissen über Sprache
f) Bewegte Welten
g) Sprachkultur exklusiv

II
ENGLISCHE WÖRTER

Eigenschaften des englischen Wortschatzes: Lautformen, Herkunft, Wortbildung, Partikelverben, »Falsche Freunde«, Flexion

a) Die Schall-Mauer
b) Bernstein-Einschlüsse
c) Romanische Verbindungen
d) Die Anatomie der Wörter
e) Zusammenschlüsse
f) Die wunderbare Vermehrung
g) Trugbilder
h) Paßformen

III
IM ZUSAMMENHANG

Grammatische Grundlagen: Sprachtyp, Verbstellung und Beweglichkeit

a) Konstellationen
b) Der Truffaldino-Effekt
c) Stellungsunterschiede
d) Im Überblick

IV
DER VERBALE BAUKASTEN

Eigenschaften des englischen Verbs: Verbklassen, *do*-Ersatz, Progressive, Perfekt, Zukunft, Möglichkeitsform

a) Arbeitsteilung
b) Hilfsverben
c) Im Verlauf
d) Morphologie der Vergangenheit
e) Perfekt, oder?
f) Zeitfenster
g) Zukünftiges
h) Bericht und Möglichkeit

V
DIE UNBEUGSAMEN VERBEN

Nicht-finite Verben: feste oder freie Ergänzung, Partizip/Infinitiv, Passiv, Modalverben

a) Prinzipiell endungslos
b) Zwischen Verb und Nomen
c) Freie oder feste Ergänzung
d) Wahlvorgaben

e) *Von, auf, an, zu ...*
f) Sparprogramm mit Redundanzen
g) Das Passiv
h) Probleme mit dem Spiegelbild

VI
DIE WELT DER NOMEN

Eigenschaften englischer Nomen: Artikelgebrauch, Zahlform, Mengenangaben, Polarität

a) Ähnlichkeiten und Erbschaften
b) Bestimmt oder unbestimmt
c) Das strukturelle Umfeld
d) Randbereiche
e) Mengenmäßig
f) In Teilen
g) Fragen der Einstellung
h) Alle oder jeder

VII
VERTRETUNGSWEISE

Englische Fürwörter: *there/it,* besitzanzeigend, rückbezüglich, *wh*-Wörter

a) Strukturstöpsel
b) Inseln
c) Im Vertreter-Spiegel
d) Notwendig oder zusätzlich
e) Das verdeckte Objekt
f) Die gestrandeten Präpositionen
g) Doppelanschluß

VIII
TRABANTEN

Adverbielle Ergänzungen: Adverbien, Steigerung, Stellungsmöglichkeiten, Nebensätze

a) Kennzeichnungspflicht
b) Mit und ohne
c) Steigerungen
d) Die Hierarchie der Umstände
e) Positionen
f) Besondere Anfänge
g) Ikebana mit Sätzen

IX
DIE ANDERE LEICHTIGKEIT

Allgemeine Stilistik des Englischen: Informationsstruktur, Voranstellung, Strukturelles Gewicht, Lexikalische/syntaktische Fokussierung

a) Sprachverarbeitung
b) Schwerpunkte
c) Voranstellung
d) Explizitheit
e) Mehr Sätze
f) Spaltsätze
g) Pseudo-Spaltsätze und ähnliches

X
DA CAPO

Wiederholung im Zusammenhang

a) Texte
b) Die Welt der Ereignisse

c) Zustände
d) Dinge als Koordinaten
e) Abstrakta
f) Diskurswelten

Judith Macheiner
Übersetzen
Ein Vademecum. 357 Seiten.
Serie Piper

Wie weit darf sich eine Übersetzung vom Original entfernen? Reicht es, einen Text grammatisch korrekt zu übersetzen? Ist die bestmögliche Paraphrase auch die bestmögliche Übersetzung? Judith Macheiner beantwortet alle wichtigen Fragen – von den sogenannten falschen Freunden bis hin zur Problematik von Wortspielen, die nicht in die Zielsprache übertragbar sind. In einem ausführlichen Glossar erklärt sie die notwendigen Fachbegriffe. Ein ebenso vergnüglicher wie nützlicher Begleiter beim Übersetzen und Dolmetschen.

»Mit feinem pädagogischem Gespür lockt Frau Macheiner uns in den großen Garten, dessen Pfade sich fortwährend verzweigen: in jenen Garten, der die Sprache im allgemeinen wie die je einzelnen Sprachen umfaßt.«
Süddeutsche Zeitung

Judith Macheiner
Das grammatische Varieté
oder die Kunst und das Vergnügen, deutsche Sätze zu bilden.
406 Seiten. Serie Piper

SERIE PIPER

Grammatik ist trocken und langweilig? Weit gefehlt! Die Sprache ist etwas sehr Lebendiges, Abwechslungsreiches und manchmal Raffiniertes. Anhand von stilistisch gelungenen Sätzen des Deutschen ergründet sie das Geheimnis, was eigentlich einen grammatisch korrekten von einem »schönen« Satz unterscheidet. Und ganz nebenbei erfährt man jede Menge über stilistische Feinheiten, über den Gebrauch des Konjunktivs und über die Bedeutung der Satzstellung.

»Der Leser nimmt an einer überaus spannenden Entdeckungsreise durch einen Kontinent teil, der für ihn bis dahin unter dem Dunst eines Gefühls verborgen war, des Gefühls für den ›guten Ausdruck‹ und den ›schönen Stil‹, das im sprachlichen Alltagsleben seine Dienste tut und sich dabei selbst nicht durchschauen muß.«
Lothar Baier, Die Zeit

Paul Watzlawick
Vom Unsinn des Sinns oder vom Sinn des Unsinns
Mit einem Vorwort von Hubert Christian Ehalt. 83 Seiten. Serie Piper

»Wenn sich der brillante Philosoph und Psychoanalytiker Paul Watzlawick Gedanken über den Sinn und seine Täuschungen macht, ist Konzentration gefragt. Trotz aller Verwirrung und sprachmächtigen Wortspielereien behandelt er nämlich die zentrale Frage der menschlichen Existenz. Unbedingt ernstzunehmen.«
Forbes

Erving Goffman
Wir alle spielen Theater
Die Selbstdarstellung im Alltag. Aus dem Amerikanischen von Peter Weber-Schäfer. Vorwort von Lord Ralf Dahrendorf. 256 Seiten. Serie Piper

An verblüffenden Beispielen zeigt der Soziologe Goffman in diesem Klassiker das »Theater des Alltags«, die Selbstdarstellung, wie wir alle im sozialen Kontakt, oft nicht einmal bewußt, sie betreiben, vor Vorgesetzten oder Kunden, Untergebenen oder Patienten, in der Familie, vor Kollegen, vor Freunden. Erving Goffman gibt in diesem Buch eine profunde Analyse der vielfältigen Praktiken, Listen und Tricks, mit denen sich der einzelne vor anderen Menschen möglichst vorteilhaft darzustellen sucht. Goffman wählt dazu die Perspektive des Theaters. Wie ein Schauspieler einen bestimmten Eindruck vermittelt, so inszenieren einzelne und Gruppen im Alltag »Vorstellungen«, um von den eigenen echten oder vorgetäuschten Fähigkeiten zu überzeugen.

Wolf Schneider

Wörter machen Leute

*Magie und Macht der Sprache.
432 Seiten. Serie Piper*

Wir benützen sie dauernd und fast gedankenlos: unsere Sprache. Wörter ordnen uns die Welt, kanalisieren unser Denken, erzeugen Erwartungen und drücken unsere Gefühle aus. Wörter verhüllen Zusammenhänge, können aber auch enthüllen.
Wolf Schneider schärft unseren korrekten Umgang mit der Sprache und gibt eine verständliche Einführung in die heutige Sprachsituation.

»Schneiders Report über den Dschungel unserer Sprache, von den Wurzeln bis zu den Auswüchsen, liest sich spannend wie ein Abenteuerroman.«
Capital

Ryszard Kapuściński

Die Welt im Notizbuch

Aus dem Polnischen von Martin Pollack. 336 Seiten. Serie Piper

Kaum ein Mensch hat so viel von der Welt gesehen wie Ryszard Kapuściński, einer der bedeutendsten Journalisten der Gegenwart. In »Die Welt im Notizbuch« beobachtet er globale Entwicklungen wie mikroskopische Details, stellt sie nebeneinander, verbindet oder reflektiert sie, bezieht sie in verblüffender Weise aufeinander. Aus Gedankensplittern, Reportagen, Fragmenten und Essays vieler Jahre formt sich eine Welt, die wir zu kennen meinten, die wir so aber noch nie gesehen haben.

»Manchmal ist Ryszard Kapuściński mehr als ein Reporter, sicher kein Soziologe, aber ein erzählender, reisender, phantasierender Geschichtsdenker.«
Frankfurter Allgemeine Zeitung

SERIE PIPER

Die stillen Stars der Kompetenz

Gabriele Goettle
Experten
Mit Photographien
von Elisabeth Kmölniger
370 Seiten
Geb. mit Pappschlaufe
€ 28,50 (D) · sFr 56,–
ISBN 3-8218-4546-5
Der 236. Band
der ANDEREN BIBLIOTHEK

Dass Experten Menschen »wie du und ich« sind, fällt schwer zu glauben. Hätten sie sonst diesen Titel überhaupt verdient? In den Augen des Laien haftet ihnen etwas Extremes an, denn wer die gesellschaftliche Arbeitsteilung auf die Spitze treibt, gilt zwar als unentbehrlich, doch zugleich ist und bleibt er ein Außenseiter.

Gabriele Goettle hat über dreißig bekannte und unbekannte Vertreter dieser scheuen Spezies besucht und zum Reden gebracht. Man erfährt viel über das eigentümliche Amalgam aus Funktionsweise und Privatleben, das den Experten auszeichnet, aber auch über das Feld, das er beackert, und das Pfund, mit dem er wuchert. Der Leser bekommt Zugang zu allerhand Geheimwissen, das in den Synapsen unserer Gesellschaft floriert, und zu denen, die es hüten.